LE CHEVALIER

D'HARMENTAL

DEUXIÈME PARTIE

PARIS. — IMPRIMÉ PAR DRY AINÉ, BOULEVARD MONTPARNASSE, 81.

LE CHEVALIER
D'HARMENTAL

PAR

ALEXANDRE DUMAS

EDITION ILLUSTRÉE PAR J.-A. BEAUCÉ

DEUXIÈME PARTIE

J.A. BEAUCE.   PISAN.

PARIS
LÉCRIVAIN ET TOUBON, LIBRAIRES
5, RUE DU PONT-DE-LODI, 5

1860

J.A. BEAUCE.   POUCET

LE CHEVALIER D'HARMENTAL

DEUXIÈME PARTIE.

I

L'ORDRE DE LA MOUCHE-A-MIEL.

Au jour et à l'heure dits, c'est-à-dire six semaines après son départ de la capitale, et à quatre heures de l'après-midi, d'Harmental, revenant de Bretagne, entrait au grand galop de ses deux chevaux de poste dans la cour du palais de Sceaux.

Des valets en grande livrée attendaient sur le perron, et tout annonçait les préparatifs d'une fête. D'Harmental passa à travers leur double haie, franchit le vestibule, et se trouva dans un grand salon au milieu duquel causaient par groupes, en attendant la maîtresse de la maison, une vingtaine de personnes, dont la plupart étaient de sa connaissance. C'étaient, entre autres, le comte de Laval, le marquis de Pompadour, le poëte Saint-Genest, le vieil abbé de Chaulieu, Saint-Aulaire, mesdames de Rohan, de Croissy, de Charrost et de Brissac.

D'Harmental alla droit au marquis de Pompadour, celui de toute cette noble et intelligente société qu'il connaissait le plus. Tous deux échangèrent une poignée de main; puis, d'Harmental, tirant Pompadour à l'écart :

— Mon cher marquis, dit le chevalier, pourriez-vous m'apprendre comment il se fait que, lorsque je croyais arriver tout juste pour un triste et ennuyeux conciliabule politique, je me trouve jeté au milieu des préparatifs d'une fête?

— Ma foi, je n'en sais rien, mon cher chevalier, répondit Pompadour; et vous me voyez aussi étonné que vous, j'arrive moi-même de Normandie.

— Ah! vous arrivez aussi, vous?

— A l'instant même. Aussi faisais-je la même question que vous venez de me faire à Laval. Mais il arrive de Suisse, et il n'en sait pas plus que nous.

En ce moment, on annonça le baron de Valef.

— Ah! pardieu! voilà notre affaire, continua Pompadour; Valef est des plus intimes de la duchesse, et il nous dira cela, lui.

D'Harmental et Pompadour allèrent à Valef, qui, de son côté, les reconnaissant, vint droit à eux. D'Harmental et Valef ne s'étaient pas revus depuis le jour du duel par lequel nous avons ouvert cette histoire, de sorte qu'ils se serrèrent la main avec un grand plaisir. Puis, après les premiers compliments échangés :

— Mon cher Valef, demanda d'Harmental, pourriez-vous me dire quel est le but de cette grande réunion, quand je croyais être convoqué en très-petit comité?

— Ma foi, mon très-cher, je n'en sais rien, dit Valef, j'arrive de Madrid.

— Ah çà! mais tout le monde arrive donc ici! dit en riant Pompadour; ah! voilà Malezieux. J'espère que celui-là n'arrive que de Dombes ou de Chatenay, et, comme, en tout cas, il a certainement passé par la chambre de madame du Maine, nous allons avoir enfin de ses nouvelles.

A ces mots, Pompadour fit un signe à Malezieux, mais le digne chancelier était trop galant pour ne pas s'acquitter d'abord de son devoir de chevalier auprès des femmes : il alla donc saluer mesdames de Rohan, de Charrost, de Croissy et de Brissac; puis il s'achemina vers le groupe que formaient Pompadour, d'Harmental et de Valef.

— Ma foi, mon cher Malezieux, dit Pompadour, nous vous attendions avec une grande impatience; nous arrivons des quatre coins du monde, à ce qu'il paraît : Valef du Midi, d'Harmental de l'Occident, Laval de l'Orient, moi du Nord, vous je ne sais d'où; de sorte que, nous l'avouons, nous serions curieux de savoir ce que nous venons faire à Sceaux.

— Vous êtes venus assister à une grande solennité, messieurs, répondit Malezieux, vous venez assister à la réception d'un nouveau chevalier de la Mouche-à-Miel.

— Peste! dit d'Harmental, un peu piqué qu'on ne lui eût pas même laissé la faculté de passer par la rue du Temps-Perdu avant de venir à Sceaux; je comprends alors pourquoi madame du Maine nous avait fait recommander à tous d'être si exacts au rendez-vous, et, quant à moi, je suis fort reconnaissant à Son Altesse.

— D'abord, jeune homme, interrompit Malezieux, il n'y a ici ni madame du Maine ni Altesse, il y a la belle fée Ludovise, la reine des Abeilles, à laquelle chacun doit obéir aveuglément. Or, notre reine est la toute-sagesse comme elle est la toute-puissance. Et, quand vous saurez quel est le chevalier de la Mouche que nous recevons en ce moment, peut-être ne regretterez-vous plus si fort la diligence que vous avez faite.

— Et qui recevons-nous? demanda Valef, qui, arrivant de plus loin, était naturellement le plus pressé de savoir pourquoi on l'avait fait venir.

— Nous recevons Son Excellence le prince de Cellamare.

— Ah! ah! c'est autre chose, fit Pompadour, et je commence à comprendre.

— Et moi aussi, dit Valef.

— Et moi aussi, dit d'Harmental.

— Très-bien, très-bien! répondit en souriant Malezieux. Et, avant la fin de la nuit, vous comprendrez mieux encore. En attendant, laissez-vous conduire. Ce n'est point la première fois que vous entrez quelque part les yeux bandés, n'est-ce pas, monsieur d'Harmental?

Et, à ces mots, Malezieux s'avança vers un petit homme à la figure plate, aux longs cheveux collants, aux regards envieux, qui paraissait tout embarrassé de se trouver en si noble compagnie, et que d'Harmental voyait pour la première fois. Aussi demanda-t-il aussitôt à Pompadour quel était ce petit homme. Pompadour lui répondit que c'était le poëte Lagrange-Chancel.

Les deux jeunes gens regardèrent un instant le nouveau venu avec une curiosité mêlée de dégoût, puis, se retournant d'un autre côté et laissant Pompadour s'avancer vers le cardinal de Polignac, qui entrait en ce moment, ils allèrent causer dans l'embrasure d'une fenêtre de la réception du nouveau chevalier de la Mouche-à-Miel.

L'ordre de la Mouche-à-Miel avait été fondé par madame la duchesse du Maine à propos de cette devise empruntée à l'*Aminte* du Tasse, et qu'elle avait prise à l'occasion de son mariage : *Piccola si ma fa puo gravi le ferite*. Devise que Malezieux, dans son éternel dévouement poétique pour la petite-fille du grand Condé, avait traduite ainsi :

L'abeille, petit animal,
Fait de grandes blessures.

Craignez son aiguillon fatal,
Évitez ses piqûres.
Fuyez si vous pouvez les traits
Qui partent de sa bouche;
Elle pique et s'envole après,
C'est une fine mouche.

Cet ordre, comme tous les autres, avait sa décoration, ses officiers, son grand maître : sa décoration était une médaille représentant d'un côté une ruche, et, de l'autre, la reine des Abeilles; cette médaille était suspendue à la boutonnière par un ruban citron, et tout chevalier devait en être décoré chaque fois qu'il venait à Sceaux. Ses officiers étaient Malezieux, Saint-Aulaire, l'abbé de Chaulieu et Saint-Genest; son grand maître était madame du Maine. Il se composait de trente-neuf membres et ne pouvait dépasser ce nombre ; la mort de M. de Nevers avait réduit ce nombre, et, comme Malezieux venait de l'annoncer à d'Harmental, cette lacune allait être comblée par la nomination du prince de Cellamare.

Le fait est que madame du Maine avait trouvé plus sûr de couvrir cette réunion toute politique d'un prétexte tout frivole, certaine qu'elle était qu'une fête dans les jardins de Sceaux paraîtrait moins suspecte à Dubois et à Voyer d'Argenson qu'un conciliabule à l'Arsenal.

Aussi, comme on va le voir, rien n'avait-il été oublié pour rendre à l'ordre de la Mouche-à-Miel son ancienne splendeur, et pour ressusciter dans leur magnificence première ces fameuses nuits blanches qu'avait tant raillées Louis XIV.

En effet, à quatre heures précises, moment fixé pour la cérémonie, la double porte du salon s'ouvrit, et l'on aperçut, dans une galerie tendue de satin incarnat semé d'abeilles d'argent, sur un trône élevé de trois marches, la belle fée Ludovise, à qui la petitesse de sa taille et la délicatesse de ses traits, bien plus encore que la baguette d'or qu'elle tenait à la main, donnaient l'apparence de l'être aérien dont elle avait pris le nom. Elle fit un geste de la main, et toute sa cour, passant du salon dans la galerie, se rangea en demi-cercle autour de son trône, sur les marches duquel allèrent se placer les grands dignitaires de l'ordre. Lorsque chacun fut à son poste, une porte latérale s'ouvrit, et Bessac, enseigne des gardes de monseigneur le duc du Maine, portant le costume de héraut, c'est-à-dire une robe cerise toute brodée d'abeilles d'argent, et coiffé d'un bonnet en forme de ruche, entra et annonça à haute voix :

— Son Excellence le prince de Cellamare.

Le prince entra, s'avança d'un pas grave vers la reine des Abeilles, fléchit le genou sur la première marche de son trône et attendit (1).

« Prince de Samarcand, dit alors le héraut, prêtez une oreille attentive à la lecture des statuts de l'ordre que la grande fée Ludovise veut bien vous conférer, et songez sérieusement à ce que vous allez faire. »

Le prince s'inclina en signe qu'il comprenait toute l'importance de l'engagement qu'il allait prendre.

Le héraut continua :

— Art. Ier. — Vous jurez et promettez une fidélité inviolable, une aveugle obéissance à la grande fée Ludovise, dictatrice perpétuelle de l'ordre incomparable de la Mouche-à-Miel. Jurez par le sacré mont Hymette.

En ce moment, une musique cachée se fit entendre, et un chœur de musiciens invisibles chanta :

Jurez, seigneur de Samarcand;
Jurez, digne fils du grand khan.

— Par le sacré mont Hymette, je le jure, dit le prince.

Alors le chœur reprit, mais renforcé cette fois de la voix de tous les assistants :

Il principe di Samarcand,
Il digno figlio del gran'khan,
Ha giurato :
Sia ricevuto.

Après ce refrain, répété trois fois, le héraut reprit la lecture de son règlement :

— Art. II. — Vous jurez et promettez de vous trouver dans le palais enchanté de Sceaux, chef-lieu de l'ordre de la Mouche-à-Miel, toutes les fois qu'il sera question de tenir chapitre, et cela toutes affaires cessantes, sans même que vous puissiez vous excuser sous prétexte de quelque incommodité légère, comme goutte, excès de pituite ou gale de Bourgogne (1).

Le chœur reprit :

Jurez, prince de Samarcand ;
Jurez, digne fils du grand khan.

— Par le sacré mont Hymette, je le jure, dit le prince.

— Art. III — (continua le héraut.) — Vous jurez et promettez d'apprendre incessamment à danser toute contredanse comme furstemberg, derviches, pistolets, courantes, sarabandes, gigues et autres, et de les danser en tout temps; mais encore plus volontiers, si faire se peut, pendant la canicule, et de ne point quitter la danse, si cela ne vous

---

ni n'imitons, mais que nous copions purement et simplement, non pas dans le *Malade imaginaire* ou dans le *Bourgeois gentilhomme*, mais dans les divertissements de Sceaux.

(1) Quelques recherches que nous ayons faites sur cette maladie, nous n'avons pu retrouver ni sa cause ni ses effets.

---

(1) Nous n'avons pas besoin de prévenir nos lecteurs que ces détails sont parfaitement historiques, et que nous n'inventons

est ordonné, que vos habits ne soient percés de sueur, et que l'écume ne vous en vienne à la bouche.

LE CHŒUR.

Jurez, prince de Samarcand ;
Jurez, digne fils du grand khan.

LE PRINCE.

Par le sacré mont Hymette, je le jure.

LE HÉRAUT.

Art. IV. — Vous jurez et promettez d'escalader généreusement toutes les meules de foin, de quelque hauteur qu'elles puissent être, sans que la crainte des culbutes les plus affreuses puisse jamais vous arrêter.

LE CHŒUR.

Jurez, prince de Samarcand ;
Jurez, digne fils du grand khan.

LE PRINCE.

Par le sacré mont Hymette, je le jure.

LE HÉRAUT.

Art. V. — Vous jurez et promettez de prendre en votre protection toutes les espèces de mouches à miel, et de ne faire jamais mal à aucune, de vous en laisser piquer courageusement sans les chasser, quelque endroit de votre personne qu'il leur plaise d'attaquer, soit mains, joues, jambes, etc.; dussent-elles, de ces piqûres, devenir plus grosses et plus enflées que celles de votre majordome.

LE CHŒUR.

Jurez, prince de Samarcand ;
Jurez, digne fils du grand khan.

LE PRINCE.

Par le sacré mont Hymette, je le jure.

LE HÉRAUT.

Art. VI. — Vous jurez et promettez de respecter le premier ouvrage des mouches à miel, et, à l'exemple de votre grande dictatrice, d'avoir en horreur l'usage profane qu'en font les apothicaires, dussiez-vous crever de réplétion.

LE CHŒUR.

Jurez, prince de Samarcand ;
Jurez, digne fils du grand khan.

LE PRINCE.

Par le sacré mont Hymette, je le jure.

LE HÉRAUT.

Art. VII et dernier. — Vous jurez et promettez enfin de conserver soigneusement la glorieuse mar-

que de votre dignité, et de ne jamais paraître devant votre dictatrice sans avoir à votre côté la médaille dont elle va nous honorer.

LE CHŒUR.

Jurez, prince de Samarcand,
Jurez, digne fils du grand khan.

LE PRINCE.

Par le sacré mont Hymette, je le jure.

A ce dernier serment, le chœur général reprit :

Il principe di Samarcand,
Il digno figlio del gran'khan,
Ha giurato :
Sia ricevuto.

Alors la fée Ludovise se leva, et, prenant des mains de Malezieux la médaille suspendue au ruban orange, et faisant signe au prince d'approcher, elle prononça ces vers, dont le mérite était fort augmenté par l'à-propos de la situation :

Digne envoyé d'un grand monarque,
Recevez de ma main la glorieuse marque
De l'ordre qu'on vous a promis :
Thessandre, apprenez de ma bouche
Que je vous mets au rang de mes amis
En vous faisant chevalier de la Mouche.

Le prince mit un genou en terre, et la fée Ludovise lui passa au cou le ruban orange et la médaille qu'il soutenait.

Au même instant, le chœur général éclata, chantant tout d'une voix :

Viva sempre, viva, et in onore cresca
Il novo cavaliere della Mosca.

A la dernière mesure de ce chœur général, une seconde porte latérale s'ouvrit à deux battants et laissa voir un magnifique souper servi dans une salle splendidement illuminée.

Le nouveau chevalier de la Mouche offrit alors la main à la dictatrice, la fée Ludovise, et tous deux s'acheminèrent vers la salle à manger, suivis du reste des assistants.

Mais à la porte de la salle à manger, ils furent arrêtés par un bel enfant habillé en amour, et qui portait à la main un globe de cristal dans lequel on voyait autant de petits billets roulés qu'il y avait de convives. C'était une loterie d'un nouveau genre, et qui était bien digne de servir de suite à la cérémonie que nous venons de raconter.

Parmi les cinquante billets que renfermait cette loterie, il y en avait dix sur lesquels étaient écrits les mots : chanson ; madrigal, épigramme, impromptu, etc., etc. Ceux auxquels tombaient ces billets étaient forcés d'acquitter leur dette séance

La fée Ludovise lui passa au cou le ruban orange et la médaille qu'il soutenait. — **Page 4.**

tenante et pendant le repas. Les autres n'étaient te-nus qu'à applaudir, à boire et à manger.

A la vue de cette loterie poétique, les quatre dames se récrièrent sur la faiblesse de leur esprit, qui devait les exempter d'un pareil concours; mais madame la duchesse du Maine déclara que personne ne devait être exempt des chances du hasard. Seulement, les dames étaient autorisées à prendre un collaborateur, et le collaborateur, en échange, acquérait des droits à un baiser. Comme on le voit, c'était de la plus pure bergerie.

Cet amendement fait à la loi, la fée Ludovise introduisit la première sa petite main dans le globe de cristal et en tira un billet qu'elle déroula. Le billet portait le mot *impromptu*.

Chacun puisa après elle; mais, soit hasard, soit disposition adroite des lots, les pièces de vers tombèrent presque toutes à Chaulieu, à Saint-Genest, à Malezieux, à Saint-Aulaire et à Lagrange-Chancel.

Mesdames de Croissy, de Rohan et de Brissac tirèrent les autres lots, et choisirent immédiatement pour collaborateurs Malezieux, Saint-Genest et l'abbé de Chaulieu, qui se trouvèrent ainsi chargés d'une double tâche.

Quant à d'Harmental, il avait, à sa grande joie, tiré un billet blanc. ce qui, comme nous l'avons déjà dit, bornait sa tâche à applaudir, à boire et à manger.

Cette petite opération terminée, chacun alla prendre à la table la place qui d'avance lui était désignée par une étiquette portant son nom.

⸻ ◦✠◦ ⸻

II

LES POÊTES DE LA RÉGENCE.

ependant, hâtons-nous de le dire à la louange de madame la duchesse du Maine, cette fameuse loterie, qui rappelait avec avantage les plus beaux jours de l'hôtel Rambouillet, n'était pas si ridicule au fond qu'elle paraissait être à la superficie. D'abord, les petits vers, les sonnets et les épigrammes étaient fort à la mode à cette époque, dont ils représentaient à merveille la futilité. Ce vaste foyer de poésie allumé par Corneille et par Racine allait s'éteignant, et sa flamme, qui avait éclairé le monde, ne se trahissait plus que par quelques pauvres petites étincelles qui brillaient dans le cercle d'une coterie, se répandaient dans une douzaine de ruelles et s'éteignaient aussitôt. Puis il y avait encore à cette lutte d'esprit un motif autre que celui de la mode : cinq à six personnes seulement étaient initiées au véritable but de la fête, et il fallait occuper par d'amusantes futilités deux heures d'un repas pendant lequel chaque physionomie serait un livre ouvert aux commentaires, et la duchesse du Maine n'avait rien trouvé de mieux pour cela que d'inventer un de ces jeux qui avaient fait appeler Sceaux les galeries du Bel-Esprit.

Le commencement du dîner fut, comme toujours, froid et silencieux ; il faut s'accommoder avec ses voisins, reconnaître sur la table cette étroite part de propriété qui revient à chaque convive, puis enfin, si poête et si berger que l'on soit, éteindre ce premier cri de la faim. Cependant, le premier service disparu, ce léger chuchotement qui prélude à la conversation générale commença de se faire entendre. La belle fée Ludovise seule, préoccupée sans doute de l'impromptu que le sort lui avait fait échoir en partage, et ne voulant pas donner le mauvais exemple en prenant un collaborateur, était silencieuse, ce qui, par une réaction toute naturelle, jetait une ombre de tristesse sur tout le repas. Malezieux vit qu'il était temps de couper le mal dans sa racine, et, s'adressant à la duchesse du Maine :

— Belle fée Ludovise, lui dit-il, tes sujets se plaignent amèrement de ton silence, auquel tu ne les as pas habitués, et me chargent de porter leur réclamation au pied de ton trône.

— Hélas ! dit la duchesse, vous le voyez, mon cher chancelier, je suis comme le corbeau de la fable, qui veut imiter l'aigle et enlever un mouton. J'ai les pieds pris dans mon impromptu, et je ne peux plus m'en dépêtrer.

— Alors, répondit Malezieux, permets-nous de maudire pour la première fois les lois que tu nous as imposées. Mais tu nous as habitués au son de ta voix et au charme de ton esprit, belle princesse, si bien que nous ne pouvons plus nous en passer.

> Chaque mot qui sort de ta bouche
> Nous surprend, nous ravit, nous touche;
> Il a mille agréments divers.
> Pardonne, princesse, si j'ose
> Faire le procès à tes vers
> Qui nous ont privés de ta prose!

— Mon cher Malezieux ! s'écria la duchesse, je prends l'impromptu à mon compte. Me voilà quitte envers la société, il n'y a plus que vous à qui je dois un baiser.

— Bravo ! s'écrièrent tous les convives.

— Ainsi, à partir de ce moment, messieurs, plus de conversations particulières, plus de chuchotement individuel, chacun se doit à tous. Allons, mon Apollon, continua la duchesse en se tournant vers Saint-Aulaire, qui parlait bas à madame de Rohan, près de laquelle il était placé, nous commençons notre inquisition par vous ; dites-nous tout haut le secret que vous disiez tout bas à votre belle voisine.

Il paraît que le secret n'était pas de nature à être répété tout haut, car madame de Rohan rougit jusqu'au blanc des yeux et fit signe à Saint-Aulaire de garder le silence; celui-ci la rassura d'un geste, puis, se tournant vers la duchesse, à laquelle il devait un madrigal:

— Madame, lui dit-il, répondant à son ordre et s'acquittant en même temps de l'obligation imposée par la loterie:

> La divinité qui s'amuse
> A me demander mon secret,
> Si j'étais Apollon, ne serait pas ma muse,
> Elle serait Thétis, et le jour finirait!

Ce madrigal, qui devait cinq ans plus tard conduire Saint-Aulaire à l'Académie, eut un tel succès, que, pendant quelques instants, personne n'osa se hasarder à venir après lui. Il en résulta, après les applaudissements obligés, un silence d'un instant. La duchesse le rompit la première en reprochant à Laval de ne pas manger.

— Vous oubliez ma mâchoire, dit Laval en montrant sa mentonnière.

Nous, oublier votre blessure! reprit madame du Maine, une blessure reçue pour la défense du pays et au service de notre illustre père Louis XIV! Vous vous méprenez, mon cher Laval, c'est le régent qui l'oublie et non pas nous.

— En tout cas, dit Malezieux, il me semble, mon cher comte, qu'une blessure si bien placée est plutôt un motif de fierté que de tristesse.

> Mars t'a frappé de son tonnerre
> En mille aventures de guerre
> Dignes du grand nom de Laval.
> Il te reste un gosier pour boire,
> Cher ami, c'est le principal,
> Console-toi de la mâchoire.

— Oui, dit le cardinal de Polignac; mais, si le temps qu'il fait continue, mon cher Malezieux, le gosier de Laval court grand risque de ne pas boire du vin cette année.

— Comment cela? demanda Chaulieu avec inquiétude.

— Comment cela, mon cher Anacréon? ignorez-vous donc ce qui arrive au ciel?

— Hélas! dit Chaulieu en se tournant vers la duchesse, Votre Éminence sait bien que je n'y vois plus même assez pour y distinguer les étoiles; mais n'importe, pour ne pas y voir, je n'en suis que plus inquiet de ce qui s'y passe.

— Il s'y passe que mes vignerons m'écrivent de Bourgogne que tout est brûlé par le soleil et que la récolte prochaine est perdue si d'ici à quelques jours nous n'avons de la pluie.

— Entendez-vous, Chaulieu, dit en riant madame la duchesse du Maine, de la pluie, vous qui avez si grande horreur de l'eau, entendez-vous ce que Son Éminence demande?

— Oh! cela est vrai, dit Chaulieu; mais il y a moyen de tout concilier:

> L'eau me fait horreur, ma commère;
> A son aspect j'entre en colère,
> Je frémis comme un enragé
> Cependant, malgré ma furie,
> Aujourd'hui mon cœur est changé,
> Nos vins demandent de la pluie.
>
> Ciel, fais pleuvoir en diligence;
> Verse de l'eau sur notre France,
> Qui n'a déjà que trop pâti;
> Elle aura beau tomber sur terre,
> J'aurai soin de boire à l'abri,
> De peur qu'il n'en tombe en mon verre.

— Oh! vous nous ferez bien grâce pour ce soir, mon cher Chaulieu, s'écria la duchesse, et vous attendrez la pluie jusqu'à demain. La pluie dérangerait le divertissement que notre bonne de Launay, votre amie, nous prépare en ce moment dans nos jardins.

— Ah! voilà donc ce qui nous prive du plaisir d'avoir notre aimable savante à notre table, dit Pompadour; elle se sacrifie pour nous, et nous l'oublions; nous étions de grands ingrats. A sa santé, Chaulieu!

Et Pompadour leva son verre, geste qui fut immédiatement imité par le sexagénaire amant de la future madame de Staël.

— Un instant, un instant! s'écria Malezieux en tendant son verre vide à Saint-Genest; peste! j'en suis aussi, moi!

> Je soutiens qu'un esprit solide
> Ne doit point admettre le vide,
> Et je prétends le réfuter.
> Partout je lui ferai la guerre,
> Et, pour qu'on ne puisse en douter,
> Saint-Genest, remplis-moi mon verre.

Saint-Genest se hâta d'obéir à la sommation du chancelier de Dombes; mais, en reposant la bouteille, soit hasard, soit fait exprès, il renversa une lumière, qui s'éteignit. Aussitôt madame la duchesse, qui suivait tout ce qui se passait de son œil vif et rapide, le railla sur sa maladresse. C'était sans doute ce que demandait le bon abbé, car, se tournant aussitôt du côté de madame du Maine:

— Belle fée, dit-il, vous avez tort de me railler sur ma maladresse; ce que vous prenez pour une gaucherie est un hommage rendu à vos beaux yeux.

— Et comment cela, mon cher abbé? Un hommage rendu à mes yeux, dites-vous?

— Oui, grande fée, continua Saint-Genest, je l'ai dit et je le prouve:

> Ma muse sévère et grossière
> Vous soutient que tant de lumière

Est inutile dans les cieux,
Sitôt que notre auguste Aminte
Fait briller l'éclat de ses yeux,
Toute autre lumière est éteinte.

Ce madrigal, si élégamment tourné, eût sans doute obtenu tout le succès qu'il méritait d'avoir, si, au moment même où Saint-Genest disait le dernier vers, madame du Maine, malgré les efforts qu'elle faisait pour se retenir, n'eût outrageusement éternué, et cela avec un tel bruit, qu'au grand désappointement de Saint-Genest le trait final en fut perdu pour la plupart des auditeurs; mais, dans cette société de chasseurs à l'esprit, rien ne pouvait se perdre : ce qui nuisait à l'un servait à l'autre; et, à peine la duchesse eut-elle laissé échapper cet intempestif éternument, que Malezieux, le saisissant au vol, s'écria :

Que je suis étonné
Du bruit que fait le né
De la belle déesse !
Car grande est la princesse,
Mais petit est le né
Qui m'a tant étonné.

Ce dernier impromptu était d'un précieux si su-

J.A.BEAUCE.

EISAN.

Malezieux.

perlatif, que, pour un instant, il imposa silence à tous les autres, et qu'on redescendit des hauteurs de la poésie aux vulgarités de la simple prose.

Pendant tout le temps qu'avait eu lieu ce feu roulant de bel esprit, d'Harmental, usant de la liberté que lui donnait son billet blanc, avait gardé le silence, ou bien échangé avec Valef, son voisin, quelques paroles à voix basse, ou quelques sourires à demi réprimés. Au reste, comme l'avait pensé madame du Maine, malgré la préoccupation bien naturelle de quelques convives, l'ensemble du repas avait conservé une telle apparence de frivolité, qu'il

était impossible à des yeux étrangers de voir, sous cette frivolité apparente, serpenter la conspiration qui se tramait. Aussi, soit force sur elle-même, soit satisfaction de voir ses projets ambitieux tourner à si bonne fin, la belle fée Ludovise avait-elle fait les honneurs du repas avec une présence d'esprit, une grâce et une gaieté merveilleuses. De leur côté, comme on l'a vu aussi, Malezieux, Saint-Aulaire, Chaulieu et Saint-Genest l'avaient secondée de leur mieux.

Cependant le moment de quitter la table approchait : on entendait, à travers les fenêtres fermées et les portes entr'ouvertes, de vagues bouffées d'harmonie, qui, du jardin, pénétraient jusque dans la salle à manger, et annonçaient que de nouveaux divertissements attendaient les convives. De sorte que madame du Maine, voyant que l'heure approchait, annonça que, ayant promis la veille à Fontenelle d'étudier le lever de l'étoile de Vénus, elle avait dans la journée reçu de l'auteur des *Mondes* un excellent télescope, avec lequel elle invitait la société à faire sur ce bel astre ses études astronomiques. Cette annonce était une trop belle occasion offerte à Malezieux de lancer quelque madrigal pour qu'il n'en profitât point. Aussi, comme madame du Maine paraissait craindre que Vénus ne fût déjà levée.

— Oh! belle fée! dit-il, vous savez mieux que personne que nous n'avons rien à craindre.

> Pour observer dans vos jardins,
> La lunette est tirée ;
> Sortez du salon des festins,
> On verra Cythérée.
> Oui, finissez ce long repas,
> Princesse incomparable ;
> Vénus ne se lèvera pas
> Tant que vous tiendrez table.

Malezieux terminait la séance comme il l'avait commencée; on se levait donc au milieu des applaudissements, lorsque Lagrange-Chancel, qui n'avait point prononcé une parole pendant tout le repas, se tournant vers la duchesse :

— Pardon, madame, dit-il, mais, moi aussi, j'ai une dette à payer, et, quoique personne ne la réclame, à ce qu'il paraît, je suis débiteur trop consciencieux pour ne pas m'acquitter.

— Oh! c'est vrai, mon Archiloque, répondit la duchesse, n'avez-vous point un sonnet à nous dire?

— Non point, madame, reprit Lagrange-Chancel : le sort m'a réservé une ode, et le sort a très-bien fait, car je me connais, et suis peu propre à toutes ces poésies de ruelles qui ont cours aujourd'hui. Ma muse à moi, madame, vous le savez, c'est Némésis, et mon inspiration, au lieu de descendre du ciel, monte des enfers. Ayez donc la bonté, madame la duchesse, de prier ces dames et ces messieurs de me prêter un instant l'attention que depuis le commencement du repas ils ont eue pour d'autres.

Madame du Maine ne répondit qu'en se rasseyant, et chacun aussitôt imita son exemple; puis il se fit un moment de silence, pendant lequel les yeux de tous les convives se portèrent avec une certaine inquiétude sur cet homme, qui avouait lui-même que sa muse était une furie et son Hippocrène l'Achéron.

Alors Lagrange-Chancel se leva ; un feu sombre passa dans son regard, un sourire amer crispa sa lèvre, puis, d'une voix sourde, et qui s'harmoniait parfaitement avec les paroles qui sortaient de sa bouche, il dit les vers suivants, qui devaient retentir jusqu'au Palais-Royal, et faire tomber des yeux du régent des larmes d'indignation que Saint-Simon vit couler.

> Vous (1) dont l'éloquence rapide
> Contre deux tyrans inhumains
> Eut jadis l'audace intrépide
> D'armer les Grecs et les Romains,
> Contre un monstre encor plus farouche,
> Mettez votre fiel dans ma bouche;
> Je brûle de suivre vos pas,
> Et je vais tenter cet ouvrage,
> Plus charmé de votre courage,
> Qu'effrayé de votre trépas!

> A peine ouvrit-il ses paupières,
> Que, tel qu'il se montre aujourd'hui,
> Il fut indigné des barrières
> Qu'il voit entre le trône et lui.
> Dans ces détestables idées
> De l'art des Circés, des Médées (2),
> Il fit ses uniques plaisirs,
> Croyant cette voie infernale
> Digne de remplir l'intervalle
> Qui s'opposait à ses désirs.

> Nocher des ondes infernales,
> Prépare-toi, sans t'effrayer,
> A passer les ombres royales
> Que Philippe va t'envoyer!
> O disgrâces toujours récentes!
> O pertes toujours renaissantes!
> Sujets de pleurs et de sanglots!
> Tels, dessus la plaine liquide,
> D'un cours éternel et rapide
> Les flots sont suivis par les flots.

> Ainsi les fils (3) pleurant leur père (4)
> Tombent frappés des mêmes coups;
> Le frère est suivi par le frère,
> L'épouse devance l'époux (5),
> Mais, ô coups toujours plus funestes!
> Sur deux fils (6), nos uniques restes,
> La faux de la Parque s'étend;
> Le premier a rejoint sa race,
> L'autre (7), dont la couleur s'efface
> Penche vers son dernier instant!

> O roi, depuis si longtemps ivre (8)
> D'encens et de prospérité,
> Tu ne te verras pas revivre
> Dans ta triple postérité.
> Tu sais d'où part ce coup sinistre,
> Tu connais l'infâme ministre (9)

(1) Démosthène et Cicéron.
(2) Comme on se le rappelle, le duc d'Orléans était excellent chimiste. Ce fut principalement sur les études qu'il faisait de cette science avec Humbert que l'on fit reposer les calomnies dont la vie de Louis XV a fait justice.
(3) Les ducs de Bourgogne et de Berry.
(4) Le vieux dauphin.
(5) M. le dauphin et madame la dauphine.
(6) Les fils du jeune dauphin.
(7) Louis XV.
(8) Louis XIV.
(9) Humbert, le chimiste.

Digne d'un prince détesté ;
Qu'il expire avec son complice,
Tu sauveras par leur supplice
Le peu de sang qui t'est resté.

Poursuis ce prince sans courage (1),
Déjà par ses frayeurs vaincu.
Fais que dans l'opprobre et la rage
Il meure comme il a vécu ;
Que sur sa tête scélérate
Tombe le sort de Mithridate
Pressé des armes des Romains,
Et qu'en son désespoir extrême
Il ait recours au poison même
Préparé par ses propres mains !

Il est impossible d'exprimer l'effet que produisirent ces vers, venant à la suite des impromptus de Malezieux, des madrigaux de Saint-Aulaire, des chansons de Chaulieu ; chacun se regardait en silence et comme épouvanté de se trouver pour la première fois en face de ces hideuses calomnies qui jusque-là s'étaient traînées dans l'ombre, mais n'avaient point osé apparaître au grand jour. La duchesse elle-même, qui les avait le plus accréditées, avait pâli en voyant cette ode, hydre monstrueuse,

(1) On n'oubliera pas qu'il est ici question du héros de Steinkerque, de Nerwinde et de Lérida.

dresser devant elle ses six têtes pleines de fiel et de venin. Le prince de Cellamare ne savait quelle contenance tenir, et la main du cardinal de Polignae tremblait visiblement en chiffonnant son rabat de dentelle.

Aussi le poëte termina-t-il sa dernière strophe au milieu du même silence qui avait accueilli la première ; et comme, embarrassée de ce mutisme général qui indiquait la désapprobation, même chez les plus fidèles, madame du Maine venait de se lever, chacun suivit son exemple et passa avec elle dans les jardins.

Sur le perron, d'Harmental, qui sortait le dernier, heurta sans y faire attention Lagrange-Chancel, qui rentrait dans la salle pour y prendre le mouchoir que madame du Maine y avait oublié.

— Pardon, monsieur le chevalier, dit le poëte irrité en se redressant et en fixant sur d'Harmental ses deux petits yeux jaunis par la bile ; voudriez-vous marcher sur moi par hasard ?

— Oui, monsieur, répondit d'Harmental en le regardant avec dégoût de toute la hauteur de sa taille, et comme il eût fait d'un crapaud ou d'une vipère ; oui, si j'étais sûr de vous écraser !

Et, reprenant le bras de Valef, il descendit avec lui dans les jardins.

III

LA REINE DES GROENLANDAIS.

omme on avait pu le comprendre pendant le dîner, et comme on pouvait le deviner par les divertissements que la duchesse du Maine avait l'habitude de donner à sa chartreuse de Sceaux, la fête, au commencement de laquelle nous avons fait assister nos lecteurs, allait déborder des salons dans les jardins, où de nouvelles surprises attendaient les convives. En effet, ces vastes jardins, dessinés par le Nôtre pour Colbert, et que Colbert avait vendus à M. le duc du Maine, étaient devenus entre les mains de la duchesse une demeure véritablement féerique; ces grands partis pris des jardins français avec leurs vertes charmilles, leurs longues allées de tilleuls, leurs ifs taillés en coupes, en spirales et en pyramides, se prêtaient bien mieux que les jardins anglais, à petits massifs, à allées tortueuses et à horizons exigus, aux fêtes mythologiques qui étaient de mode sous le grand roi. Ceux de Sceaux surtout, bornés seulement par une vaste pièce d'eau, au milieu de laquelle s'élevait le pavillon de l'Aurore, ainsi nommé parce que c'était de ce pavillon que partait ordinairement le signal que la nuit allait finir et qu'il était temps de se retirer, avaient, avec leurs jeux de bagues et leurs jeux de paume et de ballon, un aspect d'un grandiose véritablement royal. Aussi chacun resta-t-il émerveillé lorsque, en arrivant sur le perron, on vit toutes ces hautes allées, tous ces beaux arbres, toutes ces gracieuses charmilles, liés l'un à l'autre par des guirlandes d'illuminations, qui changeaient cette nuit obscure en un jour des plus splendides. En même temps, une musique délicieuse se fit entendre sans que l'on pût voir d'où elle venait; puis, au son de cette musique, on vit se mouvoir dans la grande allée et s'approcher quelque chose de si étrange et de si inattendu, que, dès qu'on eut reconnu à quoi l'on avait affaire, les éclats de rire partirent de tous côtés. C'était un jeu de quilles gigantesques qui s'approchait gravement dans la grande allée du milieu, précédé par son neuf et escorté par sa boule, et qui, s'étant avancé à quelques pas du perron, se disposa gracieusement

dans les règles ordonnées, et, après s'être incliné devant madame du Maine, tandis que la boule continuait de rouler jusqu'à ses pieds, commença de chanter une complainte fort triste sur ce que, jusqu'à ce jour, le malheureux jeu de quilles, moins fortuné que les jeux de bagues, de ballon et de paume, avait été exilé des jardins de Sceaux, demandant qu'on revînt sur cette injustice, et que le droit de réjouir les nobles invités de la belle fée Ludovise lui fût accordé ainsi qu'à ses confrères. Cette complainte était une cantate à neuf voix, accompagnée par des violes et des flûtes, entrecoupée par des solos de basse chantés par la boule, de l'effet le plus original; aussi la demande qu'elle exprimait fut-elle appuyée par tous les convives et accordée par madame du Maine. Aussitôt, et en signe d'allégresse, au signal donné, les neuf quilles commencèrent un ballet, accompagné de si singuliers hochements de tête et de si grotesques balancements de corps, que le succès des danseurs surpassa peut-être celui qu'avaient eu les chanteurs, et que madame du Maine, dans la satisfaction qu'elle ressentait de ce spectacle, exprima au jeu de quilles tout le regret qu'elle avait de l'avoir méconnu si longtemps, et toute la joie qu'elle éprouvait d'avoir fait sa connaissance, l'autorisant dès ce moment, et en vertu de sa puissance, comme reine des Abeilles, à s'appeler le noble jeu de quilles, afin qu'il ne restât en rien au-dessous de son rival le noble jeu de l'oie.

Aussitôt cette faveur accordée, les quilles se rangèrent pour faire place à de nouveaux personnages, que, depuis un instant, on voyait s'avancer par la grande allée : ces personnages, au nombre de sept, étaient entièrement couverts de fourrures qui dissimulaient leur taille, et de bonnets poilus qui cachaient leur visage; de plus, ils marchaient gravement, menant au milieu d'eux un traîneau conduit par deux rennes, ce qui indiquait une députation polaire. En effet, c'était une ambassade que les peuples du Groënland adressaient à la fée Ludovise; cette ambassade était conduite par un chef portant une longue simarre doublée de martre et un bonnet de peau de renard, auquel on avait laissé trois queues qui pendaient symétriquement une sur chaque épaule et l'autre par derrière. Arrivé en face de

Puis, montant dans le traîneau, elle s'achemina vers le palais marin. — Page 14.

madame du Maine, ce chef s'inclina, et, portant la parole au nom de tous :

— Madame, dit-il, les Groënlandais, ayant délibéré dans une assemblée générale de la nation d'envoyer un des plus considérables d'entre eux vers Votre Altesse Sérénissime, j'ai eu l'honneur d'être choisi pour me mettre à leur tête, et vous offrir, de leur part, la souveraineté de leurs États.

L'allusion était si visible, et cependant, par la façon dont elle était amenée, offrait si peu de danger, qu'un murmure d'approbation courut par toute l'assemblée, et que, signe de sa future adhésion, un sourire des plus gracieux effleura les lèvres de la belle fée Ludovise; aussi l'ambassadeur, visiblement encouragé par la manière dont était accueilli le commencement de ce discours, reprit aussitôt :

— La renommée, qui n'annonce chez nous que les merveilles les plus rares, nous a instruits, au milieu de nos neiges, au fond de nos glaces, dans notre pauvre petit coin du monde, des charmes, des vertus et des inclinations de Votre Altesse Sérénissime : nous savons qu'elle abhorre le soleil.

Cette nouvelle allusion fut saisie avec autant d'empressement et d'ardeur que la première; en effet, le soleil était la devise du régent, et, comme nous l'avons dit, madame du Maine était connue pour sa prédilection en faveur de la nuit.

— Il en résulte donc, madame, continua l'ambassadeur, que, comme, vu notre position géographique, Dieu nous a, dans sa bonté, gratifiés de six mois de nuit et de six mois de crépuscule, nous venons vous proposer de fuir chez nous ce soleil que vous haïssez; et, en dédommagement de ce que vous abandonnez ici, nous vous offrons le titre de reine des Groënlandais, certains que nous sommes que votre présence fera fleurir nos campagnes arides, que la sagesse de vos lois domptera nos esprits indociles, et que, grâce à la douceur de votre règne, nous renoncerons à une liberté moins aimable que votre royale domination.

— Mais, dit madame du Maine, il me semble que le royaume que vous m'offrez est un peu loin, et, je vous l'avoue, je crains les longs voyages.

— Nous avions prévu votre réponse, madame, reprit l'ambassadeur; et, grâce aux enchantements d'un puissant magicien, de peur que, plus paresseuse que Mahomet, vous ne vouliez pas aller à la montagne, nous nous sommes arrangés de façon que la montagne vînt à vous. — Holà! génies du pôle, continua le chef de l'ambassade en décrivant en l'air des cercles cabalistiques avec sa baguette, découvrez à tous les yeux le palais de votre nouvelle souveraine.

Au même moment, une musique fantastique se fit entendre, et le voile qui couvrait le pavillon de l'Aurore s'étant enlevé comme par magie, la vaste pièce d'eau, demeurée sombre jusque-là comme un miroir terni, refléta une lumière si habilement disposée, qu'on l'eût prise pour celle de la lune. A cette lumière, on vit alors se dessiner, sur une île de glace et au pied d'un pic neigeux et transparent, le palais de la reine des Groënlandais, auquel conduisait un pont si léger, qu'il paraissait fait d'un nuage flottant. Aussitôt, au milieu des acclamations générales, l'ambassadeur prit des mains d'un des personnages de sa suite une couronne qu'il posa sur la tête de la duchesse, et que la duchesse assura elle-même sur son front avec un geste si hautain, qu'on eût dit que c'était une couronne réelle qu'elle venait de recevoir; puis, montant dans le traîneau, elle s'achemina vers le palais marin, et, tandis que les gardes empêchaient la foule de la suivre dans son nouveau domaine, elle traversa le pont et entra avec les sept ambassadeurs par une porte figurant une caverne. Au même instant le pont s'abîma, comme si, par une allusion non moins visible que les autres, l'habile machiniste eût voulu séparer le passé de l'avenir, et un feu d'artifice, éclatant au-dessus du pavillon de l'Aurore, exprima la joie qu'éprouvaient les Groënlandais à la vue de leur nouvelle reine.

Pendant ce temps, madame du Maine était introduite par un huissier dans la pièce la plus isolée de son nouveau palais, et, les sept ambassadeurs ayant jeté bas bonnets et simarres, elle se trouva au milieu du prince de Cellamare, du cardinal de Polignac, du marquis de Pompadour, du comte de Laval, du baron de Valef, du chevalier d'Harmental et de Malezieux. Quant à l'huissier qui l'attendait, et qui, après avoir fermé avec soin toutes les portes, vint se mêler familièrement à cette noble assemblée, il n'était autre que notre vieil ami l'abbé Brigaud.

Comme on le voit, les choses apparaissaient enfin sous leur véritable forme, et la fête, comme venaient de la faire les ambassadeurs, jetait bas son tour masque et costume et tournait franchement à la conspiration.

— Messieurs, dit madame la duchesse du Maine avec sa vivacité habituelle, nous n'avons pas un instant à perdre, et une trop longue absence éveillerait des soupçons; que chacun se hâte donc de raconter ce qu'il a fait, et que nous sachions enfin où nous en sommes.

— Pardon, madame, dit le prince, mais vous m'aviez parlé, comme devant être des nôtres, d'un homme que je ne vois point ici, et que je serais désolé de ne point compter dans nos rangs.

— Du duc de Richelieu, voulez-vous dire, n'est-ce pas? répondit madame du Maine. Eh bien! oui, c'est vrai, il s'était engagé à venir, mais il aura été retenu par quelque aventure, distrait par quelque rendez-vous : il faudra nous en passer.

— Oui, sans doute, madame, reprit le prince, oui, s'il ne vient pas, il faudra nous en passer; mais je ne vous cache pas que je verrais son absence avec un grand regret. Le régiment qu'il commande est à Bayonne, et, grâce à cette résidence, qui le met à notre portée, il pourrait nous être parfaitement utile. Veuillez donc, je vous prie, madame la duchesse, donner l'ordre que, s'il venait, il soit introduit.

— L'abbé, dit madame du Maine en se tournant vers Brigaud, vous avez entendu, prévenez d'Avranches.

Brigaud sortit pour exécuter l'ordre qu'il venait de recevoir.

— Pardon, monsieur le chancelier, dit d'Harmental à M. Malezieux; mais il me semblait qu'il y a six semaines M. de Richelieu avait refusé positivement d'être des nôtres.

— Oui, répondit Malezieux, car il savait qu'il était désigné pour porter le cordon bleu au prince des Asturies, et il ne voulait pas se brouiller avec le régent au moment où, en récompense de cette ambassade, il allait probablement recevoir la Toison. Mais, depuis ce temps, le régent a changé d'avis; et, comme les cartes se brouillent avec l'Espagne, il a résolu d'ajourner l'envoi de l'ordre; de sorte que M. de Richelieu, voyant sa Toison renvoyée aux calendes grecques, s'est rallié à nous.

— L'ordre de Votre Altesse est transmis à qui de droit, madame, dit l'abbé Brigaud en rentrant ; et, si M. le duc de Richelieu apparaît à Sceaux, il sera immédiatement conduit ici.

— Bien, dit la duchesse ; maintenant, asseyons-nous à cette table et procédons. Voyons, Laval, commencez.

— Moi, madame, dit Laval, j'ai, comme vous le savez, été en Suisse, où, au nom et avec l'argent du roi d'Espagne, j'ai levé un régiment dans les Grisons. Ce régiment est prêt à entrer en France quand le moment en sera venu, attendu qu'il est armé et équipé, et n'attend plus que l'ordre de marcher.

— Bien, mon cher comte, bien ! dit la duchesse ; et, si vous ne regardez pas comme au-dessous d'un Montmorency d'être colonel d'un régiment, en attendant mieux, vous prendrez le commandement de celui-là. C'est un moyen plus sûr d'avoir la Toison que de porter le Saint-Esprit en Espagne.

— Madame, dit Laval, c'est à vous qu'il convient de fixer à chacun la place que vous lui réservez, et celle que vous lui désignerez sera toujours acceptée avec reconnaissance par le plus humble de vos serviteurs.

— Et vous, Pompadour, dit madame du Maine, tout en remerciant d'un geste de la main le comte de Laval ; et vous, qu'avez-vous fait ?

— Selon les instructions de Votre Altesse Sérénissime, répondit le marquis, je me suis rendu en Normandie, où j'ai fait signer la protestation de la noblesse ; je vous rapporte trente-huit signatures, et des meilleures.

Il tira un papier de sa poche.

— Voici la requête au roi, puis, à la suite de la requête, les signatures ; voyez, madame.

La duchesse prit si vivement le papier des mains du marquis de Pompadour, qu'on eût dit qu'elle le lui arrachait. Puis, jetant rapidement les yeux dessus :

— Oui, oui, dit-elle, vous avez bien fait de mettre cela : signé sans distinction ni différence des rangs et des maisons, afin que personne n'y puisse trouver à redire. Oui, cela épargne toute contestation de préséance. Bien. Guillaume-Alexandre de Vieux-Pont, Pierre-Anne-Marie de la Pailleterie, de Beaufremont, de Latour-Dupin, de Châtillon. Oui, vous avez raison. Ce sont les plus beaux et les meilleurs, comme ce sont les plus fidèles noms de France. Merci, Pompadour ; vous êtes un digne messager, et, le cas échéant, on se souviendra de votre habileté, et l'on changera les messages en ambassade.

— Et vous, chevalier, continua la duchesse en se tournant vers d'Harmental, armée de ce charmant sourire contre lequel elle savait qu'il n'y avait pas de résistance possible.

— Moi, madame ? dit le chevalier ; selon les ordres de Votre Altesse, je suis parti pour la Bretagne, et, arrivé à Nantes, j'ai ouvert mes dépêches et pris connaissance de mes instructions.

— Eh bien ? demanda vivement la duchesse.

— Eh bien ! madame, reprit d'Harmental, j'ai été aussi heureux dans ma mission que MM. de Laval et de Pompadour dans la leur. Voici l'engagement de MM. de Mont-Louis, de Bonamour, de Pont-Callet et de Rohan-Soldue. Que l'Espagne fasse seulement paraître une escadre en vue des côtes, et toute la Bretagne se soulèvera.

— Vous voyez, vous voyez, prince ! s'écria la duchesse en s'adressant à Cellamare avec un accent plein d'ambitieuse joie, tout nous seconde.

— Oui, répondit le prince. Mais ces quatre gentilshommes, tout influents qu'ils sont, ne sont point les seuls qu'il nous faudrait avoir ; il y a encore les Laguerche-Saint-Amant, les Bois-Davy, les Larochefoucault-Gondral, et que sais-je ? les Décourt, les d'Érée, qu'il serait important de gagner.

— Ils le sont, prince, dit d'Harmental, et voici leurs lettres... tenez...

Et, tirant plusieurs lettres de sa poche, il en ouvrit deux ou trois et lut au hasard :

« Je suis si flatté par le souvenir dont m'honore Votre Altesse Sérénissime, que, dans une assemblée générale des états, je joindrais ma voix à tous ceux du corps de la noblesse qui voudront lui prouver leur attachement.

« Marquis Décourt. »

« Si j'ai quelque estime et quelque considération dans ma province, je n'en veux faire usage que pour y faire valoir la justice de la cause de Votre Altesse Sérénissime.

« La Rochefoucault-Gondral. »

« Si le succès de votre affaire dépendait du suffrage de sept ou huit cents gentilshommes ; j'ose vous assurer, madame, qu'il sera bientôt décidé en faveur de Votre Altesse Sérénissime. J'ai l'honneur de vous offrir de nouveau tout ce qui dépend de moi dans ces quartiers.

« Comte d'Érée. »

— Eh bien ! prince, s'écria madame du Maine, vous rendrez-vous enfin ? Voyez, outre ces trois lettres, en voilà encore une de Lavauguyon, une de Bois-Davy, une de Fumée. Tenez, tenez, chevalier, voici notre main droite ; c'est celle qui tiendra la plume ; qu'elle vous soit un gage que, au jour où sa signature sera une signature royale, elle n'aura rien à vous refuser.

— Merci, madame, dit d'Harmental en y posant respectueusement les lèvres ; mais cette main m'a déjà donné plus que je ne mérite, et le succès lui-même me récompensera si grandement en mettant Votre Altesse à la place qu'elle doit occuper, que je n'aurai ce jour-là, vraiment, plus rien à désirer.

Le roi Philippe V.

— Et maintenant, Valef, c'est votre tour, reprit la duchesse : nous vous avons gardé pour le dernier, parce que vous étiez le plus important. Si j'ai bien compris les signes que nous avons échangés pendant le diner, vous n'êtes pas mécontent de Leurs Majestés Catholiques, n'est-ce pas?

— Que dirait Votre Altesse Sérénissime d'une lettre écrite de la main même de Sa Majesté Philippe?

— Ce que je dirais d'une lettre écrite de la main même de Sa Majesté! s'écria madame du Maine; je dirais que c'est plus que je n'ai jamais osé espérer.

— Prince, dit Valef en passant un papier à Cella-

mare, vous connaissez l'écriture de Sa Majesté le roi Philippe V : assurez donc à Son Altesse Royale, qui n'ose pas le croire, que cette lettre est bien tout entière de sa main.

— Tout entière, dit Cellamare en inclinant la tête, tout entière, c'est la vérité.

— Et à qui est-elle adressée? dit madame du Maine en la prenant aux mains du prince.

— Au roi Louis XV, madame, dit Valef.

— Bon, bon, dit la duchesse, nous la ferons mettre sous les yeux de Sa Majesté par le maréchal de Villeroy. Voyons ce qu'il dit; et elle lut aussi rapi-

L'Escurial.

ment que le lui permettait la difficulté de l'écriture (1) :

« L'Escurial, 16 mars 1718.

« Depuis que la Providence m'a placé sur le trône d'Espagne, je n'ai pas perdu de vue pendant un seul instant les obligations de ma naissance : Louis XIV, d'éternelle mémoire, est toujours présent à mon esprit. Il me semble toujours entendre ce grand

(1) Cette lettre, qui se trouve aux archives des affaires étrangères, est effectivement tout entière de la main de Philippe V.

prince, au moment de notre séparation, me dire en m'embrassant : *Il n'y a plus de Pyrénées!* Votre Majesté est le seul rejeton de mon frère aîné, dont je ressens tous les jours la perte : Dieu vous a appelé à la succession de cette grande monarchie, dont la gloire et les intérêts me seront précieux jusqu'à la mort. Enfin, je vous porte au fond de mon cœur, et je n'oublierai jamais, pour rien au monde, ce que je dois à Votre Majesté, à ma patrie et à la mémoire de mon aïeul.

« Mes chers Espagnols, qui m'aiment avec tendresse, et qui sont bien assurés de celle que j'ai

Paris. — Imp. de BRY aîné, boulevart Montparnasse. 81.

pour eux, ne sont point jaloux des sentiments que je vous témoigne, et sentent bien que notre union est la base de la tranquillité publique. Je me flatte que mes intérêts personnels sont encore chers à une nation qui m'a nourri dans son sein, et que cette généreuse noblesse, qui a versé tant de sang pour les soutenir, regardera toujours avec amour un roi qui se glorifie de lui avoir obligation et d'être né au milieu d'elle. »

— Ceci s'adresse à vous, messieurs, dit madame la duchesse du Maine, s'interrompant et saluant gracieusement de la main et du regard ceux qui l'entouraient; puis elle continua, impatiente qu'elle était de connaître le reste de l'épître :

« De quel œil donc vos fidèles sujets peuvent-ils regarder le traité qui se signe contre moi, ou, pour mieux dire, contre vous-même (1)? Depuis le temps que vos finances épuisées ne peuvent fournir aux dépenses courantes de la paix, on veut que Votre Majesté s'unisse à mon plus mortel ennemi (2) et me fasse la guerre si je ne consens à livrer la Sicile à l'archiduc.

« Je ne souscrirai jamais à ces conditions, elles me sont insupportables.

« Je n'entre pas dans les conséquences funestes de cette alliance; je me renferme à prier instamment Votre Majesté de convoquer incessamment les états généraux de son royaume, pour délibérer sur une affaire de si grande conséquence. »

— Les états généraux! murmura le cardinal de Polignac.

— Eh bien! que dit Votre Éminence des états généraux? interrompit avec impatience madame du Maine. Cette mesure a-t-elle le malheur de ne point obtenir votre approbation?

— Je ne blâme ni n'approuve, madame, répondit le cardinal; seulement, je songe que même convocation a été faite pendant la Ligue, et que Philippe II s'en est assez mal trouvé.

— Les temps et les hommes sont changés, monsieur le cardinal, reprit vivement la duchesse du Maine. Nous ne sommes plus en 1594, mais en 1718: Philippe II était Flamand et Philippe V est Français :

(1) Le traité de la quadruple alliance, que nous avons vu Dubois rapporter en triomphe de Londres.
(2) L'empereur.

les mêmes résultats ne peuvent donc se représenter, puisque les causes sont différentes. Pardon, messieurs. Et elle reprit sa lecture :

« Je vous fais cette prière au nom du sang qui nous unit, au nom de ce grand roi dont nous tirons notre origine, au nom de vos peuples et des miens: s'il y eut jamais occasion d'écouter la voix de la nation française, c'est aujourd'hui. Il est indispensable d'apprendre d'elle-même ce qu'elle pense, de savoir si en effet elle veut nous déclarer la guerre. Dans le temps où je suis prêt à exposer ma vie pour maintenir sa gloire et ses intérêts, j'espère que vous répondrez au plus tôt à la proposition que je vous fais; que l'assemblée que je vous demande préviendra les malheureux engagements où nous pourrions tomber, et que les forces de l'Espagne ne seront employées qu'à soutenir la grandeur de la France et à humilier ses ennemis, comme je ne les emploierai jamais que pour marquer à Votre Majesté la tendresse sincère et inexprimable que j'ai pour elle. »

— Eh bien! que dites-vous de cela, messieurs? Sa Majesté Catholique pouvait-elle plus faire pour nous? demanda madame du Maine.

— Elle pouvait joindre à cette lettre une épître directement adressée aux états généraux, répondit le cardinal; cette épître, si le roi eût daigné l'envoyer, aurait eu, j'en suis certain, une grande influence sur leur délibération.

— La voici, dit le prince de Cellamare en tirant à son tour un papier de sa poche.

— Comment, prince, reprit le cardinal, que dites-vous?

— Je dis que Sa Majesté Catholique a été de l'avis de Votre Éminence, et qu'elle m'a adressé cette épître, qui est le complément de la lettre qu'elle a remise au baron de Valef.

— Alors, rien ne nous manque plus! s'écria madame du Maine.

— Il nous manque Bayonne, dit le prince de Cellamare en secouant la tête. Bayonne, la porte de la France!

En ce moment, d'Avranches entra, annonçant M. le duc de Richelieu.

— Et maintenant, prince, il ne nous manque plus rien, dit en riant le marquis de Pompadour, car voilà celui qui en a la clef.

IV

LE DUC DE RICHELIEU.

nfin, s'écria la duchesse en voyant entrer Richelieu, c'est vous, monsieur le duc; serez-vous donc toujours le même, et vos amis ne pourront-ils donc jamais compter sur vous plus que vos maîtresses?

— Au contraire, madame, dit Richelieu en s'approchant de la duchesse et en baisant sa main avec ce respect facile qui indiquait l'homme pour lequel les femmes n'avaient point de rang, au contraire, car aujourd'hui plus que jamais je prouve à Votre Altesse que je sais tout concilier.

— Ainsi, vous nous faites un sacrifice, duc? dit en riant madame du Maine.

— Mille fois plus grand que vous ne pouvez vous en douter. Imaginez-vous qui je quitte?

— Madame de Villars? interrompit madame du Maine.

— Oh! non. Mieux que cela.

— Madame de Duras?

— Vous n'y êtes point.

— Madame de Nesle?

— Bah!

— Madame de Polignac? Ah! pardon, cardinal.

— Allez toujours. Cela ne regarde pas Son Éminence.

— Madame de Soubise, madame de Gabriant, madame de Gacé?

— Non, non, non.

— Mademoiselle de Charolais?

— Je ne l'ai pas vue depuis mon dernier voyage à la Bastille.

— Madame de Berry?

— Vous savez bien que depuis que Riom a eu l'idée de la battre, elle en est folle.

— Mademoiselle de Valois?

— Je la ménage pour en faire ma femme, quand nous aurons réussi et que je serai prince espagnol. Non, madame; je quitte pour Votre Altesse les deux plus charmantes grisettes!...

— Des grisettes!... ah! fi donc! s'écria la duchesse avec un mouvement de lèvres d'un indéfinissable dédain; je ne croyais pas que vous descendissiez jusqu'à ces espèces.

— Comment, des espèces! Deux charmantes femmes, madame Michelin et madame Renaud. Vous ne les connaissez pas? Madame Michelin, une délicieuse blonde, une véritable tête de Greuse; son mari est tapissier. Je vous le recommande, duchesse. Madame Renaud, une brune adorable, des yeux bleus et des sourcils noirs... et dont le mari est, ma foi, je ne me rappelle plus bien...

— Ce qu'est M. Michelin probablement, dit en riant Pompadour.

— Pardon, monsieur le duc, reprit madame du Maine, qui avait perdu toute curiosité pour les aventures amoureuses de Richelieu du moment où ces aventures sortaient d'un certain monde; pardon, mais oserai-je vous rappeler que nous sommes rassemblés ici pour affaires sérieuses?

— Ah! oui, nous conspirons, n'est-ce pas?

— Vous l'aviez oublié?

— Ma foi! comme une conspiration n'est pas, vous en conviendrez, madame la duchesse du Maine, une chose des plus gaies, toutes les fois que je le peux, je l'avoue, j'oublie que je conspire; mais cela n'y fait rien. Toutes les fois aussi qu'il faut que je m'y remette, eh bien! je m'y remets. Voyons, madame la duchesse, où en sommes-nous de la conspiration?

— Tenez, duc, dit madame du Maine, prenez connaissance de ces lettres, et vous serez aussi avancé que nous.

— Oh! que Votre Altesse m'excuse, madame, dit Richelieu; mais, véritablement, je ne lis pas même celles qui me sont adressées, et j'en ai sept ou huit cents des plus charmantes écritures du monde, et que je garde pour le délassement de mes vieux jours. Tenez, Malezieux, vous qui êtes la lucidité même, faites-moi un rapport.

— Eh bien! monsieur le duc, dit Malezieux, ces lettres sont les engagements des seigneurs bretons de soutenir les droits de Son Altesse.

— Très-bien!

— Ce papier, c'est la protestation de la noblesse.

— Oh! passez-moi ce papier. Je proteste.

— Mais vous ne savez pas contre quoi?

— N'importe, je proteste toujours. Et, prenant le papier, il écrivit son nom après celui de Guillaume-Antoine de Chastellux, qui était le dernier signataire.

— Laissez faire, madame, dit Cellamare à la duchesse, le nom de Richelieu est bon à avoir, partout où il se trouve.

— Et cette lettre? demanda le duc en indiquant la missive de Philippe V.

— Cette lettre, continua Malezieux, est une lettre de la main même du roi Philippe V.

— Eh bien! Sa Majesté Catholique écrit encore plus mal que moi, dit Richelieu; cela me fait plaisir. Raffé qui dit toujours que c'est impossible.

— Si la lettre est d'une méchante écriture, les nouvelles qu'elle contient n'en sont pas moins bonnes, dit madame du Maine; car c'est une lettre qui prie le roi de France de réunir les états généraux pour s'opposer à l'exécution du traité de la quadruple alliance.

— Ah! ah! fit Richelieu. Et Votre Altesse est-elle sûre des états généraux?

— Voilà la protestation qui engage la noblesse. Le cardinal répond du clergé, et il ne reste plus que l'armée.

— L'armée, dit Laval, c'est mon affaire. J'ai le blanc seing de vingt-deux colonels.

— D'abord, dit Richelieu, moi, je réponds de mon régiment, qui est à Bayonne, et qui, par conséquent, se trouve en mesure de nous rendre de grands services.

— Oui, dit Cellamare, et nous comptons bien dessus, mais j'ai entendu dire qu'il était question de le changer de garnison.

—- Sérieusement?

— On ne peut plus sérieusement. Vous comprenez, duc, qu'il faut aller au-devant de cette mesure.

— Comment donc! à l'instant même. Du papier... de l'encre... Je vais écrire au duc de Berwick. Au moment d'entrer en campagne, on ne s'étonnera point que je sollicite pour lui la faveur de ne point s'éloigner du théâtre de la guerre.

La duchesse du Maine se hâta de passer elle-même à Richelieu ce qu'il demandait, et, prenant une plume, elle la lui présenta.

Le duc s'inclina, prit la plume et écrivit la lettre suivante, que nous copions textuellement et sans y changer une syllabe:

« Monsieur le duc de Berwick, pair et maréchal de France (1).

« Comme mon régiment, monsieur, est des plus à portée de marcher, et qu'il est *après à faire un abillement*, qu'il perdrait totalement *sil*, avant qu'il fût achevé, il était obligé de faire quelque mouvement,

« J'ai l'honneur de vous *suplier*, monsieur, de

(1) Le duc de Berwick avait été nommé lieutenant général des armées du roi, au cas où la guerre aurait lieu, et avait accepté, quoique Philippe V l'eût nommé grand d'Espagne, duc et chevalier de la Toison-d'Or.

vouloir bien le laisser à Baionne *jusqau comencement* de mai que *l'abillement* sera fait, et je vous *suplie* de me croire, avec toute la considération possible, monsieur, votre très-humble et très-obéissant serviteur,

« DUC DE RICHELIEU. »

— Et, maintenant, lisez, madame, continua le duc en passant le papier à madame du Maine; moyennant cette précaution, le régiment ne bougera point de Bayonne.

La duchesse prit la lettre, la lut et la passa à son voisin, qui la passa lui-même à un autre, de sorte que la lettre fît le tour de la table. Heureusement pour le duc, il avait affaire à de trop grands seigneurs pour qu'ils s'inquiétassent de si peu de chose que de quelques lettres de plus ou de moins. Malezieux seul, qui était le dernier, ne put réprimer un léger sourire.

— Ah! ah! monsieur le poëte, dit Richelieu, qui se douta de la chose, vous riez. Il paraît que nous avons eu le malheur d'offenser cette prude ridicule qu'on appelle l'orthographe. Que voulez-vous? je suis un gentilhomme, et l'on a oublié de me faire apprendre le français, en pensant que je pourrais toujours, moyennant quinze cents livres par an, avoir un valet de chambre qui écrirait mes lettres et qui ferait mes vers. Ainsi est-il. Ce qui ne m'empêchera point, mon cher Malezieux, d'être de l'Académie, non-seulement avant vous, mais avant Voltaire.

— Et, le cas échéant, monsieur le duc, sera-ce votre valet de chambre qui vous fera votre discours de réception?

— Il y travaille, monsieur le chancelier; et vous verrez qu'il ne sera pas plus mauvais que ceux que certains académiciens de ma connaissance ont faits eux-mêmes.

— Monsieur le duc, dit madame du Maine, ce sera sans doute une chose fort curieuse que votre réception dans l'illustre corps dont vous me parlez, et je vous promets de m'occuper, dès demain, de m'assurer une tribune pour ce grand jour. Mais, ce soir, nous nous occupons d'autre chose: revenons donc, comme madame Deshoulières, à nos moutons.

— Allons, belle princesse, dit Richelieu, puisque vous voulez vous faire absolument bergère, parlez, je vous écoute. Voyons, qu'avez-vous résolu?

— Comme nous l'avons dit, d'obtenir du roi, au moyen de ces deux lettres, la convocation des états généraux; puis, les états généraux assemblés, sûrs des trois ordres, comme nous le sommes, nous faisons déposer le régent, et nous faisons nommer Philippe V à sa place.

— Et comme Philippe V ne peut pas quitter Madrid, il nous donne ses pleins pouvoirs, et nous gouvernons la France à sa place... Eh bien! mais ce n'est point mal vu du tout, cela. Mais, pour con-

— Et maintenant, lisez, madame. — Page 20.

voquer les états généraux, il faut un ordre du roi.

— Le roi signera cet ordre, répondit madame du Maine.

— Sans que le régent le sache? reprit Richelieu.

— Sans que le régent le sache.

— Vous avez donc promis à l'évêque de Fréjus de le faire cardinal?

— Non, mais je promettrai à Villeroy la grandesse et la Toison.

— J'ai bien peur, madame la duchesse, dit le **prince de Cellamare**, que tout cela ne détermine pas

le maréchal à une démarche qui entraîne une si grave responsabilité que celle que nous espérons obtenir de lui.

— Ce n'est pas le maréchal qu'il faudrait avoir, c'est sa femme.

— Ah! mais vous m'y faites songer, dit Richelieu. Je m'en charge, moi.

— Vous? dit la duchesse avec étonnement.

— Oui, moi, madame, reprit Richelieu. Vous avez votre correspondance, j'ai la mienne. J'ai pris connaissance de sept ou huit lettres que Votre Altesse a reçues aujourd'hui. Votre Altesse veut-elle prendre connaissance d'une seule que j'ai reçue hier?

— Cette lettre est-elle pour moi seule, ou peut-elle être lue tout haut?

— Mais, nous avons affaire à des gens discrets, n'est-ce pas? dit Richelieu, regardant autour de lui avec un air d'indicible fatuité.

— Je le pense, reprit la duchesse; d'ailleurs, la gravité de la situation...

La duchesse prit la lettre et lut :

« Monsieur le duc,

« Je suis femme de parole : mon mari est enfin à la veille de partir pour le petit voyage que vous savez. Demain, à onze heures, je ne serai chez moi que pour vous. Ne croyez pas que je me décide à cette démarche sans avoir mis tous les torts du côté de M. de Villeroy. Je commence à craindre pour lui que vous ne soyez chargé de le punir. Venez donc à l'heure convenue me prouver que je ne suis pas trop à blâmer de vous préférer à mon légitime seigneur et maître. »

— Ah! pardon, pardon de mon étourderie, madame la duchesse, ce n'est point cela que je voulais vous montrer; celle-là est celle d'avant-hier. Attendez, voici celle d'hier.

La duchesse du Maine prit la seconde lettre que lui présentait M. de Richelieu et lut :

« Mon cher Armand. »

— Est-ce bien celle-ci, et ne vous trompez-vous point encore? dit la duchesse en se retournant vers Richelieu.

— Non, Votre Altesse, cette fois, c'est bien elle.

La duchesse reprit :

« Mon cher Armand,

« Vous êtes un avocat dangereux quand vous plaidez contre M. de Villeroy. J'ai besoin du moins de m'exagérer vos talents pour diminuer ma faiblesse; vous aviez dans mon cœur un juge intéressé à vous faire gagner votre procès. Venez demain pour plaider de nouveau, je vous donnerai audience sur mon tribunal, comme vous appeliez hier le malheureux sofa du cabinet. »

— Et y avez-vous été?

— Certainement, madame.

— Ainsi, la duchesse?...

— Fera, je l'espère, tout ce que nous voudrons, et comme elle fait faire à son mari tout ce qu'elle veut, nous aurons notre ordre de convocation des états généraux au retour du maréchal.

— Et quand revient-il?

— Dans huit jours.

— Vous aurez le courage d'être fidèle tout ce temps-là, duc?

— Madame, quand j'ai embrassé une cause, je suis capable des plus grands sacrifices pour la faire triompher.

— Ainsi, nous pouvons compter sur votre parole?

— Je me dévoue.

— Messieurs, dit la duchesse du Maine, vous l'avez entendu; continuons d'opérer chacun de notre côté. Vous, Laval, agissez sur l'armée. Vous, Pompadour, sur la noblesse. Vous, cardinal, sur le clergé. Et laissons monsieur le duc de Richelieu agir sur madame de Villeroy.

— Et à quelle jour notre nouvelle réunion? demanda Cellamare.

— Mais tout cela dépendra des circonstances, prince, répondit la duchesse. En tout cas, si je n'avais pas le temps de vous faire prévenir, je vous enverrais quérir par la même voiture et le même cocher qui vous ont amené à l'Arsenal la première fois que vous y êtes venu. Puis se retournant vers Richelieu :

— Nous donnez-vous le reste de votre nuit, duc? continua madame du Maine en se levant.

— J'en demande pardon à Votre Altesse, répondit Richelieu, mais c'est chose absolument impossible, je suis attendu rue des Bons-Enfants.

— Comment! mais vous avez donc renoué avec madame de Sabran?

— Nous n'avons jamais rompu, madame, je vous prie de le croire.

— Mais, prenez-y garde, duc, c'est de la constance, cela.

— Non, madame, c'est du calcul.

— Allons, je vois que vous êtes en train de vous dévouer.

— Je ne fais jamais les choses à demi, madame la duchesse.

— Eh bien! Dieu nous aide, et nous prendrons exemple sur vous, monsieur le duc, nous vous le promettons. Allons, messieurs, continua la duchesse, il y a tantôt une heure et demie que nous sommes ici, et il serait temps, je crois, de rentrer dans les jardins si nous ne voulons pas que l'on commente par trop notre absence. D'ailleurs, nous devons avoir sur le rivage une pauvre déesse de la Nuit qui nous attend pour nous remercier de la préférence que nous lui accordons sur le soleil, et il ne serait pas poli de la faire trop attendre.

— Avec la permission de Votre Altesse, madame, dit Laval, il faut cependant que je vous retienne encore un instant pour vous soumettre l'embarras où je me trouve.

— Parlez, comte, reprit la duchesse, de quoi s'agit-il?

— Il s'agit de nos requêtes, de nos protestations, de nos Mémoires; il a été convenu, vous le savez, que nous ferions imprimer toutes ces pièces par des ouvriers qui ne sauraient pas lire.

— Après?

— Eh bien! j'ai acheté une presse, je l'ai établie dans la cave d'une maison, derrière le Val-de-Grâce. J'ai enrôlé les ouvriers nécessaires, et nous avons eu jusqu'à présent, comme Votre Altesse a pu le voir, un résultat satisfaisant. Mais ne voilà-t-il pas que le bruit de la machine a fait croire aux voisins que nos gens fabriquaient de la fausse monnaie, et qu'hier une descente de la police a eu lieu dans la maison. Heureusement, on a eu le temps d'arrêter le travail et de rouler un lit sur la trappe, de sorte que les alguazils de Voyer d'Argenson n'y ont rien vu. Mais, comme pareille visite pourrait se renouveler et ne pas tourner si heureusement, aussitôt leur départ, j'ai congédié les ouvriers, enterré la presse et fait porter chez moi toutes les épreuves.

— Et vous avez bien fait, comte! s'écria le cardinal de Polignac.

— Oui, mais maintenant, comment allons-nous faire? demanda madame du Maine.

— Transportons la presse chez moi, dit Pompadour.

— Ou chez moi, dit Valef.

— Non, non, dit Malezieux, une presse est un moyen trop dangereux, un homme de la police peut se glisser parmi les ouvriers et tout perdre. D'ailleurs, nous devons avoir bien peu de choses à imprimer maintenant.

— Oui, dit Laval, le plus fort est fait.

— Eh bien! continua Malezieux, mon avis serait de recourir tout simplement, comme je l'avais proposé d'abord, à un copiste intelligent, discret et sûr, à qui on donnerait assez d'argent pour acheter son silence.

— Oh! de cette façon, ce serait bien plus sûr, s'écria M. de Polignac.

— Oui, mais où trouver un pareil homme? dit le prince; vous comprenez que, pour une affaire de cette importance, il serait dangereux de prendre le premier venu.

— Si j'osais... dit l'abbé Brigaud.

— Osez, l'abbé, osez, dit la duchesse du Maine.

— Je dirais, continua l'abbé, que j'ai votre affaire sous la main.

— Eh bien! quand je vous le disais, s'écria Pompadour, que l'abbé est un homme précieux.

— Mais véritablement ce qu'il nous faut? demanda Polignac.

— Oh! Votre Éminence le ferait faire exprès, qu'elle ne trouverait pas mieux. Une véritable machine, qui écrira tout sans rien lire.

— Puis, pour plus grande précaution, dit le prince, nous pourrions rédiger en espagnol les pièces les plus importantes, et comme ces pièces sont spécialement destinées à Sa Majesté Catholique, nous aurions le double avantage de procéder dans une

langue inconnue à notre copiste, et comme, naturellement, cela lui donnera un peu plus de mal, ce sera une occasion de le payer plus cher, sans qu'il se doute lui-même de l'importance de ce qu'il copie.

— Alors, prince, dit Brigaud, j'aurai l'honneur de vous l'envoyer.

— Non, non pas, dit Cellamare, il ne faut pas que ce drôle mette le pied à l'ambassade d'Espagne. Tout cela se fera par intermédiaire, s'il vous plaît.

— Oui, oui, nous arrangerons tout cela, dit madame du Maine; l'homme est trouvé, c'est le principal; vous en répondez, Brigaud?

— Oui, madame, j'en réponds.

— C'est tout ce qu'il faut; maintenant, rien ne nous retient plus, continua la duchesse; monsieur d'Harmental, donnez-moi le bras, je vous prie.

Le chevalier s'empressa d'obéir à madame du Maine, qui, n'ayant pu jusque-là s'occuper de lui, ainsi qu'elle avait fait de tout le monde, saisissait cette occasion de lui exprimer, par cette faveur, sa reconnaissance pour le courage qu'il avait montré rue des Bons-Enfants, et l'habileté dont il avait fait preuve en Bretagne.

A la porte du pavillon, les envoyés groënlandais, redevenus de simples invités de la fête de Sceaux, trouvèrent une petite galère pavoisée aux armes de France et d'Espagne, qui, à défaut du pont, qui avait disparu, les attendait pour les conduire à l'autre bord. Madame du Maine y entra la première, fit asseoir d'Harmental près d'elle, laissant Malezieux faire les honneurs à Cellamare et à Richelieu; puis aussitôt, au signal donné par une musique cachée, la galère commença de voguer vers le rivage.

Comme l'avait dit la duchesse, la déesse de la Nuit, vêtue d'une longue robe de gaze noire, semée d'étoiles d'or, l'attendait de l'autre côté du petit lac, accompagnée des douze Heures qui se partagent son empire; la galère se dirigea vers ce groupe, qui, aussitôt qu'il vit la duchesse à portée de l'entendre, commença à chanter une cantate appropriée au sujet. Cette cantate s'ouvrait par un chœur de quatre vers, auquel succédait un solo, suivi lui-même d'une seconde reprise en chœur, le tout d'un goût si exquis, que chacun se retourna vers Malezieux, le grand ordonnateur des fêtes, pour le féliciter sur ce divertissement. Seul au milieu de tous, et aux premières notes du solo, d'Harmental avait tressailli d'étrange façon, car la voix de la chanteuse avait, avec une autre voix bien connue de lui et bien chère à son souvenir, une affinité telle, que, quelque improbable que fût à Sceaux la présence de Bathilde, le chevalier s'était levé tout debout, par un mouvement plus fort que lui-même, pour regarder la personne dont l'accent lui avait fait éprouver une si singulière émotion. Malheureusement, malgré les flambeaux que les Heures ses sujettes tenaient à la main, il ne pouvait apercevoir le visage de la

V.A. BEAUCE.   JARDIN.

Le marquis de Pompadour.

déesse, couvert qu'il était par un voile pareil à la robe dont elle était revêtue. Il entendait seulement cette voix pure, flexible, sonore, monter et redescendre, avec cette large, savante et facile méthode qu'il avait tant admirée lorsque la première fois cette voix l'avait frappé rue du Temps-Perdu, et chaque accent de cette voix, plus distincte à mesure qu'il approchait du rivage, retentissait jusqu'au fond de son cœur et le faisait frissonner de la tête aux pieds. Enfin, la galère aborda, le solo cessa et le chœur reprit. Mais d'Harmental, toujours debout et insensible à toute autre pensée qu'à celle qui

l'occupait, continuait de suivre, dans son souvenir, la voix éteinte et les notes envolées.

— Eh bien! monsieur d'Harmental, dit la duchesse du Maine, êtes-vous si accessible aux charmes de la musique qu'elle vous fasse oublier que vous êtes mon cavalier?

— Oh! pardon, pardon, madame, dit d'Harmental en sautant sur le rivage et en tendant la main à la duchesse, mais il m'avait semblé reconnaître cette voix, et cette voix, je dois l'avouer, me rappelle des souvenirs si puissants...

— Cela prouve que vous êtes un habitué de l'O-

—Qu'y a-t-il? demanda la duchesse.

péra, mon cher chevalier, dit la duchesse du Maine, et que vous appréciez comme il convient le talent de mademoiselle Bury.

— Comment! cette voix que je viens d'entendre est celle de mademoiselle Bury? demanda d'Harmental avec étonnement.

— Elle-même, monsieur, et si vous n'en croyez point ma parole, reprit la duchesse d'un ton où perçait une légère nuance de dépit, permettez-moi de prendre le bras de Laval ou de Pompadour, et allez vous en assurer vous-même.

— Oh! madame, dit d'Harmental en retenant respectueusement la main que la duchesse avait fait un mouvement pour retirer, que Votre Altesse m'excuse. Nous sommes dans les jardins d'Armide, et un moment d'erreur est permis au milieu de pareils enchantements.

Et, présentant de nouveau son bras à la duchesse, il s'éloigna avec elle dans la direction du château.

En cet instant, un faible cri se fit entendre, et, si faible qu'il fût, il arriva au cœur de d'Harmental, qui se retourna presque malgré lui.

— Qu'y a-t-il? demanda la duchesse du Maine avec une inquiétude mêlée d'impatience.

— Rien, rien, dit Richelieu, c'est la petite Bury qui a ses vapeurs; mais, rassurez-vous, madame la duchesse, je connais la maladie, elle n'est point dangereuse... et même, si vous le désirez bien fort, j'irai prendre demain de ses nouvelles.

Deux heures après ce petit accident, qui du reste était trop peu de chose pour troubler en rien la fête, le chevalier d'Harmental, ramené à Paris par l'abbé Brigaud, rentrait dans sa petite mansarde de la rue du Temps-Perdu, de laquelle il était absent depuis six semaines.

V

JALOUSIE.

La première sensation qu'éprouva d'Harmental en rentrant chez lui fut un sentiment de bien-être indéfinissable de se retrouver dans cette petite chambre dont chaque meuble lui rappelait un souvenir. Quoique absent depuis six semaines de son appartement, on eût dit qu'il l'avait quitté la veille, tant, grâce aux soins presque maternels de la bonne madame Denis, chaque chose se retrouvait à sa place. D'Harmental resta un instant sa bougie à la main, regardant tout autour de lui avec une expression qui ressemblait presque à de l'extase : c'est que toutes les autres impressions de sa vie s'étaient effacées devant celles qu'il avait ressenties dans ce petit coin du monde. Puis, ce premier moment passé, il courut à sa fenêtre, l'ouvrit et essaya de plonger un indicible regard d'amour à travers les vitres sombres de sa voisine. Sans doute Bathilde dormait de son sommeil d'ange, ignorant que d'Harmental était revenu, qu'il était là, regardant sa fenêtre, tout frissonnant d'amour et d'espérance, comme si, chose impossible, cette fenêtre allait s'ouvrir et lui parler !

D'Harmental demeura ainsi plus d'une demi-heure, respirant à pleine poitrine l'air de la nuit, qui ne lui avait jamais semblé si pur et si frais; et, reportant les yeux de cette fenêtre au ciel, et du ciel à cette fenêtre, d'Harmental alors seulement comprit combien Bathilde était devenue un besoin de sa vie, et combien l'amour qu'il éprouvait pour elle était profond et puissant.

Enfin d'Harmental comprit qu'il ne pouvait passer la nuit tout entière à sa fenêtre, et, refermant sa croisée, il entra chez lui; mais ce fut pour se remettre à cette recherche de souvenirs qu'avait fait naître en son cœur son retour dans sa petite chambre. Il ouvrit son piano, un peu désaccordé par sa longue absence, et fit rouler ses doigts sur les touches, au risque d'exciter de nouveau la colère du locataire du troisième. Du piano il passa au carton où était renfermé le portrait inachevé de Bathilde. Le pastel en était un peu effacé, mais c'était bien toujours la belle et chaste jeune fille, et la folle et capricieuse petite tête de Mirza. Tout était comme il l'avait quitté, à cette légère touche de destruction près que laisse toujours le temps sur les objets qu'en passant il effleure du bout de l'aile. Enfin, après s'être arrêté encore une dernière fois devant chaque objet, pressé par ce sommeil toujours si puissant à une certaine époque de la vie, il se coucha et s'endormit en repassant dans sa mémoire l'air de la cantate chantée par mademoiselle Bury, dont il finit par faire, dans ce vague crépuscule de la pensée qui précède un complet assoupissement, une seule et même personne avec Bathilde.

En s'éveillant, d'Harmental bondit hors de son lit et courut à la fenêtre. La journée paraissait assez avancée : le soleil était magnifique; et cependant, malgré ces séductions si puissantes, la fenêtre de Bathilde était hermétiquement fermée. D'Harmental regarda à sa montre : il était dix heures.

Le chevalier se mit à sa toilette. Nous avons déjà avoué qu'il n'était point exempt d'une certaine coquetterie un peu féminine; ce n'était point sa faute, mais celle de l'époque, où tout était maniéré, même la passion. Mais cette fois ce n'était pas sur l'expression de mélancolie de son visage qu'il comptait; c'était sur la franche joie du retour, qui donnait à tous ses traits un caractère de bonheur admirable:

il était évident que d'Harmental n'attendait qu'un regard de Bathilde pour se couronner roi de la création.

Ce regard, il vint le chercher à la fenêtre; mais celle de Bathilde était toujours fermée. D'Harmental ouvrit alors la sienne, espérant que le bruit attirerait les regards de sa voisine : rien ne bougea. Il y resta une heure : pendant cette heure aucun souffle ne vint même agiter les rideaux; on eût dit que la chambre de la jeune fille était abandonnée. D'Harmental toussa, d'Harmental ferma et rouvrit la fenêtre, d'Harmental détacha de petites parcelles de plâtre du mur et les jeta contre les carreaux: tout fut inutile.

Alors, à la surprise succéda l'inquiétude; cette fenêtre si obstinément close devait indiquer au moins une absence, sinon un malheur. Bathilde absente. où pouvait être Bathilde? quel événement avait eu l'influence de déplacer de son centre cette vie si calme, si douce, si régulière? A qui demander? à qui s'informer? Il n'y avait que la bonne madame Denis qui pût savoir quelque chose. Il était tout simple que d'Harmental, de retour dans la nuit, fit le lendemain une visite à sa propriétaire: d'Harmental descendit chez madame Denis.

Madame Denis n'avait pas vu son locataire depuis le jour du déjeuner; elle n'avait point oublié les soins que d'Harmental avait donnés à son évanouissement : elle le reçut donc comme l'enfant prodigue.

Heureusement pour d'Harmental, mesdemoiselles Denis étaient occupées à leur leçon de dessin, et M. Boniface était chez son procureur; de sorte qu'il n'eut affaire qu'à sa respectable hôtesse. La conversation tomba tout naturellement sur l'ordre, le soin, la propreté, maintenus dans la petite chambre en l'absence de celui qui l'occupait. De là à demander si pendant cette absence le logement d'en face avait changé de locataire, la transition était simple et facile : aussi la question, posée sans affectation, amena-t-elle une réponse exempte de doute. La veille, au matin, madame Denis avait encore vu Bathilde à sa fenêtre, et la veille, au soir, M. Boniface avait rencontré Buvat rentrant de son bureau; seulement le troisième clerc de Me Joullu avait remarqué sur la figure du digne écrivain un air de majestueuse hauteur que l'héritier du nom des Denis avait d'autant plus remarqué que cet air était d'autant moins habituel à la physionomie de son digne voisin.

C'était tout ce que d'Harmental voulait savoir, Bathilde était à Paris, Bathilde était chez elle. Sans doute le hasard n'avait point encore dirigé les regards de la jeune fille vers cette fenêtre que depuis si longtemps elle avait vue fermée, vers cette chambre que depuis si longtemps elle savait vide. D'Harmental remercia de nouveau madame Denis pour toutes les bontés de son absence, qu'il espérait bien

lui voir reporter sur son retour, et prit congé de sa bonne propriétaire avec une effusion de reconnaissance que celle-ci fut bien loin d'attribuer à sa véritable cause.

Sur le palier, d'Harmental rencontra l'abbé Brigaud qui venait faire sa visite quotidienne à madame Denis. L'abbé demanda au chevalier s'il remontait chez lui, et, sur sa réponse affirmative, lui annonça qu'en sortant de chez madame Denis il grimperait jusqu'à son quatrième étage. D'Harmental, qui ne comptait pas sortir de la journée, lui promit de l'attendre.

En rentrant chez lui, d'Harmental alla droit à la fenêtre. Rien n'était changé chez sa voisine : les rideaux, scrupuleusement tirés, interceptaient jusqu'à la plus petite ouverture par laquelle le regard pouvait pénétrer. Décidément c'était un parti pris. D'Harmental résolut d'employer un dernier moyen qu'il avait réservé pour sa suprème ressource : il se mit à son piano, et, après un brillant prélude, chanta, sur un accompagnement de sa façon, l'air de la cantate de la *Nuit*, qu'il avait entendue la veille, et qui, depuis la première jusqu'à la dernière note, était restée dans son souvenir. Mais, quoique, tout en chantant, son regard ne perdit point de vue l'inexorable fenêtre, tout resta muet et immobile : la chambre d'en face n'avait plus d'écho.

Mais, en manquant l'effet auquel il s'attendait, d'Harmental en avait produit un autre auquel il ne s'attendait pas. En achevant la dernière mesure, il entendit des applaudissements retentir derrière lui, il se retourna et aperçut l'abbé Brigaud.

— Ah! c'est vous, l'abbé! dit d'Harmental en se levant et en allant fermer vivement sa fenêtre. Diable! je ne vous savais pas si grand mélomane.

— Ni vous si bon musicien. Peste! mon cher pupille, une cantate que vous avez entendue une fois, c'est merveilleux !

— L'air m'a paru fort beau, l'abbé, voilà tout, dit d'Harmental; et, comme j'ai au plus haut degré la mémoire des sons, je l'ai retenu.

— Et puis, il était si admirablement chanté, n'est-ce pas? reprit l'abbé.

— Oui, dit d'Harmental; cette demoiselle Bury a une admirable voix, et la première fois que son nom sera sur l'affiche, je me suis déjà promis d'aller incognito à l'Opéra.

— Est-la voix que vous désirez entendre? demanda Brigaud.

— Oui, dit d'Harmental.

— Alors, il ne faut point aller à l'Opéra pour cela.

— Et où faut-il aller?

— Nulle part : restez ici, vous êtes aux premières loges.

— Comment! la déesse de la Nuit?

— C'était votre voisine.

— Bathilde! s'écria d'Harmental, je ne m'étais donc pas trompé, je l'avais reconnue! Oh! mais c'est impossible, l'abbé; comment se fait-il que Bathilde ait été cette nuit chez madame la duchesse du Maine?

— D'abord, mon cher pupille, rien n'est impossible dans le temps où nous vivons, répondit Brigaud; mettez-vous bien d'abord cela dans la tête avant de rien nier ou de rien entreprendre; croyez à la possibilité de tout, c'est le moyen sûr d'arriver à tout.

— Mais enfin, comment la pauvre Bathilde?...

— Oui, n'est-ce pas que cela paraît étrange au premier abord? eh bien! cependant, rien n'est plus simple au fond. Mais l'histoire ne doit pas autrement vous intéresser, n'est-ce pas, chevalier? Ainsi, parlons d'autre chose.

— Si fait, l'abbé, si fait, dit d'Harmental; vous vous trompez étrangement, et l'histoire au contraire m'intéresse au suprême degré.

— Eh bien! mon cher pupille, puisque vous êtes si curieux, voilà toute l'affaire. L'abbé de Chaulieu connaît mademoiselle Bathilde; n'est-ce pas ainsi que vous appelez votre voisine?

— Oui; mais comment l'abbé de Chaulieu la connaît-il?

— Oh! d'une façon toute naturelle. Le tuteur de cette charmante enfant est, comme vous le savez ou comme vous ne le savez pas, un des copistes de la capitale qui possèdent un des plus beaux points d'écriture.

— Bon, après?

— Eh bien! après, comme M. de Chaulieu a besoin de quelqu'un qui recopie ses poésies, attendu que, devenant aveugle, comme vous pu le voir, il est forcé de les dicter, à mesure qu'elles lui viennent, à un petit laquais qui ne sait pas même l'orthographe, il s'est adressé au bonhomme Buvat pour lui confier cette importante besogne, et, par le bonhomme Buvat, il a fait la connaissance de mademoiselle Bathilde.

— Mais tout cela ne me dit pas comment mademoiselle Bathilde se trouvait chez madame la duchesse du Maine.

— Attendez donc, toute histoire a son commencement, son nœud, sa péripétie, que diable!

— L'abbé, vous me faites damner.

— Patience, mon Dieu! patience!

— J'en ai. Allez, je vous écoute.

— Eh bien! ayant fait la connaissance de mademoiselle Bathilde, le bon Chaulieu a subi, comme les autres, l'influence du charme universel; car vous saurez qu'il y a une espèce de magie attachée à la jeune personne en question, et qu'on ne peut la voir sans l'aimer.

— Je le sais, murmura d'Harmental.

— Donc, comme mademoiselle Bathilde est pleine de talents, et que non-seulement elle chante comme un rossignol, mais encore qu'elle dessine comme un ange, le bon Chaulieu a parlé d'elle avec tant d'enthousiasme à mademoiselle de Launay, que celle-ci a pensé à lui faire faire les costumes des différents personnages qui jouaient un rôle dans la fête qu'elle préparait, et à laquelle nous avons assisté hier soir.

— Tout cela ne me dit pas que c'était Bathilde et non mademoiselle Bury qui chantait la cantate de la Nuit.

— Nous y sommes.

— Enfin!

— Or, il est arrivé pour mademoiselle de Launay ce qui arrive pour tout le monde : mademoiselle de Launay a pris en amitié la petite magicienne. Au lieu de la renvoyer après lui avoir fait dessiner les costumes en question, elle l'a gardée trois jours à Sceaux. Elle y était donc encore avant-hier, enfermée avec mademoiselle de Launay, dans sa chambre, lorsqu'on vint d'un air tout effaré annoncer à votre chauve-souris que le régisseur de l'Opéra la faisait demander pour une chose de la première importance. Mademoiselle de Launay sortit, laissant Bathilde seule. Bathilde, restée seule, s'ennuya, et, comme mademoiselle de Launay tardait à rentrer, Bathilde, pour se distraire, se mit au piano, commença par quelques accords, chanta deux ou trois gammes; puis, trouvant le piano juste et se sentant en voix, commença un grand air, je ne sais plus de quel opéra, et cela avec tant de perfection, que mademoiselle de Launay, en entendant ce chant, auquel elle ne s'attendait pas, entr'ouvrit doucement la porte, écouta le grand air jusqu'au bout, et, lorsqu'il fut fini, vint se jeter au cou de la belle chanteuse en lui criant qu'elle pouvait lui sauver la vie. Bathilde, étonnée, demanda en quoi et de quelle façon elle pouvait lui rendre un si grand service. Alors, mademoiselle de Launay lui raconta comme quoi mademoiselle Bury, de l'Opéra, s'était engagée à venir chanter le lendemain à Sceaux la cantate de la Nuit, et comme quoi, s'étant trouvée gravement indisposée le jour même, elle faisait dire, à son grand regret, à Son Altesse Royale madame du Maine qu'elle la suppliait de ne pas compter sur elle; si bien qu'il n'y avait plus de Nuit, et, par conséquent, plus de fête, si Bathilde n'avait l'extrême obligeance de se charger de la susdite cantate. Bathilde, comme vous devez bien le penser, se défendit de toutes ses forces; elle déclara qu'elle ne pouvait chanter ainsi de la musique qu'elle ne connaissait pas. Mademoiselle de Launay posa la cantate devant elle. Bathilde dit que cette musique lui paraissait horriblement difficile. Mademoiselle de Launay répondit que rien n'était difficile pour une musicienne de sa force. Bathilde voulut se lever. Mademoiselle de Launay la força de se rasseoir. Bathilde joignit les mains. Mademoiselle de Launay les lui sépara et les posa sur le piano; le piano touché rendit un son. Bathilde,

Mademoiselle de Launay était dans le délire.

malgré elle, déchiffra la première mesure, puis la seconde, puis toute la cantate. A la seconde fois, elle attaqua le chant et le chanta jusqu'au bout avec une justesse d'intonation et un caractère d'expression admirables. Mademoiselle de Launay était dans le délire. Madame du Maine arriva à son tour désespérée de ce qu'elle venait d'apprendre à l'endroit de mademoiselle Bury. Mademoiselle de Launay pria Bathilde de recommencer la cantate. Bathilde n'osa refuser; elle joua et chanta comme un ange. Madame du Maine joignit ses prières à celles de mademoiselle de Launay. Le moyen de refuser quelque chose à madame du Maine! vous le savez, chevalier, c'est impossible. La pauvre Bathilde fut donc forcée de se rendre; et, toute honteuse, toute confuse, moitié riant, moitié pleurant, elle consentit à ce qu'on voulut, à deux conditions: la première, c'est qu'elle irait dire elle-même à son bon ami Buvat la cause de son absence passée, et de son absence future; la seconde, qu'elle resterait chez elle toute la soirée du jour et toute la matinée du lendemain, afin d'étudier la malheureuse cantate qui venait faire un si malencontreux déplacement dans toutes ses habitudes. Ces clauses furent débattues de part et d'autre, et accordées sous serment réciproque : serment de la part de Bathilde qu'elle serait de retour le lendemain à sept heures du soir; serment de la part de mademoiselle de Launay et de madame du Maine, que tout le monde continuerait de croire que c'était mademoiselle Bury qui avait chanté.

— Mais alors, demanda d'Harmental, comment ce secret a-t-il été trahi?

— Ah! par une circonstance parfaitement inattendue, reprit Brigaud avec cet air d'étrange bonhomie qui faisait qu'on ne pouvait jamais deviner s'il raillait ou s'il parlait sérieusement. Tout avait été à merveille, comme vous avez pu le voir, jusqu'à la fin de la cantate, et la preuve, c'est que, ne l'ayant entendue qu'une fois, vous l'avez cependant retenue depuis un bout jusqu'à l'autre; lorsqu'au moment où la galère qui nous ramenait du pavillon de l'Aurore au rivage touchait terre, soit émotion d'avoir ainsi chanté pour la première fois en public, soit qu'elle eût reconnu parmi les suivants de madame du Maine quelqu'un qu'elle ne s'attendait pas à voir en si bonne compagnie, sans que personne pût deviner pourquoi, enfin, la pauvre déesse de la Nuit poussa un cri et s'évanouit dans les bras des Heures ses compagnes. Dès lors, tous les serments faits furent oubliés, toutes les promesses engagées mises à néant. On la débarrassa de son voile pour lui jeter de l'eau au visage; de sorte que lorsque j'accourus, tandis que vous vous éloigniez, vous, en donnant le bras à Son Altesse, je fus fort étonné, au lieu et place de mademoiselle Bury, de reconnaître votre jolie voisine. J'interrogeai alors mademoiselle de Launay; et, comme il n'y avait plus moyen de garder l'incognito, elle me raconta ce qui s'était passé, toujours sous le sceau du secret, que je trahis pour vous seul, mon cher pupille, et

parce que, je ne sais pourquoi, je ne sais rien vous refuser.

— Et cette indisposition? demanda d'Harmental avec inquiétude.

— Ce n'était rien, un éblouissement momentané, une émotion passagère qui n'a pas de suite, puisque, quelque prière qu'on ait pu lui faire, Bathilde n'a pas même voulu rester une demi-heure de plus à Sceaux, et qu'elle a demandé avec tant d'instance à revenir chez elle, qu'on a mis une voiture à sa disposition, et qu'une heure avant nous elle devait être de retour.

— De retour? Ainsi, vous êtes sûr qu'elle est de retour? Merci, l'abbé; voilà tout ce que je voulais savoir, voilà tout ce que je voulais vous demander.

— Et maintenant, dit Brigaud, je peux m'en aller, n'est-ce pas? vous n'avez plus besoin de moi, vous savez tout ce que vous vouliez savoir?

— Je ne dis pas cela, mon cher Brigaud; au contraire, restez, vous me ferez plaisir.

— Non, merci; j'ai moi-même un tour à faire par la ville. Je vous laisse à vos réflexions, mon très-cher pupille.

— Et quand vous reverrai-je, l'abbé? demanda machinalement d'Harmental.

— Mais demain, probablement, répondit l'abbé.

— A demain, alors.

— A demain.

Sur quoi, l'abbé, riant de ce rire qui n'appartenait qu'à lui, gagna la porte de la chambre, tandis que d'Harmental rouvrait sa fenêtre, décidé à y rester en sentinelle jusqu'au lendemain s'il le fallait, ne dût-il, pour prix d'une longue station, entrevoir Bathilde qu'un instant, une seconde.

Le pauvre gentilhomme était amoureux comme un étudiant.

VI

UN PRÉTEXTE.

quatre heures et quelques minutes, le chevalier d'Harmental aperçut Buvat qui tournait le coin de la rue du Temps-Perdu, du côté de la rue Montmartre; il crut remarquer que l'honnête écrivain marchait d'une allure plus pressée que d'habitude, et qu'au lieu de tenir sa canne perpendiculairement, comme fait un bourgeois qui marche, il la tenait horizontalement, comme un coureur qui trotte. Quant à cet air de majesté qui avait tant frappé la veille M. Boniface, il avait entièrement disparu pour faire place à une légère expression d'inquiétude. Il n'y avait pas à s'y tromper, Buvat ne revenait si diligemment que parce qu'il était inquiet de Bathilde : Bathilde était donc souffrante!

Le chevalier suivit des yeux le digne écrivain jusqu'au moment où il disparut sous la porte de l'allée qui donnait entrée à la maison qu'il habitait. D'Harmental, avec raison, présumait qu'il entrerait chez Bathilde au lieu de remonter chez lui, et il espérait qu'il ouvrirait enfin la fenêtre aux derniers rayons du soleil, qui depuis le matin venait la caresser. Mais d'Harmental se trompait: Buvat se contenta de soulever le rideau et de venir coller sa grosse face sur une vitre, tout en tambourinant avec les deux mains sur les deux vitres voisines; encore son apparition fut-elle de bien courte durée, car, au bout d'un instant, il se retourna vivement comme fait un homme qu'on appelle; et, laissant retomber le rideau de mousseline qu'il avait rejeté derrière lui, il disparut. D'Harmental présuma que la disparition était motivée par un appel à l'appétit de son voisin; cela lui rappela que, préoccupé de l'obstination que mettait cette malheureuse fenêtre à ne pas s'ouvrir, il avait oublié le déjeuner, ce qui, il faut le dire, à la honte de la sentimentalité de d'Harmental, était une bien grande infraction à ses habitudes.

Or, comme il n'y avait pas de chance que la fenêtre s'ouvrît tant que ses voisins seraient occupés à dîner, le chevalier résolut de mettre ce moment à profit en dînant lui-même. En conséquence, il sonna son concierge, lui ordonna d'aller chercher chez le rôtisseur le poulet le plus gras, et, chez le fruitier, les plus beaux fruits qu'il pourrait trouver.

Quant au vin, il lui en restait encore quelques vieilles bouteilles de l'envoi que lui avait fait l'abbé Brigaud.

D'Harmental mangea avec un certain remords: il ne comprenait pas qu'il pût être à la fois si tourmenté et avoir tant d'appétit. Heureusement il se rappela avoir lu, dans je ne sais quel moraliste, que la tristesse creusait affreusement l'estomac. Cette maxime mit sa conscience en repos; et il en résulta que le malheureux poulet fut dévoré jusqu'à la carcasse.

Quoique l'action de dîner fût fort naturelle en elle-même, et n'offrît, certes, rien de répréhensible, d'Harmental, avant de se mettre à table, avait fermé sa fenêtre, tout en se ménageant, par l'écartement du rideau, un petit jour au moyen duquel il découvrait les étages supérieurs de la maison qui faisait face à la sienne. Grâce à cette précaution, au moment où il achevait son repas, il aperçut Buvat, qui, sans doute après avoir terminé le sien, apparaissait à la fenêtre de sa terrasse. Comme nous l'avons dit, il faisait un temps magnifique, aussi Buvat parut-il très-disposé à en profiter; mais comme Buvat était de ces êtres à part pour qui le plaisir n'existe qu'à la condition qu'il sera partagé, d'Harmental le vit se retourner, et, à son geste, il présuma qu'il invitait Bathilde, qui sans doute l'avait accompagné chez lui, à le suivre sur la terrasse. En conséquence, un instant d'Harmental espéra qu'il allait voir paraître la jeune fille, et se leva le cœur bondissant; mais il se trompait. Si tentante que fût cette belle soirée, si éloquente que fût la prière par laquelle Buvat invitait sa pupille à en jouir, tout fut inutile; mais il n'en fut pas de même de Mirza, qui, sautant sur la fenêtre sans y être invitée, se mit à bondir joyeusement sur la terrasse, en tenant à sa gueule le bout d'un ruban gorge-de-pigeon qu'elle faisait flotter comme une banderole, et que d'Harmental reconnut pour celui qui serrait le bonnet de nuit de son voisin. Celui-ci le reconnut aussi; car, se lançant aussitôt à la poursuite de Mirza, il fit, en la poursuivant de toute la force de ses petites

L'honnête écrivain marchait d'une allure plus pressée que d'habitude. — PAGE 31.

jambes, trois ou quatre fois le tour de la terrasse, exercice qui se fût sans doute indéfiniment prolongé si Mirza n'avait eu l'imprudence de se réfugier dans la fameuse caverne de l'hydre dont nous avons donné à nos lecteurs une si pompeuse description. Buvat hésita un instant à plonger son bras dans l'antre; mais enfin, faisant un effort de courage, il y poursuivit la fugitive, et, au bout d'un instant, le chevalier lui vit retirer sa main armée du bienheureux ruban, que Buvat passa et repassa sur son genou pour en effacer les froissures, après quoi il le plia proprement, et rentra dans sa chambre pour le ser-

rer sans doute en quelque tiroir où il fût à l'abri de l'espièglerie de Mirza.

C'était ce moment que le chevalier attendait. Il ouvrit sa fenêtre, passa sa tête entre les deux battants entr'ouverts et attendit. Au bout d'un instant, Mirza sortit à son tour sa tête de la caverne, regarda autour d'elle, bâilla, secoua les oreilles et sauta sur la terrasse. En ce moment, le chevalier l'appela du ton le plus caressant et le plus séducteur qu'il put prendre. Mirza tressaillit au son de la voix; puis, guidés par la voix, ses yeux se dirigèrent vers le chevalier. Au premier regard, elle reconnut l'homme

Le chevalier mit Mirza à même du sucrier —Page 34.

aux morceaux de sucre, poussa un petit grognement de joie ; puis, avec une pensée d'instinctive gastronomie aussi rapide que l'éclair, elle s'élança d'un seul bond par la fenêtre de Buvat, comme fait le cerf Coco à travers son tambour, et disparut. D'Harmental baissa la tête, et presque au même instant entrevit Mirza qui traversait la rue comme une vision, et qui, avant que le chevalier eût le temps de refermer sa fenêtre, grattait déjà à sa porte. Heureusement pour d'Harmental, Mirza avait la mémoire du sucre développée à un degré égal où il avait, lui, celle des sons.

On devine que le chevalier ne fit point attendre la charmante petite bête, qui s'élança toute bondissante dans la chambre, en laissant échapper des signes non équivoques de la joie que lui donnait ce retour inattendu. Quant à d'Harmental, il était presque aussi heureux que s'il eût vu Bathilde. Mirza, c'était quelque chose de la jeune fille, c'était sa levrette bien-aimée, tant caressée, tant baisée par elle, qui, le jour, allongeait sa tête sur ses genoux, qui, le soir, couchait sur le pied de son lit ; c'était la confidente de ses chagrins et de son bonheur, c'était en outre une messagère sûre, rapide

Paris. — Imp. de BRY aîné, boulevart Montparnasse, 81.

excellente, et c'est à ce dernier titre surtout que d'Harmental l'avait attirée chez lui et venait de si bien la recevoir.

Le chevalier mit Mirza à même du sucrier, s'assit à son secrétaire et, laissant parler son cœur et courir sa plume, écrivit la lettre suivante :

« Chère Bathilde, vous me croyez bien coupable, n'est-ce pas? mais vous ne pouvez pas savoir les étranges circonstances dans lesquelles je me trouve et qui sont mon excuse. Si j'étais assez heureux pour vous voir un instant, un seul instant, vous comprendriez comment il y a en moi deux personnages si différents, le jeune étudiant de la mansarde et le gentilhomme des fêtes de Sceaux; ouvrez-moi donc ou votre fenêtre, pour que je puisse vous voir, ou votre porte, pour que je puisse vous parler; permettez-moi d'aller vous demander mon pardon à genoux. Je suis sûr que lorsque vous saurez combien je suis malheureux, et surtout combien je vous aime, vous aurez pitié de moi.

« Adieu, ou plutôt au revoir, chère Bathilde; je donne à notre charmante messagère tous les baisers que je voudrais déposer sur vos jolis pieds.

« Adieu encore! Je vous aime plus que je ne puis le dire, plus que vous ne pouvez le croire, plus que vous ne vous en douterez jamais.

« RAOUL. »

Ce billet, qui eût paru bien froid à une femme de notre époque, parce qu'il ne disait juste que ce que celui qui écrivait voulait dire, parut fort suffisant au chevalier, et véritablement était fort passionné pour l'époque; aussi d'Harmental le plia-t-il sans y rien changer, et l'attacha-t-il, comme le premier, sous le collier de Mirza; puis, enlevant alors le sucrier, que la gourmande petite bête suivit des yeux jusqu'à l'armoire où d'Harmental le renferma, le chevalier ouvrit la porte de sa chambre, et indiqua du geste à Mirza ce qui lui restait à faire. Soit fierté, soit intelligence, Mirza ne se le fit point redire à deux fois, s'élança dans l'escalier comme si elle avait des ailes, ne s'arrêta que le temps juste de donner en passant un coup de dent à M. Boniface, qui rentrait de chez son procureur, traversa la rue comme un éclair, et disparut dans l'allée de la maison de Bathilde. Un instant encore d'Harmental demeura avec inquiétude à la fenêtre, car il craignait que Mirza n'allât rejoindre Buvat sous le berceau de chèvrefeuille, et que la lettre ne se trouvât détournée ainsi de sa véritable destination. Mais Mirza n'était point bête à commettre de pareilles méprises; et comme, au bout de quelques secondes, d'Harmental ne la vit point paraître à la fenêtre de la terrasse, il en augura avec beaucoup de sagacité qu'elle s'était intelligemment arrêtée au quatrième. En conséquence, pour ne point trop effaroucher la pauvre Bathilde, il ferma

sa fenêtre, espérant qu'à l'aide de cette concession il obtiendrait quelque signe qui lui indiquerait qu'on était en voie de lui pardonner.

Mais il n'en fut point ainsi : d'Harmental attendit vainement toute la soirée et une partie de la nuit. A onze heures, la lumière, à peine visible à travers les doubles rideaux toujours hermétiquement fermés, s'éteignit tout à fait. Une heure encore d'Harmental veilla à sa fenêtre ouverte pour saisir la moindre apparence de rapprochement; mais rien ne parut, tout resta muet, comme tout était sombre, et force fut à d'Harmental de renoncer à l'espoir de revoir Bathilde avant le lendemain.

Mais le lendemain ramena les mêmes rigueurs : c'était un parti pris de défense qui, pour un homme moins amoureux que d'Harmental, eût purement et simplement indiqué la crainte de la défaite; mais le chevalier, ramené par un sentiment véritable à la simplicité de l'âge d'or, n'y vit, lui, qu'une froideur à l'éternité de laquelle il commença de croire; il est vrai qu'elle durait depuis vingt-quatre heures.

D'Harmental passa la matinée à rouler dans sa tête mille projets plus absurdes les uns que les autres. Le seul qui eût le sens commun était tout bonnement de traverser la rue, de monter les quatre étages de Bathilde, d'entrer chez elle et de tout lui dire; il lui vint à l'esprit comme les autres, mais, comme c'était le seul qui fût raisonnable, d'Harmental se garda bien de s'y arrêter. D'ailleurs, c'était une hardiesse bien grande que de se présenter ainsi chez Bathilde, sans y être autorisé par le moindre signe, ou tout au moins sans y être conduit par quelque prétexte. Une pareille façon de faire pouvait blesser Bathilde, et elle n'était déjà que trop irritée; mieux valait donc attendre, et d'Harmental attendit.

A deux heures, Brigaud entra et trouva d'Harmental d'une humeur massacrante. L'abbé jeta un coup d'œil de côté sur la fenêtre, toujours hermétiquement fermée, et devina tout. Il prit une chaise, s'assit en face de d'Harmental, et tournant ses pouces l'un autour de l'autre comme il voyait faire au chevalier :

— Mon cher pupille, lui dit-il après un instant de silence, ou je suis mauvais physionomiste, ou je lis sur votre visage qu'il vous est arrivé quelque chose de profondément triste.

— Et vous lisez bien, mon cher abbé, dit le chevalier. Je m'ennuie.

— Ah! vraiment!

— Et si bien, continua d'Harmental, qui avait besoin d'épancher la bile qu'il avait faite la veille, que je suis tout prêt à envoyer votre conspiration à tous les diables.

— Oh! chevalier, il ne faut pas jeter ainsi le manche après la cognée. Comment! envoyer la conspiration à tous les diables quand elle va comme sur des roulettes. Allons donc! et que diraient donc les autres?

— Vous êtes charmant, vous et les autres : les autres, mon .cher, ils courent le monde ; ils vont au bal, à l'Opéra; ils ont des duels, des maîtresses, de la distraction enfin, et ils ne sont pas forcés de se tenir comme moi renfermés dans une mauvaise mansarde.

— Eh bien! mais ce piano, ces pastels?

— Avec cela que c'est encore bien distrayant, votre musique et votre dessin!

— Ce n'est pas distrayant quand on dessine ou qu'on chante seul ; mais enfin, quand on peut dessiner et chanter en compagnie, cela commence déjà à mieux faire.

— Et avec qui diable voulez-vous que je dessine et que je chante?

— Vous avez d'abord les deux demoiselles Denis!

— Ah! oui, avec cela qu'elles chantent juste et qu'elles dessinent bien, n'est-ce pas?

— Mon Dieu, je ne vous les donne pas comme des virtuoses et comme des artistes, et je sais bien qu'elles ne sont pas de la force de votre voisine. — Eh bien! mais à propos, votre voisine?

— Eh bien! ma voisine?

— Pourquoi ne faites-vous pas de la musique avec elle, par exemple? elle qui chante si bien : cela vous distrairait.

— Est-ce que je la connais, ma voisine? est-ce qu'elle ouvre seulement sa fenêtre? Voyez, depuis hier matin, elle est barricadée chez elle. Ah! oui, ma voisine, elle est aimable!

— Eh bien! voyez, on m'avait dit qu'elle était charmante, à moi.

— D'ailleurs, comment voulez-vous que nous chantions chacun dans notre chambre? cela ferait un singulier duo!

— Non pas; chez elle.

— Chez elle! Est-ce que je lui suis présenté? est-ce que je la connais?

— Eh bien! mais on prend un prétexte.

— Eh! depuis hier j'en cherche un.

— Et vous ne l'avez pas encore trouvé? un homme d'imagination comme vous! Ah! mon cher pupille, je ne vous reconnais pas là.

— Tenez, l'abbé, trêve de plaisanterie, je ne suis pas en train aujourd'hui; que voulez-vous, on a ses jours, et aujourd'hui je suis stupide.

— Eh bien! ces jours-là on s'adresse à ses amis.

— A ses amis; pourquoi faire?

— Pour trouver le prétexte qu'on cherche vainement soi-même.

— Eh bien! l'abbé, mon ami, trouvez-moi ce prétexte. Allons, j'attends.

— Rien n'est plus facile.

— Vraiment?

— Le voulez-vous?

— Faites attention à quoi vous vous engagez.

— Je m'engage à vous ouvrir la porte de votre voisine.

— D'une façon convenable?

— Comment donc, est-ce que j'en connais d'autres?

— L'abbé, je vous étrangle si votre prétexte est mauvais.

— Et s'il est bon?

— S'il est bon, l'abbé, s'il est bon, vous êtes un homme adorable.

— Vous rappelez-vous ce qu'a dit le comte de Laval, de la descente que la justice a faite dans sa maison du Val-de-Grâce et de la nécessité où il a été de renvoyer ses ouvriers et de faire enterrer sa presse?

— Parfaitement.

— Vous rappelez-vous la délibération qui a été prise à la suite de cela?

— Oui, que l'on se servirait d'un copiste.

— Enfin, vous rappelez-vous encore que je me suis chargé de trouver ce copiste, moi?

— Je me le rappelle.

— Eh bien! ce copiste sur lequel j'ai jeté les yeux, cet honnête homme que j'ai promis de découvrir, il est tout découvert; mon cher chevalier, c'est le tuteur de Bathilde.

— Buvat?

— Lui-même. Eh bien! je vous passe mes pleins pouvoirs ; vous montez chez lui, vous lui offrez des rouleaux d'or à gagner; la porte vous est ouverte à deux battants, et vous chantez tant que vous voulez avec Bathilde.

— Ah! mon cher Brigaud! s'écria d'Harmental en sautant au cou de l'abbé, vous me sauvez la vie, parole d'honneur!

Et d'Harmental prit son chapeau et s'élança vers la porte. Maintenant qu'il avait un prétexte, il ne redoutait plus rien.

— Eh bien! eh bien! dit Brigaud, vous ne me demandez même pas où le bonhomme doit aller chercher les copies en question!

— Chez vous, pardieu!

— Non pas! non pas! jeune homme; non pas!

— Et chez qui?

— Chez le prince de Listhnay, rue du Bac, nº 110.

— Chez le prince de Listhnay!... Qu'est-ce que ce prince-là, l'abbé?

— Un prince de notre façon, Davranches, le valet de chambre de madame du Maine.

— Et vous croyez qu'il jouera bien son rôle?

— Pas pour vous, peut-être, qui avez l'habitude de voir de vrais princes; mais pour Buvat...

— Vous avez raison. Au revoir, l'abbé!

— Vous trouvez donc le prétexte bon?

— Excellent.

— Allez donc, en ce cas, et que Dieu vous garde!

D'Harmental descendit les marches de l'escalier quatre à quatre ; puis, arrivé au milieu de la rue, et voyant à sa fenêtre l'abbé Brigaud qui le regardait, il lui fit un dernier signe de la main et disparut sous la porte de l'allée qui conduisait chez Bathilde.

VII

CONTRE-PARTIE.

De son côté, comme on le comprend bien, Bathilde n'avait pas fait un pareil effort sans que son cœur en souffrît : la pauvre enfant aimait d'Harmental de toutes les forces de son âme, comme on aime à dix-sept ans, comme on aime pour la première fois. Pendant le premier mois de son absence, elle avait compté les jours ; pendant la cinquième semaine, elle avait compté les heures ; pendant les huit derniers jours, elle avait compté les minutes. C'était alors que l'abbé de Chaulieu était venu la chercher pour la conduire à mademoiselle de Launay ; et, comme il avait eu le soin non-seulement de parler de ses talents, mais encore de dire qui elle était, Bathilde avait été reçue avec toutes les prévenances qui lui étaient dues, et que la pauvre de Launay lui rendait d'autant plus volontiers qu'on les avait longtemps oubliées à son propre égard. Au reste, ce déplacement, qui avait rendu momentanément Buvat si fier, avait été reçu par Bathilde comme une distraction qui devait lui aider à passer les derniers moments de l'attente ; mais lorsqu'elle vit que mademoiselle de Launay comptait disposer d'elle le jour même où, d'après son calcul, Raoul devait arriver, elle maudit de grand cœur l'instant où l'abbé de Chaulieu l'avait conduite à Sceaux, et elle eût certes refusé, quelles qu'eussent été ses instances, si madame du Maine n'était intervenue. Il n'y avait pas moyen de refuser à madame du Maine une chose qu'elle demandait à titre de service, elle qui, à la rigueur et avec l'idée qu'on se faisait à cette époque de la suprématie des rangs, aurait eu le droit d'ordonner. Bathilde, forcée dans ses derniers retranchements, avait donc accepté ; mais comme elle se serait fait un reproche éternel si Raoul fût venu en son absence, et si en revenant il eût trouvé sa fenêtre fermée, elle avait, comme nous l'avons dit, demandé à revenir, pour étudier à son aise la cantate et pour rassurer Buvat. Pauvre Bathilde ! elle avait inventé deux faux prétextes pour cacher sous un double voile le véritable motif de son retour.

On devine que si Buvat avait été fier de ce que Bathilde avait été appelée pour dessiner les costumes de la fête, ce fut bien autre chose lorsqu'il apprit qu'elle était destinée à y jouer un rôle. Buvat avait constamment rêvé pour Bathilde un retour de fortune, qui lui rendrait la position sociale que la mort d'Albert et de Clarice lui avait fait perdre, et tout ce qui pouvait la rapprocher du monde pour lequel elle était née lui paraissait un acheminement à cette heureuse et inévitable réhabilitation.

Cependant l'épreuve lui avait paru dure ; les trois jours qu'il avait passés sans voir Bathilde lui avaient semblé trois siècles. Pendant ces trois jours le pauvre écrivain avait été comme un corps sans âme. A son bureau la chose allait encore, quoiqu'il fût visible pour tous qu'il s'était opéré quelque grand cataclysme dans la vie du bonhomme ; cependant là il avait sa besogne indiquée, ses cartes à écrire, ses étiquettes à poser : le temps s'écoulait donc encore tant bien que mal. Mais c'était une fois rentré que le pauvre Buvat se trouvait tout à fait isolé. Aussi, le premier jour, il n'avait pu manger en se trouvant seul à cette table où, depuis treize ans, il avait l'habitude de voir en face de lui sa petite Bathilde. Le lendemain, comme Nanette lui faisait des reproches de s'abandonner ainsi et prétendait qu'il se détériorait la santé par une diète si absolue, il fit

S A BEAUCE

H DELAVILLE. SC.

Nanette eut toutes les peines du monde à déterminer Buvat à prendre un bouillon.

un effort sur lui-même ; mais l'honnête écrivain, qui jusqu'à ce jour ne s'était jamais même aperçu qu'il eût un estomac, eut à peine achevé son repas, qu'il lui sembla avoir avalé du plomb, et qu'il lui fallut avoir recours aux digestifs les plus puissants pour précipiter vers les voies inférieures ce malencontreux dîner qui paraissait résolu à demeurer dans l'œsophage. Aussi, le troisième jour, Buvat ne se mit-il pas à table, et Nanette eut-elle toutes les peines du monde à le déterminer à prendre un bouillon, dans lequel elle prétendit même toujours avoir vu rouler deux grosses larmes ; enfin, le troi-

sième jour au soir, Bathilde était revenue et avait ramené à son pauvre tuteur son sommeil enlevé et son appétit absent. Buvat, qui depuis trois nuits dormait fort mal, et qui depuis trois jours mangeait plus mal encore, dormit comme une souche et mangea comme un ogre, certain qu'il était que l'absence de son enfant chéri touchait à son terme, et que, la prochaine nuit passée, il allait rentrer en possession de celle sans laquelle il venait de s'apercevoir qu'il lui serait désormais impossible de vivre.

De son côté, Bathilde était bien joyeuse : si elle comptait bien, ce devrait être le dernier jour d'absence de Raoul ; Raoul lui avait écrit qu'il partait pour six semaines. Elle avait compté, les unes après les autres, quarante-six longues journées : les six semaines étaient donc parfaitement écoulées, et Bathilde, jugeant Raoul par elle, n'admettait pas qu'il pût y avoir désormais un instant de retard. Aussi, Buvat parti pour son bureau, Bathilde avait-elle ouvert sa fenêtre, et, tout en étudiant sa cantate, n'avait-elle point perdu de vue un instant la fenêtre de son voisin. Les voitures étaient rares dans la rue du Temps-Perdu ; cependant, par un hasard inouï, il était passé trois voitures de dix heures à quatre, et à chacune Bathilde avait couru regarder avec un tel bondissement de cœur, qu'à chaque fois qu'elle s'était aperçue qu'elle se trompait et que la voiture ne ramenait point encore Raoul elle était tombée sur une chaise, haletante et près d'étouffer. Enfin quatre heures avaient sonné : quelques minutes après, Bathilde avait entendu le pas de Buvat dans l'escalier. Elle avait alors fermé en soupirant sa fenêtre ; et, cette fois, c'était elle qui, quelque effort qu'elle fît pour tenir bonne compagnie à son tuteur, n'avait pu avaler un seul morceau. L'heure de partir pour Sceaux était arrivée, Bathilde avait été une dernière fois soulever le rideau : tout était fermé chez Raoul. L'idée que cette absence pouvait se prolonger au delà du terme fixé lui était alors venue pour la première fois, et elle était partie le cœur serré et maudissant plus que jamais cette fête qui l'empêchait de passer la nuit à attendre encore celui qu'elle attendait déjà depuis si longtemps.

Cependant, lorsque Bathilde arriva à Sceaux, les illuminations, le bruit, la musique, et surtout la préoccupation de chanter pour la première fois devant tant et de si grand monde, éloignèrent un peu de la pensée de Bathilde le souvenir de Raoul. De temps en temps, une pensée triste lui traversait bien l'esprit et lui serrait bien le cœur, lorsqu'elle songeait qu'à cette heure peut-être son beau voisin était arrivé, et, en voyant sa fenêtre fermée, la croyait indifférente à son tour ; mais elle avait le lendemain devant elle ; elle avait fait promettre à mademoiselle de Launay qu'on la reconduirait avant le jour, et avec ses premiers rayons elle serait à sa fenêtre, et la première chose que Raoul verrait en ouvrant la sienne, ce serait elle. Elle lui raconterait alors comment elle avait été forcée de s'éloigner pour une soirée ; elle lui laisserait soupçonner ce qu'elle a souffert, et, si elle en jugeait par elle-même, Raoul serait si heureux, qu'il lui pardonnerait.

Bathilde se berçait de toutes ces pensées en attendant madame du Maine au bord du lac, et ce fut au milieu du discours qu'elle préparait pour Raoul que l'approche de la petite galère la surprit. Au premier moment, Bathilde, toute à son émotion de chanter ainsi en si grande et si haute compagnie, crut que la voix allait lui manquer ; mais elle était trop artiste pour ne pas être encouragée par l'admirable instrumentation qui la soutenait et qui se composait des meilleurs musiciens de l'Opéra. Elle résolut donc de ne regarder personne pour ne point se laisser intimider ; et, s'abandonnant à toute la puissance de l'inspiration, elle avait chanté avec une perfection qui avait fait qu'on avait parfaitement pu la prendre, grâce à son voile, pour la personne même qu'elle remplaçait, quoique cette personne fût le premier sujet de l'Opéra, et passât pour n'avoir pas de rivale, comme étendue de voix et sûreté de méthode.

Mais l'étonnement de Bathilde fut grand lorsque, le solo fini, et soulagée par la reprise du chœur, elle baissa les yeux, et qu'en baissant les yeux elle aperçut au milieu du groupe qui s'avançait vers elle, assis sur le même banc que madame la duchesse du Maine, un jeune seigneur qui ressemblait si fort à Raoul, que, si cette apparition se fût présentée à elle au milieu de sa cantate, la voix lui eût certes manqué tout à coup. Un instant elle douta encore ; mais plus la galère gagnait le rivage, moins il était permis à la pauvre Bathilde de conserver ses doutes : deux ressemblances pareilles ne pouvaient se rencontrer, même chez deux frères, et il était trop visible que le beau seigneur de Sceaux et le jeune étudiant de la mansarde étaient un seul et même individu. Mais ce n'était point encore ce qui blessait Bathilde. Le degré auquel montait tout à coup Raoul, au lieu de l'éloigner de la fille d'Albert du Rocher, le rapprochait d'elle, et, à la première vue, elle avait reconnu Raoul pour être de la noblesse, comme il l'avait devinée lui-même pour être de race. Ce qui la blessait profondément, ce qui était une insulte à sa bonne foi, une trahison à son amour, c'était cette prétendue absence pendant laquelle Raoul, oubliant la rue du Temps-Perdu, laissait solitaire sa petite chambre pour venir se mêler aux fêtes de Sceaux. Ainsi, Raoul avait eu un caprice d'un instant pour Bathilde, ce caprice avait été jusqu'à passer une semaine ou deux dans une mansarde ; mais Raoul s'était lassé bien vite de cette vie qui n'était pas la sienne. Pour ne pas trop humilier Bathilde, il avait prétexté un voyage ; pour ne pas trop la désoler, il avait feint que ce voyage était pour lui un malheur ; mais rien de tout cela n'était vrai. Raoul n'avait point quitté Paris sans doute, ou, s'il l'avait quitté, sa première visite, à son retour, avait été pour d'autres lieux que pour ceux qui devaient lui être si chers ! Il y avait dans cette accumulation de griefs de quoi blesser un amour moins susceptible que ne l'était celui de Bathilde. Aussi, lorsqu'au moment où Raoul descendit sur le rivage la pauvre enfant se trouva à quatre pas de lui, lorsqu'il lui fut impossible de douter davantage que le jeune étudiant et le beau seigneur fussent le même homme, lorsqu'elle vit celui qu'elle avait pris jusque-là pour un jeune et naïf provincial offrir d'un air élégant et dégagé son bras à la fière madame du Maine, toute force l'abandonna, et, sentant ses genoux fléchir sous elle, elle poussa un cri douloureux qui avait répondu jusqu'au fond du cœur de d'Harmental, et elle s'évanouit.

En rouvrant les yeux, elle trouva près d'elle mademoiselle de Launay, qui lui prodiguait avec inquiétude les soins les plus empressés; mais comme il était impossible de se douter de la véritable cause de l'évanouissement de Bathilde, et que, d'ailleurs, cet évanouissement n'avait duré qu'un instant, la jeune fille, en prétextant l'émotion qu'elle avait éprouvée, n'eut point de peine à faire prendre le change aux personnes qui l'entouraient. Mademoiselle de Launay seulement insista un instant pour qu'au lieu de retourner à Paris elle demeurât à Sceaux: mais Bathilde avait hâte de quitter ce palais où elle venait de tant souffrir et où elle avait vu Raoul sans que Raoul la vît. Elle pria donc, avec cet accent qui ne permet pas de refuser, que toutes choses demeurassent dans le même état; et comme la voiture qui devait la ramener à Paris aussitôt qu'elle aurait chanté était prête, elle monta dedans et partit.

En arrivant, comme Nanette était prévenue de son retour, elle trouva Nanette qui l'attendait. Buvat aussi avait bien voulu veiller pour embrasser Bathilde à son retour et avoir des nouvelles de la grande fête. Mais Buvat était, comme on le sait, un homme de mœurs réglées: minuit était sa plus grande veille, et jamais il n'avait dépassé cette heure; de sorte que, lorsque minuit arriva, il eut beau se pincer les mollets, se frotter le nez avec la barbe d'une plume et chanter sa chanson favorite, le sommeil l'emporta sur tous les réactifs, et force lui avait été d'aller se coucher, ce qu'il avait fait en recommandant à Nanette de le prévenir le lendemain aussitôt que Bathilde serait visible.

Comme on le pense bien, Bathilde fut fort aise de trouver Nanette seule: la présence de Buvat, dans la situation d'esprit où était la jeune fille, l'eût gênée au plus haut degré. Il y a dans le cœur des femmes, à quelque âge que le cœur soit arrivé, une sympathie pour les chagrins amoureux qu'on ne trouve jamais dans le cœur d'un homme, si bon et si consolant que soit ce cœur. Devant Buvat, Bathilde n'eût point osé pleurer; devant Nanette, Bathilde fondit en larmes.

Nanette fut bien désolée de voir sa jeune maîtresse, qu'elle s'attendait à retrouver toute fière et toute joyeuse du triomphe qu'elle ne pouvait manquer d'obtenir, dans l'état où elle était; aussi hasarda-t-elle les questions les plus pressantes; mais, à toutes ces questions, Bathilde se contenta de répondre, en secouant la tête, que ce n'était rien, absolument rien. Nanette vit bien que le mieux était de ne pas insister dans un moment où sa jeune maîtresse paraissait si bien décidée à se taire, et elle se retira dans sa chambre, qui, comme nous l'avons dit, était contiguë à celle de Bathilde.

Mais là, la pauvre Nanette ne put résister à cette curiosité du cœur qui la poussait à voir ce qu'allait devenir sa maîtresse; et, regardant par le trou de la serrure, elle la vit d'abord s'agenouiller en sanglotant devant le crucifix où elle l'avait trouvée si souvent en prière, puis se lever, et, comme cédant à une impulsion plus forte qu'elle, aller ouvrir sa fenêtre et regarder la fenêtre en face d'elle. Dès lors, il n'y eut plus de doute pour Nanette. Le chagrin de Bathilde était un chagrin d'amour, et ce chagrin lui venait de la part du beau jeune homme qui habitait de l'autre côté de la rue.

Dès lors, Nanette fut un peu tranquillisée: les femmes plaignent les chagrins d'amour au-dessus de tous les autres chagrins, mais aussi elles savent par expérience qu'ils peuvent tourner à bonne fin; de sorte que tout chagrin de ce genre se compose de moitié douleur et de moitié espérance. Nanette se coucha donc plus tranquille qu'elle ne l'eût été si elle n'eût point pénétré la cause des larmes de Bathilde.

Bathilde dormit peu et dormit mal; les premières douleurs et les premières joies de l'amour ont le même résultat. Elle se réveilla donc les yeux battus et toute brisée. Elle eût bien voulu se dispenser de voir Buvat, sous un prétexte quelconque; mais déjà Buvat, inquiet, avait fait demander deux fois par Nanette si Bathilde était visible. Bathilde rappela donc tout son courage et alla en souriant présenter son front à baiser à son bon tuteur.

Mais Buvat avait trop l'instinct du cœur pour se laisser prendre à un sourire; il vit ces yeux battus, il vit ce teint pâle, et le chagrin de Bathilde lui fut révélé. Comme on le comprend bien, Bathilde nia qu'elle ne fût point dans son état naturel; Buvat fit semblant de la croire, car il vit qu'en ayant l'air de douter il la contrarierait, mais il ne s'en alla pas moins à son bureau, tout préoccupé de savoir ce qui avait ainsi attristé sa pauvre Bathilde.

Lorsqu'il fut parti, Nanette s'approcha de Bathilde, qui, une fois seule, s'était laissée tomber dans un fauteuil, la tête appuyée sur une main et l'autre bras pendant, tandis que Mirza, couchée à ses pieds et ne comprenant rien à cet abattement, gémissait tout doucement. La bonne femme resta un instant debout devant la jeune fille à la contempler avec un amour presque maternel; puis, au bout d'un instant, voyant que Bathilde restait muette, elle rompit le silence.

— Mademoiselle souffre toujours? dit-elle.

— Oui, ma bonne Nanette, toujours.

— Si mademoiselle voulait ouvrir la fenêtre, cela lui ferait peut-être du bien.

— Oh! non, non, Nanette, merci; cette fenêtre doit rester fermée.

— C'est que mademoiselle ignore peut-être...

La bonne femme resta un instant debout devant la jeune fille à la contempler. — Page 39

— Non, Nanette; je le sais.

— Que le beau jeune homme d'en face est revenu depuis ce matin.

— Eh bien, Nanette, dit Bathilde en relevant la tête et en regardant la bonne femme avec une légère nuance de sévérité, qu'a affaire ce beau jeune homme avec moi?

— Pardon, mademoiselle, dit Nanette; mais je croyais... je pensais...

— Que pensiez-vous?... que croyiez-vous?...

— Que vous regrettiez son absence et que vous seriez heureuse de son retour.

— Vous aviez tort.

— Pardon, mademoiselle; mais c'est qu'il paraît si distingué!

— Trop, Nanette, beaucoup trop pour la pauvre Bathilde.

— Trop, mademoiselle, trop distingué pour vous! s'écria Nanette. Ah bien! par exemple, est-ce que vous ne valez pas tous les beaux seigneurs du monde? D'ailleurs, tiens, vous êtes noble.

— Je suis ce que je parais être, Nanette, c'est-à-dire une pauvre fille, de la tranquillité, de l'amour et de l'honneur de laquelle tout grand seigneur

Un jeune homme était debout devant cette porte, allongeant la main vers la sonnette. — Page 44.

croirait pouvoir impunément se jouer. Tu vois bien, Nanette, qu'il faut que cette fenêtre reste fermée et que je ne revoie pas ce jeune homme.

— Jour de Dieu! mademoiselle Bathilde, mais vous voulez donc le faire mourir de chagrin, le pauvre garçon? Depuis ce matin il ne bouge pas de sa fenêtre, et avec un air triste, si triste, que c'est vraiment à fendre le cœur.

— Eh bien! que m'importe son air triste à moi; que me fait ce jeune homme! je ne le connais pas, je ne sais pas même son nom; c'est un étranger, qui est venu demeurer là quelques jours seulement,

qui demain s'en ira peut-être, comme il s'en est allé déjà. Si j'y avais fait attention, j'aurais eu tort, Nanette, et, au lieu de m'encourager dans un amour qui serait de la folie, tu devrais, au contraire, en supposant que cet amour existât, m'en faire comprendre tout le ridicule et surtout tout le danger.

— Mon Dieu! mademoiselle, pourquoi donc cela? il faudra toujours bien que vous aimiez un jour ou l'autre: les pauvres femmes sont condamnées à passer par là. Eh bien, puisqu'il faut absolument aimer, au bout du compte, autant aimer un beau

Parsi. — Imp. Simon Rançon et Cie, rue d'Erfurth.

jeune homme, qui a l'air noble comme le roi, et
qui doit être riche, puisqu'il ne fait rien.

— Eh bien, Nanette, qu'est-ce que tu dirais, si
ce jeune homme qui te paraît si simple, si loyal et
si bon, n'était autre chose qu'un méchant, qu'un
traître, qu'un menteur?

— Ah! bon Dieu! mademoiselle, je dirais que
c'est impossible.

— Si je te disais que ce jeune homme qui habite
une mansarde, qui se montre à la fenêtre, couvert d'habits si simples, était hier à Sceaux, et
donnait le bras à madame du Maine en habit de
colonel?.

— Ce que je dirais, mademoiselle, je dirais
qu'enfin le bon Dieu est juste en vous envoyant
quelqu'un digne de vous. Sainte Vierge! un colonel, un ami de la duchesse du Maine! Oh! mademoiselle Bathilde, vous serez comtesse, c'est moi qui
vous le dis, et ce n'est pas trop pour vous, et c'est
bien juste encore ce que vous méritez; et, si la Providence donnait à chacun son lot, ce n'est pas comtesse que vous seriez, c'est duchesse, c'est princesse, c'est reine; oui, reine de France. Tiens! madame de Maintenon l'a bien été!

— Je ne voudrais pas l'être comme elle, ma
bonne Nanette.

— Comme elle, je ne dis pas. D'ailleurs, ce n'est
pas le roi que vous aimez, n'est-ce pas, notre demoiselle?

— Je n'aime personne, Nanette.

— Je suis trop honnête pour vous démentir, mademoiselle. Mais, n'importe, voyez-vous, vous avez
l'air malade, et le premier remède pour une jeunesse qui souffre, c'est l'air, c'est le soleil. Voyez
les pauvres fleurs, quand on les enferme, elles font
comme vous, elles pâlissent. Laissez-moi ouvrir la
fenêtre, mademoiselle.

— Nanette, je vous le défends. Allez à vos affaires et laissez-moi.

— Je m'en vais, mademoiselle, je m'en vais,
puisque vous me chassez, dit Nanette en portant
le coin de son tablier au coin de son œil. Mais, à la
place de ce jeune homme, je sais bien ce que je
ferais.

— Et que feriez-vous?

— Je viendrais m'expliquer moi-même, et je suis
bien sûre que, quand même il aurait un tort, vous
l'excuseriez.

— Nanette, dit Bathilde en tressaillant, s'il
vient, je vous défends de le recevoir, entendez-
vous?

— C'est bien, mademoiselle, on ne le recevra
point, quoique ce ne soit pas très-poli de mettre les
gens à la porte.

— Poli ou non, vous ferez ce que j'ai ordonné,
dit Bathilde, à qui la contradiction donnait les
forces qui lui eussent manqué si l'on eût abondé

dans son sens; et, maintenant, je veux rester seule,
allez.

Nanette sortit.

Restée seule, Bathilde fondit en larmes, sa force
n'était que de l'orgueil, mais elle était blessée au
cœur, et la fenêtre resta fermée.

Nous ne suivrons pas ce pauvre cœur dans tous
ses tressaillements, dans toutes ses angoisses, dans
toutes ses souffrances. Bathilde se croyait la femme
la plus malheureuse de la terre, comme d'Harmental se trouvait l'homme le plus infortuné du
monde.

A quatre heures quelques minutes, Buvat rentra,
comme nous l'avons dit : Bathilde reconnut les
traces que l'inquiétude avait laissées sur sa bonne
grosse figure, et fit tout ce qu'elle put pour le tran-
quilliser. Elle sourit, elle plaisanta, elle lui tint
compagnie à table, mais tout cela ne tranquillisa
point Buvat; aussi, après dîner, proposa-t-il à sa
pupille, comme une distraction à laquelle rien ne
devait résister, une promenade sur sa terrasse. Bathilde, pensant que si elle refusait, Buvat resterait
près d'elle, fit semblant d'accepter, et monta avec
Buvat dans sa chambre, mais elle prétexta une lettre de remercîment à écrire à M. de Chaulieu, pour
l'obligeance qu'il avait mise à la présenter à madame du Maine, et, laissant son tuteur aux prises
avec Mirza, elle redescendit.

Dix minutes après, elle entendit Mirza qui grattait
à la porte, et elle alla ouvrir.

Mirza entra en bondissant, avec des démonstra-
tions de si folle joie, que Bathilde comprit qu'il venait de lui arriver quelque chose d'extraordinaire;
elle regarda alors avec plus d'attention, et elle vit
la lettre attachée à son collier. Comme c'était la
seconde qu'elle apportait, Bathilde n'eut point besoin de chercher d'où elle venait et de qui était la
lettre.

La tentation était trop forte pour que Bathilde
essayât même d'y résister. A la vue de ce papier,
qui lui semblait renfermer le destin de sa vie, la
jeune fille crut qu'elle allait se trouver mal. Elle
le détacha en tremblant, le froissant d'une main,
tandis que, de l'autre, elle caressait Mirza, qui, debout sur ses pattes de derrière, dansait toute joyeuse
d'être devenue un personnage si important.

Bathilde ouvrit la lettre et la regarda deux fois
sans pouvoir en déchiffrer une seule ligne; elle
avait comme un nuage sur les yeux.

La lettre, tout en disant beaucoup, ne disait
point assez encore. La lettre protestait de l'innocence et demandait pardon. La lettre parlait de circonstances étranges qui demandaient le secret. Mais
la lettre, sur toutes choses, disait que celui qui l'a-
vait écrite était amoureux fou. Il en résulta que,
sans rassurer complétement Bathilde, la lettre lui
fit un grand bien.

Bathilde, cependant, par un reste de fierté toute

féminine, n'en résolut pas moins de tenir rigueur jusqu'au lendemain. Puisque Raoul s'avouait coupable, il fallait bien qu'il fût puni. La pauvre Bathilde ne songeait pas que la moitié de la punition qu'elle infligeait à son voisin retombait sur elle-même.

Néanmoins, l'effet de la lettre, tout incomplet qu'il était encore, avait déjà une telle efficacité, que lorsque Buvat descendit de la terrasse, il trouva Bathilde infiniment mieux que lorsqu'il l'avait quittée une heure auparavant : ses couleurs étaient revenues, sa gaieté était plus franche, et ses paroles avaient cessé d'être saccadées et fiévreuses comme elles l'étaient depuis la veille. Buvat alors commença à croire ce que lui avait assuré sa pupille le matin même, c'est-à-dire que l'état d'agitation où elle se trouvait venait de l'émotion de la veille. En conséquence, le soir, comme il avait à travailler, il remonta chez lui à huit heures, et laissa Bathilde, qui se plaignait de s'être couchée la veille à trois heures du matin, libre de se coucher ce soir-là à l'heure qui lui conviendrait.

Bathilde veilla; car, malgré son insomnie de la veille, elle n'avait point la moindre envie de dormir. Bathilde veilla tranquille, contente et heureuse, car elle savait que la fenêtre de son voisin était ouverte, et, à sa persistance, elle devinait son anxiété. Deux ou trois fois elle eut bien envie de la faire cesser, en allant annoncer au coupable que, moyennant une explication quelconque, son pardon lui serait accordé; mais il lui sembla qu'aller ainsi d'elle-même en quelque sorte au-devant de Raoul, c'était plus que ne devait faire une jeune fille de son âge et dans sa position; elle remit donc la chose au lendemain.

Le soir, Bathilde fit sa prière comme d'habitude, et, comme d'habitude, Raoul se retrouva de moitié dans sa prière.

La nuit, Bathilde rêva que Raoul était à ses genoux, et qu'il lui donnait de si bonnes raisons, que c'était elle qui lui avouait qu'elle était coupable, et qui lui demandait pardon.

Aussi, le matin, se réveilla-t-elle bien convaincue qu'elle avait été d'une sévérité affreuse, et ne comprenant pas comment elle avait eu le courage de faire souffrir ainsi le pauvre Raoul.

Il en résulta que son premier mouvement fut d'aller à la fenêtre et de l'ouvrir; mais y allant, elle aperçut, à travers une imperceptible trouée, le beau jeune homme à la sienne. Cette vue l'arrêta tout court. Ne serait-ce pas un aveu bien complet que cette fenêtre ouverte par elle-même? Mieux valait attendre l'arrivée de Nanette. Nanette ouvrirait la fenêtre tout naturellement, et, de cette façon, le voisin n'aurait pas trop à se prévaloir de son influence.

Nanette arriva; mais Nanette avait été trop vivement grondée la veille, à l'endroit de la malheureuse

fenêtre pour qu'elle risquât une seconde représentation de la même scène. Il en résulta qu'elle n'eut garde d'en approcher, et qu'elle tourna et vira dans la chambre sans parler le moins du monde de lui donner de l'air. Au bout d'une heure à peu près, employée à faire le petit ménage, Nanette sortit sans avoir touché même les rideaux. Bathilde était prête à pleurer.

Buvat descendit prendre son café avec Bathilde, ainsi que c'était son habitude. Bathilde espérait qu'en entrant Buvat lui demanderait pourquoi elle se tenait ainsi enfermée chez elle, et que ce serait pour elle une occasion de lui dire d'ouvrir la fenêtre; mais Buvat avait reçu la veille, du conservateur de la Bibliothèque, un nouvel ordre de classement pour les manuscrits, et Buvat était si préoccupé de ses étiquettes, qu'il ne fit attention à rien qu'à la bonne mine de Bathilde, mangea son café tout en chantonnant sa petite chanson, et sortit sans faire la plus petite remarque sur ces rideaux si tristement fermés. Pour la première fois, Bathilde eut contre Buvat un mouvement d'impatience qui ressemblait presque à de la colère, et il lui sembla que son tuteur avait bien peu d'attention pour elle, de ne pas s'apercevoir qu'elle devait étouffer dans une chambre ainsi calfeutrée.

Restée seule, Bathilde tomba sur une chaise; elle s'était mise elle-même dans un impasse dont il lui devenait impossible de sortir. Il lui fallait ordonner à Nanette d'ouvrir la fenêtre; elle ne le voulait pas; il lui fallait ouvrir la fenêtre elle-même; elle ne le pouvait pas.

Il lui fallait donc attendre; mais jusqu'à quand? Attendre jusqu'au lendemain, jusqu'au surlendemain peut-être, et, jusque-là, qu'allait penser Raoul? Raoul ne s'impatienterait-il pas de cette sévérité exagérée? Si Raoul allait quitter cette chambre de nouveau pour quinze jours, pour un mois, pour six semaines... pour toujours... peut-être... Bathilde mourrait. Bathilde ne pouvait plus se passer de Raoul.

Deux heures s'écoulèrent ainsi... deux siècles! Bathilde essaya de tout : elle se mit à sa broderie, à son clavecin, à ses pastels; elle ne put rien faire. Nanette entra alors, et un peu d'espoir lui revint. Mais Nanette ne fit qu'entr'ouvrir la porte : elle venait demander la permission de faire une course indispensable. Bathilde lui fit signe de la main qu'elle pouvait s'en aller.

Nanette allait dans le faubourg Saint-Antoine : son absence devait donc durer deux heures au moins. Que faire pendant ces deux heures? Il eût été si doux de les passer à la fenêtre : il faisait un si beau soleil, à en juger du moins par les rayons qui pénétraient à travers les rideaux. Bathilde s'assit, tira sa lettre de son corset; elle la savait par cœur, mais n'importe, elle la relut. Comment, en recevant une pareille lettre, ne s'était-elle pas rendue à l'instant même? Elle était si tendre, si passionnée; on sentait si bien que celui qui l'avait écrite l'avait écrite avec les paroles de son cœur! Oh! si elle pouvait seulement recevoir une seconde lettre.

C'était une idée. Bathilde jeta les yeux sur Mirza, Mirza la gentille messagère! Elle la prit dans ses bras, baisa tendrement sa petite tête fine et spirituelle; puis, toute tremblante, la pauvre enfant, comme si elle commettait un crime, elle alla ouvrir la porte du carré.

Un jeune homme était debout devant cette porte, allongeant la main vers la sonnette.

Bathilde jeta un cri de joie, et le jeune homme un cri d'amour.

Ce jeune homme c'était Raoul.

VIII

LE SEPTIÈME CIEL.

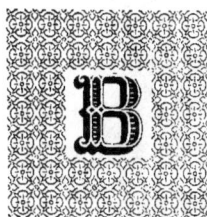

Bathilde fit quelques pas en arrière, car elle sentit qu'elle allait tomber dans les bras de Raoul.

Raoul, après avoir fermé vivement la porte, fit quelques pas en avant et vint tomber aux pieds de Bathilde.

Les deux jeunes gens se regardèrent avec un indicible regard d'amour; puis leurs deux noms, échangés dans un double cri, s'échappèrent de leurs bouches; leurs mains se réunirent dans un serrement électrique, et tout fut oublié.

Ces deux pauvres cœurs, à qui il semblait qu'ils avaient tant de choses à se dire, battaient presque l'un contre l'autre et restaient muets : toute leur âme était passée dans leurs yeux, et ils se parlaient avec cette grande voix du silence, qui, en amour, dit tant de choses, et qui a sur l'autre l'avantage de ne mentir jamais.

Ils demeurèrent ainsi quelques minutes. Enfin, Bathilde sentit les larmes qui lui venaient aux yeux; puis, avec un soupir, et se renversant en arrière comme pour retrouver la respiration dans sa poitrine oppressée :

— Oh! mon Dieu! mon Dieu! que j'ai souffert! dit-elle.

— Et moi donc! dit d'Harmental, moi qui ai envers vous l'apparence de tous les torts, et qui, cependant, suis innocent.

— Innocent, dit Bathilde, à qui, par une réaction toute naturelle, ses premiers doutes revenaient.

— Oui, innocent, reprit le chevalier.

Et alors il raconta à Bathilde tout ce que de sa vie il avait le droit de lui raconter; c'est-à-dire son duel avec La Fare; comment, à la suite de ce duel, il était venu se cacher dans la rue du Temps-Perdu; comment il avait vu Bathilde, comment il l'avait aimée; son étonnement en découvrant successivement en elle la femme distinguée, le peintre habile, la musicienne de premier ordre; sa joie lorsqu'il crut voir qu'il ne lui était pas tout à fait indifférent; son bonheur lorsqu'il commença à croire qu'il était aimé; enfin il lui dit combien il était heureux lorsqu'il avait reçu, comme colonel des carabiniers, l'ordre de se rendre en Bretagne, et comment cet ordre portait qu'à son retour il eût à venir rendre compte de sa mission à S. A. S. madame la duchesse du Maine avant de se rendre à Paris. Il était donc arrivé directement à Sceaux, ignorant ce qui s'y passait et croyant n'avoir que des dépêches à y déposer en passant, lorsqu'il était, au contraire, tombé au milieu d'une fête à laquelle il avait été, bien malgré lui, mais à cause de la position qu'il occupait près de M. le duc du Maine, forcé de prendre part. Ce récit fut terminé par des expressions de regret, par des paroles d'amour et par des protestations de fidélité telles, que Bathilde ne fit presque plus attention aux parties premières du discours pour ne s'occuper et ne se souvenir que de la fin.

C'était le tour de Bathilde. Bathilde aussi avait une longue histoire à raconter à d'Harmental; mais, dans cette histoire, il n'y avait ni réticences ni obscurités. Ce n'était pas l'histoire d'une époque de sa vie, mais de toute sa vie. Bathilde, avec une certaine fierté d'apprendre à son amant qu'elle était digne de lui, se prit donc tout enfant entre les caresses d'un père et d'une mère; puis elle se montra

Mademoiselle de Launay.

orpheline, puis abandonnée. C'est alors qu'apparut Buvat, cet homme au visage vulgaire et au cœur sublime, et elle dit toutes ses attentions, toutes ses bontés, tout son amour pour sa pauvre pupille. Elle passa en revue sa jeunesse insoucieuse et son adolescence pensive. Enfin, elle arriva au moment où, pour la première fois, elle avait vu d'Harmental; et, arrivée là, elle sourit en rougissant, car elle sentait bien qu'elle n'avait plus rien à lui apprendre.

Mais il n'en était pas ainsi. C'était surtout ce que Bathilde croyait n'avoir pas besoin d'apprendre au chevalier que le chevalier voulait absolument savoir

de sa bouche; aussi ne lui fit-il grâce d'aucun détail. La pauvre enfant eut beau s'arrêter, rougir, baisser les yeux, il lui fallut ouvrir son pauvre cœur virginal, tandis que d'Harmental, à genoux devant elle, recueillait ses moindres paroles; puis, quand elle eut fini, recommencer encore, car d'Harmental ne pouvait se lasser de l'entendre, tant il était heureux de se sentir aimé par Bathilde; tant il était fier de pouvoir l'aimer!

Deux heures s'étaient écoulées comme deux secondes, et les jeunes gens étaient encore là, d'Harmental aux genoux de Bathilde, Bathilde inclinée sur lui, leurs mains dans leurs mains, leurs yeux sur leurs yeux, lorsqu'on sonna tout à coup à la porte. Bathilde jeta les yeux sur une petite pendule accrochée dans un coin de la chambre. Il était quatre heures six minutes : il n'y avait pas à s'y tromper, c'était Buvat qui rentrait.

Le premier mouvement de Bathilde fut tout à la crainte ; mais aussitôt Raoul la rassura en souriant : il avait le prétexte que lui avait fourni l'abbé Brigaud. Les deux amants échangèrent donc encore un dernier serrement de main et un dernier coup d'œil ; puis Bathilde alla ouvrir la porte à son tuteur, qui commença, comme d'habitude, par l'embrasser au front, et qui, après l'avoir embrassée, aperçut seulement d'Harmental.

La stupéfaction de Buvat fut grande : c'était la première fois qu'un autre homme que lui entrait chez sa pupille. Il fixa sur d'Harmental deux gros yeux étonnés et attendit, levant et baissant sa canne en mesure, mais sans en toucher la terre. Il lui semblait vaguement connaître ce jeune homme.

D'Harmental s'avança vers lui avec cette aisance dont les gens d'une certaine classe n'ont pas même l'idée.

— C'est à M. Buvat, lui dit-il, que j'ai l'honneur de parler ?

— A moi-même, monsieur, répondit Buvat en s'inclinant et en tressaillant au son de cette voix qu'il croyait reconnaître, comme il avait cru reconnaître aussi ce visage, et tout l'honneur est de mon côté, je vous prie de croire.

— Vous connaissez l'abbé Brigaud ? continua d'Harmental.

— Oui, monsieur, parfaitement, le... la... le... de madame Denis, n'est-ce pas ?

— Oui, reprit en souriant d'Harmental, le directeur de madame Denis.

— Je le connais, un homme de beaucoup d'esprit, monsieur, de beaucoup d'esprit.

— C'est cela même. Ne vous étiez-vous pas adressé à lui dans le temps, monsieur Buvat, pour avoir des copies à faire ?

— Oui, monsieur, car je suis copiste, pour vous servir.

Buvat s'inclina.

— Eh bien, dit d'Harmental en lui rendant son salut, ce cher abbé Brigaud, qui est mon tuteur, afin que vous sachiez, monsieur, à qui vous parlez, vous a découvert une excellente pratique.

— Ah ! vraiment ! Asseyez-vous donc, monsieur.

— Merci, je vous rends grâces.

— Et quelle est cette pratique, s'il vous plaît ?

— Le prince de Listhnay, rue du Bac, n° 110.

— Un prince ! monsieur, un prince ?

— Oui, un Espagnol, je crois qui est en correspondance avec le *Mercure de Madrid*, et qui lui envoie toutes les nouvelles de Paris.

— Mais, c'est une trouvaille, cela, monsieur !

— Une véritable trouvaille, vous l'avez dit, qui vous donnera un peu de mal, c'est vrai, car toutes ses dépêches sont en espagnol.

— Diable ! diable ! fit Buvat.

— Savez-vous l'espagnol ? demanda d'Harmental.

— Non, monsieur, je ne le crois pas, du moins.

— N'importe, continua le chevalier souriant du doute de Buvat ; vous n'avez pas besoin de savoir une langue pour faire des copies dans cette langue.

— Moi, monsieur, je copierais du chinois, pourvu que les pleins et les déliés fussent assez convenablement tracés pour former des lettres. Poussée à un certain point, monsieur, la calligraphie est un art d'imitation comme le dessin.

— Et je sais que, sous ce rapport, monsieur Buvat, reprit d'Harmental, vous êtes un grand artiste.

— Monsieur, dit Buvat, vous me confusionnez, Maintenant, sans indiscrétion, puis-je vous demander à quelle heure je trouverai Son Altesse ?

— Quelle Altesse ?

— Son Altesse le prince de... je ne me rappelle plus le nom... que vous avez dit, monsieur... que vous m'avez fait l'honneur de me dire, ajouta Buvat en se reprenant.

— Ah ! le prince de Listhnay !

— Lui-même.

— Il n'est pas Altesse, mon cher monsieur Buvat.

— Pardon, c'est qu'il me semblait que tous les princes...

— Oh ! il y a prince et prince... Celui-ci est un prince de troisième ordre, et pourvu que vous l'appeliez monseigneur, il sera fort satisfait.

— Vous croyez ?

— J'en suis sûr.

— Et je le trouverai, s'il vous plaît ?

— Mais dans une heure, si vous voulez : après votre dîner, par exemple, de cinq heures à cinq heures et demie. Vous vous rappelez l'adresse ?

— Oui, rue du Bac, n° 110. Très-bien ! monsieur, très-bien ! j'y serai.

— Ainsi donc, dit d'Harmental, à l'honneur de vous revoir. Et vous, mademoiselle, ajouta-t-il en se retournant vers Bathilde, recevez tous mes remercîments, pour la bonté que vous avez eue de me tenir compagnie en attendant M. Buvat, bonté de laquelle je vous garderai, je vous le jure, une reconnaissance éternelle.

Et à ces mots, laissant Bathilde interdite de cette puissance que lui avait donnée sur lui-même l'habitude de situations pareilles, d'Harmental, par un dernier salut, prit congé de Buvat et de sa pupille.

— Ce jeune homme est vraiment fort aimable, dit Buvat.

— Oui, fort aimable, répondit machinalement Bathilde.

— Seulement, c'est une chose extraordinaire ; il me semble que je l'ai déjà vu.

— C'est possible, dit Bathilde.

— C'est comme sa voix, continua Buvat ; je suis convaincu que sa voix ne m'est point étrangère.

Bathilde tressaillit ; car elle se rappela le soir où Buvat était rentré tout effaré, après son aventure de la rue des Bons-Enfants, et d'Harmental ne lui avait rien dit qui eût rapport à cette aventure.

En ce moment Nanette entra annonçant que le dîner était servi. Buvat, qui était pressé de se rendre chez le prince de Listhnay, passa le premier dans la petite salle à manger.

— Eh bien, mademoiselle, dit tout bas Nanette, il est donc venu, le beau jeune homme ?

— Oui, Nanette, oui, répondit Bathilde en levant les yeux au ciel avec une expression de gratitude infinie ; oui, et je suis bien heureuse.

Elle passa dans la salle à manger, où, après avoir posé son chapeau sur sa canne et sa canne dans un coin, Buvat l'attendait, ⁓ frappant, comme c'était son habitude, dans ses moments de satisfaction, ses mains sur ses cuisses.

Quant à d'Harmental, il ne se trouvait pas moins heureux que Bathilde : il était aimé, il en était sûr, Bathilde le lui avait dit avec le même plaisir qu'elle avait eu à entendre dire elle-même à d'Harmental qu'il l'aimait. Il était aimé, non plus d'une pauvre orpheline, d'une petite grisette, mais par une jeune fille de noblesse, dont le père et la mère avaient occupé, à la cour de Monsieur et de son fils, de ces charges qui, à cette époque, étaient d'autant plus honorables qu'elles rapprochaient davantage des princes. Rien n'empêchait donc Bathilde et d'Harmental d'être l'un à l'autre ; s'il restait un intervalle social entre eux, c'était si peu de chose que Bathilde n'avait qu'un pas à faire pour monter et d'Harmental qu'un pas à faire pour descendre, et que tous deux se rencontraient à moitié chemin. Il est vrai que d'Harmental oubliait une chose, une seule chose : c'était ce secret qu'il s'était cru obligé de taire à Bathilde comme n'étant pas le sien, c'était cette conspiration qui creusait sous ses pieds un abîme qui d'un moment à l'autre pouvait l'engloutir. Mais d'Harmental était loin de voir les choses ainsi ; d'Harmental était sûr d'être aimé, et le soleil de l'amour fait à la vie la plus triste et la plus abandonnée un horizon couleur de rose.

De son côté, Bathilde n'avait aucun doute fâcheux sur l'avenir ; le mot de mariage n'avait point été prononcé entre elle et d'Harmental, c'est vrai, mais leurs deux cœurs s'étaient montrés l'un à l'autre dans toute leur pureté, et il n'y avait point de contrat écrit qui valût un regard des yeux, qui égalât un serrement de mains de Raoul. Aussi, lorsqu'après le dîner, Buvat, se félicitant de la bonne aubaine qui venait de lui arriver, prit sa canne et son chapeau pour se rendre chez le prince de Listhnay,

à peine Bathilde fut-elle seule dans sa chambre, qu'elle tomba à genoux pour remercier Dieu, et que, sa prière finie, elle s'en alla, joyeuse et confiante, ouvrir elle-même, sans hésitation comme sans honte, cette malheureuse fenêtre si longtemps fermée. Quant à d'Harmental, depuis qu'il était rentré, il n'avait pas quitté la sienne.

Au bout d'un instant, les amants furent convenus de tous leurs faits : la bonne Nanette serait mise entièrement dans la confidence. Tous les jours, quand Buvat serait parti, d'Harmental monterait, demeurerait deux heures près de Bathilde : le reste du temps, on se parlerait par la fenêtre, et quand, par hasard, on serait obligé de tenir les fenêtres fermées, on s'écrirait.

Vers les sept heures du soir on vit poindre Buvat au coin de la rue Montmartre ; il marchait de son pas le plus grave et le plus majestueux, tenant un rouleau de papier d'une main et sa canne de l'autre ; on voyait à son œil qu'il s'était passé quelque chose de grand dans sa vie, Buvat avait été introduit près du prince, et avait parlé à monseigneur en personne.

Les deux jeunes gens n'aperçurent Buvat que lorsqu'il fut au-dessous d'eux : d'Harmental ferma aussitôt sa fenêtre.

Bathilde avait eu un instant d'inquiétude. Lorsque d'Harmental avait parlé à Buvat du prince de Listhnay, elle avait pensé que Raoul, surpris chez elle, inventait une seconde histoire pour expliquer sa présence. N'ayant point eu le temps de lui demander une explication, et n'osant dissuader Buvat d'aller rue du Bac, elle avait vu partir ce dernier avec un certain remords. Bathilde aimait Buvat avec toute la reconnaissance du cœur ; Buvat était pour Bathilde quelque chose de sacré, que son respect devait éternellement garantir du ridicule ; elle attendit donc avec anxiété son apparition pour juger, d'après son visage, de ce qui s'était passé : le visage de Buvat était resplendissant.

— Eh bien ! petit père? dit Bathilde avec un reste de crainte.

— Eh bien, dit Buvat, j'ai vu Son Altesse. Bathilde respira.

— Mais pardon, petit père, dit-elle en souriant, vous savez bien que M. Raoul vous a dit que le prince de Listhnay n'avait pas droit à ce titre, n'étant prince que de troisième ordre.

— Je le garantis du premier, et je maintiens l'altesse, dit Buvat. Un prince de troisième ordre, sabre de bois ! un homme de cinq pieds huit pouces, plein de majesté, et qui remue les louis à la pelle ! un homme qui paye la copie quinze livres la page, et qui m'a donné vingt-cinq louis d'avance !... Un prince de troisième ordre !... Ah bien oui !

Alors il passa une autre crainte dans l'esprit de Bathilde, c'est que cette prétendue pratique, que Raoul procurait à Buvat, ne fût un moyen détourné

[M. de Fréjus.

de faire accepter au bonhomme un argent qu'il croirait avoir gagné. Cette crainte emportait avec elle
quelque chose d'humiliant qui serra le cœur de Bathilde. Elle tourna les yeux vers la fenêtre de d'Harmental, et elle vit le jeune homme qui la regardait
avec tant d'amour par un coin du carreau, qu'elle
ne pensa plus à autre chose qu'à le regarder elle-
même, et cela avec tant d'abandon, que Buvat lui-
même, quelque peu habile qu'il fût à surprendre
chez les autres ce genre de sentiment, s'aperçut de
la préoccupation de sa pupille, et s'approcha sans
malice pour voir ce qui attirait ainsi son attention.

Mais d'Harmental vit paraître Buvat, et laissa retomber le rideau, de sorte que le bonhomme en fut pour
ses frais de curiosité.

— Ainsi donc, petit père, dit vivement Bathilde,
qui craignait que Buvat ne se fût aperçu de quelque
chose, et qui voulait détourner son attention, vous
êtes content?

— Très-satisfait. Mais il faut que je te dise une
chose.

— Laquelle?

— Mon Dieu! ce que c'est que de nous, et comme
nous avons l'esprit faible?

J.A. BEAUCÉ   JARDIN

Le maréchal de Villeroy. — Page 51.

— Que vous est-il donc arrivé?

— Il est arrivé, tu te le rappelles, que je t'ai dit que je croyais reconnaître la figure et la voix de ce jeune homme, mais que je ne pouvais pas me souvenir où je les avais vues et entendues.

— Oui, vous m'avez dit cela.

— Eh bien, il m'est arrivé qu'en traversant la rue des Bons-Enfants pour gagner le Pont-Neuf, il m'est passé, en arrivant en face le n° 24, comme une illumination subite, et il m'a semblé que ce jeune homme était le même que j'avais vu pendant cette fameuse nuit à laquelle je ne pense jamais sans frissonner!

— Vrai, petit père? dit Bathilde en frissonnant elle-même. Oh! quelle folie!

— Oui, quelle folie! car je fus sur le point de revenir. Je pensais que ce prince de Listhnay pourrait bien être quelque chef de brigands, et qu'on voulait peut-être m'attirer dans une caverne; mais, comme je ne porte jamais d'argent sur moi, je réfléchis que mes craintes étaient exagérées, et heureusement je les combattis par le raisonnement.

— Et maintenant, petit père, vous êtes bien convaincu, n'est-ce pas, reprit Bathilde, que ce pauvre jeune homme, qui est venu ici cette après-midi de la part de l'abbé Brigaud, n'a aucune affinité avec celui à qui vous avez parlé dans la rue des Bons-Enfants?

— Sans doute. Un capitaine de voleurs, car je maintiens que telle est sa position sociale, un capitaine de voleurs ne serait pas en relation avec Son Altesse.

— Oh! cela n'aurait pas de sens, dit Bathilde.

— Non, cela n'aurait pas le moindre sens. Mais je m'oublie : mon enfant, tu m'excuseras si je ne reste pas ce soir avec toi; j'ai promis à Son Altesse de me mettre ce soir à sa copie, et je ne veux pas lui manquer de parole. Bonsoir, mon enfant chéri.

— Bonsoir, petit père.

Et Buvat remonta dans sa chambre, où il se mit incontinent à la besogne que lui avait si généreusement payée le prince de Listhnay.

Quant aux amants, ils reprirent leur conversation interrompue par le retour de Buvat, et Dieu seul sait à quelle heure les deux fenêtres furent fermées.

<hr />

IX

LE SUCCESSEUR DE FÉNELON.

Grâce aux conventions arrêtées entre les jeunes gens, et qui donnaient à leur amour si longtemps contenu toute l'expansion possible, trois ou quatre jours s'écoulèrent, pareils à des instants, et pendant lesquels ils furent les êtres les plus heureux du monde.

Mais la terre, qui semblait s'être arrêtée pour eux, n'en continuait pas moins de tourner pour les autres, et les événements qui devaient les réveiller, au moment où ils s'y attendaient le moins, se préparaient en silence.

M. le duc de Richelieu avait tenu sa promesse, le maréchal de Villeroy, absent des Tuileries pour une semaine seulement, comme nous l'avons vu, y avait été rappelé le quatrième jour par une lettre de la maréchale, qui lui écrivait que sa présence était plus que jamais nécessaire auprès du roi, la rougeole venant de se déclarer à Paris et ayant déjà attaqué quelques personnes du Palais-Royal.

M. de Villeroy était revenu aussitôt, car, on se le rappelle, toutes ces morts successives qui, trois ou quatre ans auparavant, avaient affligé le royaume, avaient été mises sur le compte de la rougeole, et le maréchal ne voulait point perdre cette occasion de faire parade de sa vigilance, dont il exagérait l'importance et surtout les résultats. En effet, comme gouverneur du roi, il avait le privilége de ne le quitter jamais que sur un ordre de lui-même et de rester chez lui quelque personne qui y entrât, même le régent. Or, c'était surtout vis-à-vis du régent que le duc affectait ces précautions étranges, et comme ces précautions servaient la haine de madame du Maine et de son parti, on louait beaucoup M. de Villeroy, et on allait répandant partout qu'il avait trouvé sur la cheminée de Louis XV des bonbons empoisonnés, qui avaient été déposés on ne savait par qui. Le résultat de tout cela était un surcroît de calomnie contre le duc d'Orléans, et partant un surcroît d'importance de la part du maréchal, qui avait fini par persuader au jeune roi que c'était à lui qu'il devait la vie. Grâce à cette conviction, il avait acquis une grande influence sur le cœur de ce pauvre enfant royal, qui, habitué à tout craindre, n'avait de confiance et d'amitié que pour M. de Villeroy et M. de Fréjus.

M. de Villeroy était donc bien l'homme qu'il fallait pour le message dont on venait de le charger, et, grâce à l'irrésolution ordinaire à son caractère, il avait cependant hésité quelque temps à prendre une détermination. Il fut donc convenu que le lundi suivant, jour pendant lequel, à cause de ses soupers du dimanche, M. le régent voyait très-rarement le roi, les deux lettres de Philippe V seraient remises à Louis XV ; puis M. de Villeroy profiterait de toute cette solitude avec son élève pour lui faire signer l'ordre de convocation des états généraux, qu'on expédierait séance tenante et qu'on rendrait public le lendemain, avant l'heure de la visite du régent à Sa Majesté ; de sorte que, si inattendue que fût cette mesure, il n'y aurait point à revenir dessus.

Pendant que ces choses se tramaient contre lui, le régent suivait sa vie ordinaire au milieu de ses travaux, de ses études, de ses plaisirs et surtout de ses tracasseries intérieures. Comme nous l'avons dit, trois de ses filles lui donnaient des chagrins sérieux et réels : madame de Berry, qu'il aimait avant toutes les autres, parce qu'il l'avait sauvée d'une maladie dans laquelle l'avaient condamnée tous les plus célèbres médecins, oubliant toute retenue, vivait publiquement avec Riom, qu'elle menaçait d'épouser à chaque observation que lui faisait son père ; menace étrange, et qui à cette époque cependant, au respect ue l'on conservait encore pour la hiérarchie des rangs, devait en s'accomplissant produire un plus grand scandale que n'en produisaient les amours qu'en tout autre temps ce mariage eût sanctifiées.

De son côté, mademoiselle de Chartres avait maintenu sa résolution de se faire religieuse, sans qu'on eût pu découvrir si cette résolution était, comme l'avait pensé le régent, la suite d'un dépit amoureux, ou, comme le soutenait sa mère, le résultat d'une vocation réelle. Il est vrai qu'elle continuait, toute novice qu'elle était, à se livrer à tous les plaisirs mondains que l'on peut introduire dans le cloître, et qu'elle avait fait transporter dans sa cellule ses fusils, ses pistolets et surtout un magnifique assortiment de fusées, de soleils, de pétards et de chandelles romaines, grâce auxquels elle donnait tous les soirs un divertissement pyrotechnique à ses jeunes amies ; au reste, elle ne quittait pas le seuil du couvent de Chelles, où son père venait la visiter tous les mercredis.

La troisième personne de la famille qui, après ses deux sœurs, donnât le plus de tablature au régent, était mademoiselle de Valois, qu'il soupçonnait fort d'être la maîtresse de Richelieu, sans que jamais cependant il en eût la preuve certaine, quoiqu'il eût mis sa police à la piste des deux amants et que, plus d'une fois, soupçonnant mademoiselle de Valois de recevoir le duc chez elle, il y fût entré aux heures où il était le plus probable qu'il l'y rencontrerait. Ces soupçons s'étaient encore augmentés de la résistance qu'elle avait opposée à sa mère qui avait voulu lui faire épouser son neveu le prince de Dombes, devenu un excellent parti, enrichi qu'il était par les dépouilles de la grande Mademoiselle ; aussi le régent avait-il saisi une nouvelle occasion de s'assurer si ce refus était causé par l'antipathie que lui inspirait le jeune prince ou par l'amour qu'elle portait à son beau duc, en accueillant les ouvertures que lui avait faites Plenœuf, son ambassadeur à Turin, sur un mariage entre la belle Charlotte-Aglaé et le prince de Piémont. Mademoiselle de Valois s'était fort rebellée à cette nouvelle conspiration contre son propre cœur ; mais elle avait eu beau gémir et pleurer, le régent, malgré la facile bonté de son caractère, s'était cette fois prononcé positivement, et les pauvres amants n'avaient plus aucun espoir, lorsqu'un événement inattendu était venu tout rompre. Madame, mère du régent, avec sa franchise toute allemande, avait écrit à la reine de Sicile, l'une de ses correspondantes les plus assidues, qu'elle l'aimait trop pour ne pas la prévenir que la princesse que l'on destinait au jeune prince du Piémont avait un amant, et que cet amant était le duc de Richelieu. On devine que, si avancées que fussent les choses, une pareille déclaration, venant d'une personne de mœurs aussi austères que la Palatine, avait tout rompu. Le duc d'Orléans, au moment où il croyait avoir éloigné de lui mademoiselle de Valois, avait donc appris tout à coup la rupture, puis, quelque jours après, la cause de cette rupture; il en avait boudé quelques jours Madame, en envoyant au diable cette manie d'écrire qui possédait la pauvre princesse palatine; mais comme le duc d'Orléans était du caractère le moins boudeur qui existât au monde, il avait bientôt ri lui-même de cette nouvelle escapade épistolaire de Madame, détourné qu'il avait été d'ailleurs de ce sujet par un sujet bien autrement important : il s'agissait de Dubois, qui voulait à toute force être archevêque.

Nous avons vu comment, au retour de Dubois de Londres, la chose avait déjà été emmanchée sous forme de plaisanterie, et comment le régent avait reçu la recommandation du roi Guillaume; mais Dubois n'était pas homme à se laisser abattre par un premier refus. Cambrai vaquait par la mort, à Rome, du cardinal La Trémouille. C'était un des plus riches archevêchés et un des plus grands postes de l'Église : cent cinquante mille livres de rentes y étaient attachées, et comme avec Dubois l'argent ne gâtait jamais rien, et qu'au contraire il s'en procurait par tous les moyens possibles, il serait difficile de dire s'il était plus tenté par le titre de successeur de Fénelon que par le riche bénéfice qui y était attaché. Aussi, à la première occasion, Dubois remit-il l'archevêché sur le tapis. Cette fois, comme la première, le régent voulut tourner la chose au comique; mais Dubois devint plus positif et plus pressant. Le régent ne savait pas supporter un ennui, et Dubois commençait à l'ennuyer avec sa persistance; de sorte que, croyant mettre Dubois au pied du mur, il lui porta le défi de trouver un prélat qui voulût le sacrer.

— N'est-ce que cela? s'écria Dubois tout joyeux, j'ai notre affaire sous la main.

— Impossible, dit le régent, qui ne croyait pas que la courtisanerie humaine pût aller jusque-là.

— Vous allez voir, dit Dubois. Et il sortit en courant.

Au bout de cinq minutes il rentra.

— Eh bien? demanda le régent.

— Eh bien, répondit Dubois, j'ai notre affaire.

— Eh! quel est le sacre, s'écria le régent, qui consent à sacrer un sacre comme toi?

— Votre premier aumônier en personne, monseigneur.

— L'évêque de Nantes?

— Ni plus ni moins.

— Tressan?

— Lui-même.

— Impossible!

— Tenez, le voilà.

En ce moment la porte s'ouvrit, et l'huissier annonça monseigneur l'évêque de Nantes.

— Venez, monseigneur, venez! cria Dubois en allant au-devant de lui. Son Altesse Royale vient de nous honorer tous les deux, en me nommant, comme je vous l'ai dit, moi archevêque de Cambrai, et, en vous choisissant, vous, pour me sacrer.

— Monsieur de Nantes, demanda le régent, est-ce que vous consentez réellement à vous charger de faire de l'abbé un archevêque?

— Les désirs de Votre Altesse sont des ordres pour moi, monseigneur.

— Mais vous savez qu'il est simple tonsuré et n'a reçu ni le sous-diaconat, ni le diaconat, ni la prêtrise.

— Qu'importe, monseigneur, interrompit Dubois, voici M. de Nantes qui vous dira que tous ces ordres peuvent se conférer en un jour.

— Mais il n'y a pas d'exemple d'une pareille escalade.

— Si fait, saint Ambroise.

— Alors, mon cher abbé, dit en riant le régent, si tu as pour toi les Pères de l'Église, je n'ai plus rien à dire, et je t'abandonne à M. de Tressan.

— Je vous le rendrai avec la crosse et la mitre, monseigneur.

— Mais il te faut le grade de licencié, continua le régent, qui commençait à s'amuser de cette discussion.

— J'ai parole de l'Université d'Orléans.

— Mais il te faut des attestations, des démissoires.

— Est-ce que Besons n'est pas là?

— Un certificat de bonne vie et de mœurs?

— J'en aurai un signé de Noailles.

— Ah! pour cela, je t'en défie, l'abbé.

— Eh bien! Votre Altesse m'en donnera un alors. Eh! que diable, la signature du régent de France aura bien autant de crédit à Rome que celle d'un méchant cardinal.

— Dubois, dit le régent, un peu plus de respect, s'il te plaît, pour les princes de l'Église.

— Vous avez raison, monseigneur, on ne sait pas ce qu'on peut devenir.

— Toi, cardinal! Ah! par exemple! s'écria le régent en éclatant de rire.

— Puisque Votre Altesse ne veut pas me donner le bleu (1), dit Dubois, il faut bien que je me contente du rouge en attendant mieux.

— Mieux, cardinal!

— Tiens, pourquoi ne serais-je point un jour pape?

— Au fait, Borgia l'a bien été.

— Dieu nous donne bonne vie à tous les deux, monseigneur, et vous verrez cela et bien d'autres choses encore.

— Pardieu! dit le régent, tu sais que je me moque de la mort.

— Hélas! que trop.

— Eh bien! tu vas me rendre poltron, par curiosité.

(1) Le cordon bleu, qu'on ne pouvait avoir qu'en faisant ses preuves.

Cinq-Mars.

— Il n'y aurait pas de mal ; et, pour commencer, monseigneur ne ferait pas mal de supprimer ses courses nocturnes.

— Pourquoi cela ?

— Parce que sa vie y court des risques d'abord.

— Que m'importe !

— Puis pour une autre raison encore.

— Laquelle ?

— Parce qu'elles sont, dit Dubois en prenant son air hypocrite, un sujet de scandale pour l'Église !

— Va-t'en au diable.

— Vous voyez, monseigneur, dit Dubois en se retournant vers Tressan, au milieu de quels libertins et de quels pécheurs endurcis je suis forcé de vivre. J'espère que Votre Éminence aura égard à ma position et ne sera pas trop sévère pour moi.

— Nous ferons de notre mieux, monseigneur, répondit Tressan.

— Et quand cela ? dit Dubois, qui ne voulait pas perdre une heure.

— Aussitôt que vous serez en règle.

— Je vous demande trois jours.

— Eh bien! le quatrième je suis à vos ordres.

— Nous sommes aujourd'hui samedi. A mercredi donc!

— A mercredi, répondit Tressan.

— Seulement je dois te prévenir d'avance, l'abbé, reprit le régent, qu'il manquera une personne de quelque importance à ton sacre.

— Et qui oserait me faire cette injure?

— Moi!

— Vous, monseigneur, vous y serez, et dans votre tribune officielle.

— Je te réponds que non.

— Je parie mille louis.

— Et moi je te donne ma parole d'honneur.

— Je parie le double.

— Insolent!

— A mercredi, monsieur de Tressan; à mon sacre, monseigneur.

Et Dubois sortit tout joyeux pour aller crier partout sa nomination.

Cependant Dubois s'était trompé sur un point, c'était sur l'adhésion du cardinal de Noailles; quelque menace ou quelque promesse qu'on pût lui faire, on ne parvint point à lui arracher l'attestation de bonne vie et mœurs que Dubois s'était flatté d'obtenir de sa main. Il est vrai que ce fut le seul qui osât faire cette sainte et noble opposition au scandale qui menaçait l'Église; l'Université d'Orléans donna les licences; Besons, l'archevêque de Rouen, le démissoire; et, tout étant prêt au jour dit, Dubois partit à cinq heures du matin, en habit de chasse, pour Pontoise, où il trouva M. de Nantes qui, selon la promesse qu'il avait faite, lui administra le sous-diaconat, le diaconat et la prêtrise. A midi tout était fini, et à quatre heures, après avoir passé au conseil de régence qui se tenait au vieux Louvre à cause des rougeoles qui, comme nous l'avons dit, régnaient aux Tuileries, Dubois rentrait chez lui en habit d'archevêque. La première personne qu'il aperçut dans sa chambre fut la Fillon. En sa double qualité d'attachée à la police secrète et aux amours publiques, elle avait ses entrées à toute heure chez le ministre, et, malgré la solennité du jour, comme elle avait affirmé avoir des choses de la plus haute importance à lui communiquer, on n'avait point osé lui refuser la porte.

— Ah! s'écria Dubois en apercevant sa vieille amie, la rencontre est bonne.

— Pardieu! mon compère, répondit la Fillon, si tu es assez ingrat pour oublier tes anciens amis, je ne suis pas assez bête pour oublier les miens, surtout lorsqu'ils montent en grade.

— Ah çà, dis-moi, reprit Dubois en commençant à dépouiller ses ornements sacerdotaux, est-ce que tu comptes continuer à m'appeler ton compère, maintenant que me voilà archevêque?

— Plus que jamais, et j'y tiens si fort, que je compte, la première fois que le régent viendra chez moi, lui demander une abbaye, afin que nous marchions toujours de pair l'un avec l'autre.

— Il y va donc toujours, chez toi, le libertin?

— Hélas! plus pour moi, mon pauvre compère. Ah! le bon temps est passé; mais j'espère que, grâce à toi, il va revenir, et que la maison se ressentira de ton élévation.

— Oh! ma pauvre commère, dit Dubois en se baissant pour que la Fillon lui dégrafât son camail, tu sens bien que maintenant les choses sont changées, et que je ne puis plus te faire de visites comme par le passé.

— Tu es bien fier; Philippe y vient bien toujours, lui.

— Philippe n'est que régent de France, et je suis archevêque, moi. Tu comprends? Il me faut une maîtresse à domicile, où je puisse aller sans scandale: comme madame de Tencin, par exemple.

— Oui, qui vous trompe pour Richelieu.

— Et qui est-ce qui te dit que ce n'est pas Richelieu qu'elle trompe pour moi, au contraire?

— Ouais! est-ce qu'elle cumulerait, par hasard, et qu'elle ferait à la fois l'amour et la police!

— Peut-être. Mais, à propos de police, reprit Dubois en continuant de se déshabiller, sais-tu bien que la tienne s'endort diablement depuis trois ou quatre mois, et que, si cela continue, je serai forcé de te retirer ta subvention?

— Ah! pleutre! s'écria la Fillon, voilà comme tu traites tes anciennes connaissances! Je venais te faire une révélation; eh bien! tu ne la sauras pas.

— Une révélation à propos de quoi?

— Tarare, ôte-moi ma subvention, voyons, cuistre que tu es!

— Serait-il question de l'Espagne? demanda en fronçant le sourcil le nouvel archevêque, qui sentait instinctivement que le danger venait de là.

— Il n'est question de rien du tout, compère, que d'une belle fille que je voulais te présenter; mais, comme tu te fais ermite, bonsoir.

Et la Fillon fit quatre pas vers la porte.

— Allons, viens ici, dit Dubois en faisant de son côté quatre pas vers son secrétaire.

Et les deux vieux amis, si bien dignes de se comprendre, s'arrêtèrent et se regardèrent en riant.

— Allons, allons, dit la Fillon, je vois que tout n'est pas perdu et qu'il y a encore du bon en toi, compère. Voyons; ouvre ce bon petit secrétaire, montre-moi un peu ce qu'il a dans le ventre, et j'ouvrirai la bouche, et je te montrerai ce que j'ai dans le cœur, moi.

Dubois tira un rouleau de cent louis et le fit voir à la Fillon.

— Qu'est-ce que contient le saucisson? dit-elle. Voyons, ne mens pas; d'ailleurs je compterai après toi pour être plus sûre.

— Deux mille quatre cents livres, c'est un joli denier, ce me semble.

— Oui, pour un abbé; mais pas pour un archevêque.

— Mais, malheureuse, dit Dubois, tu ne sais donc
pas à quel point les finances sont obérées?

— Eh bien! en quoi cela t'inquiète-t-il, farceur,
puisque Law va nous refaire des millions?

— Veux-tu, en échange de ce rouleau, dix mille
livres d'actions sur le Mississipi?

— Merci, l'amour, je préfère les cent louis; donne,
je suis bonne femme, moi, et un autre jour tu seras
plus généreux.

— Eh bien! maintenant, qu'as-tu à me dire?
Voyons!

— D'abord, compère, promets-moi une chose.

— Laquelle?

— C'est que, comme il s'agit d'un vieil ami, il ne
lui sera fait aucun mal.

— Mais si ton vieil ami est un gueux qui mérite
d'être pendu, pourquoi diable veux-tu lui faire tort
de la potence?

— C'est comme cela. J'ai mes idées, moi.

— Va te promener. Je ne puis rien te promettre.

— Allons, bonsoir, compère, voilà tes cent louis.

— Ah çà, mais tu deviens donc bégueule à présent?

— Non; mais je lui ai des obligations, à cet
homme. C'est lui qui m'a lancée dans le monde.

— Eh bien! il peut se vanter d'avoir rendu ce
jour-là à la société un joli service.

— Un peu, mon neveu, et il n'aura pas à s'en re-
pentir, puisque je ne dis rien aujourd'hui, s'il n'a
pas la vie sauve.

— Eh bien, il aura la vie sauve. Je te le promets,
es-tu contente?

— Et sur quoi me promets-tu cela?

— Foi d'honnête homme!

— Compère, tu veux me voler.

— Mais sais-tu que tu m'ennuies, à la fin?

— Ah! je t'ennuie! Eh bien! adieu!

— Ma commère, je vais te faire arrêter.

— Qu'est-ce que cela me fait?

— Je vais te faire conduire en prison.

— Je m'en moque pas mal.

— Et je t'y laisse pourrir.

— Jusqu'à ce que tu pourrisses toi-même; ça ne
sera pas long.

— Eh bien, voyons, que veux-tu?

— Je veux la vie de mon capitaine.

— Tu l'auras.

— Foi de quoi?

— Foi d'archevêque!

— Autre chose.

— Foi d'abbé!

— Autre chose encore.

— Foi de Dubois!

— A la bonne heure. Eh bien, il faut te dire
d'abord que mon capitaine est bien le capitaine le
plus râpé qui existe dans le royaume.

— Diable! Il y a pourtant concurrence.

— Eh bien, à lui le pompon.

— Continue.

— Or, tu sauras qu'mon capitaine est depuis
quelque temps riche comme Crésus.

— Il aura volé quelque fermier général!

— Incapable. Tué, bon! mais volé... pour qui le
prends-tu!

— Eh bien! alors, d'où penses-tu que lui vient
cet argent?

— Connais-tu la monnaie, toi?

— Oui.

— D'où vient celle-ci, alors?

— Ah! ah! des doublons d'Espagne!

— Et sans alliage... A l'effigie du roi Charles II...
des doublons qui valent quarante-huit livres comme
un liard... et qui coulent de ses poches comme une
source, pauvre cher homme!

— Et à quelle époque a-t-il commencé à suer l'or
comme cela, ton capitaine?

— A quelle époque? La surveille du jour où le
régent a manqué d'être enlevé dans la rue des Bons-
Enfants. Comprends-tu l'apologue, compère?

— Oui-da, et pourquoi est-ce d'aujourd'hui seulement que tu viens me prévenir?

— Parce que les poches commencent à se vider
et que c'est le bon moment de savoir où il va les remplir.

— Oui, n'est-ce pas? et que tu voulais lui donner
tout le temps d'en arriver là?

— Tiens! il faut bien que tout le monde vive!

— Eh bien! tout le monde vivra, commère, même
ton capitaine. Mais, tu comprends, il faut que je
sache tout ce qu'il fait.

— Jour par jour.

— Et de laquelle de tes demoiselles est-il amoureux?

— De toutes, quand il a de l'argent.

— Et quand il n'en a pas?

— De la Normande. C'est son amie de cœur.

— Je la connais: c'est une fine mouche.

— Oui, mais il ne faut pas compter sur elle.

— Et pourquoi cela?

— Elle l'aime, la petite sotte.

— Ah çà, mais sais-tu que voilà un gaillard bien
heureux!

— Et il peut dire qu'il le mérite. Un vrai cœur
d'or? qui n'a rien à lui. Ce n'est pas comme toi, vieil
avare!

— C'est bon! c'est bon! Tu sais bien qu'il y a
des occasions où je suis pis que l'enfant prodigue;
et il ne dépend que de toi de les faire naître, ces oc-
casions-là.

— On y fera son possible, alors.

— Ainsi, jour par jour, je saurai ce que fait ton
capitaine?

— Jour par jour, c'est dit!

La Fillon.

— Foi de quoi?

— Foi d'honnête femme !

— Autre chose !

— Foi de Fillon !

— A la bonne heure!

— Adieu, monseigneur l'archevêque.

— Adieu, commère.

La Fillon s'avança vers la porte, mais, au moment où elle s'apprêtait à sortir, l'huissier entra.

— Monseigneur, dit-il, c'est un brave homme qui demande à parler à Votre Éminence.

— Et quel est ce brave homme, imbécile?

— Un employé de la Bibliothèque royale qui dans ses moments perdus fait des copies.

— Et que veut-il ?

— Il dit qu'il a une révélation de la plus grande importance à faire à Votre Éminence.

— C'est quelque pauvre diable qui demande un secours ?

— Non, monseigneur, il dit que c'est pour affaire politique.

— Diable ! Relative à quoi?

Ainsi, jour par jour, je saurai ce que fait ton capitaine? — Jour par jour, c'est dit! — Page 55.

— Relative à l'Espagne.

— Fais entrer alors. Et toi, ma commère, passe dans ce cabinet.

— Pourquoi faire?

— Eh bien! si mon écrivain et ton capitaine allaient se connaître, par hasard.

— Tiens, dit la Fillon, ce serait drôle.

— Allons, entre vite.

La Fillon entra dans le cabinet que lui indiquait Dubois.

Un instant après, l'huissier ouvrit la porte et annonça M. Jean Buvat.

Maintenant, disons comment cet important personnage de notre histoire avait l'honneur d'être reçu en audience particulière par monseigneur l'archevêque de Cambrai.

Paris. — Imp. Simon Raçon et Cie, rue d'Erfurth, 1.

I

LE COMPLICE DU PRINCE DE LISTHNAY.

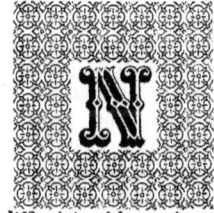

Nous avons quitté Buvat remontant chez lui son rouleau de papier à la main, pour accomplir la promesse qu'il avait faite au prince de Listhnay. Cette promesse avait été religieusement tenue, et, malgré la difficulté qu'il y avait pour Buvat à écrire dans une langue étrangère, le lendemain, la copie attendue avait été portée dans la rue du Bac, n° 110, à sept heures du soir. Buvat avait alors reçu des mêmes mains augustes de nouvelle besogne qu'il avait rendue avec la même ponctualité ; de sorte que le prince de Listhnay, prenant confiance dans un homme qui lui avait déjà donné de pareilles preuves d'exactitude, avait pris sur son bureau une liasse de papiers plus considérable que les deux premières, et, afin de ne pas déranger Buvat tous les jours, et sans doute pour ne pas être dérangé lui-même, lui avait ordonné de rapporter le tout ensemble, ce qui supposait trois ou quatre jours d'intervalle entre l'entrevue présente et l'entrevue à venir.

Buvat était rentré chez lui plus fier et plus honoré que jamais de cette marque de confiance, et il avait trouvé Bathilde si gaie et si heureuse, qu'il était monté dans sa chambre dans un état de satisfaction intérieure qui se rapprochait de la béatitude. Il s'était mis aussitôt au travail, et il est inutile de dire que le travail s'était ressenti de cette disposition de l'esprit. Quoique Buvat, malgré l'espérance qu'il avait un instant conçue, ne comprît point le moins du monde l'espagnol, il était parvenu à le lire couramment ; de sorte que ce travail tout mécanique, lui épargnant même la peine de suivre une pensée étrangère, lui permettait de chantonner sa petite chanson tout en copiant son long mémoire. Ce fut donc presque un désappointement pour lui lorsque, la première copie terminée, il trouva, entre cette première et la seconde, une pièce entièrement française. Buvat s'était habitué depuis cinq jours au pur castillan, et tout dérangement dans les habitudes du brave homme était une fatigue ; mais Buvat, esclave de son devoir, ne se prépara pas moins à l'accomplir scrupuleusement ; et quoique la pièce n'eût

point de numéro d'ordre et qu'elle eût tout l'air de s'être glissée là par mégarde, il n'en résolut pas moins de la copier, à son tour, de fait, sinon de droit, en vertu de cette maxime : *Quod abundat non vitiat.* Il rafraîchit donc sa plume d'un léger coup de canif, et, passant de l'écriture bâtarde à l'écriture renversée, il commença à copier les lignes suivantes :

« Confidentielle.

« Pour Son Excellence monseigneur Alberoni en personne.

« Rien n'est plus important que de s'assurer des places voisines des Pyrénées, et des seigneurs qui font leur résidence dans ces cantons. »

— Dans ces cantons, répéta Buvat après avoir écrit ; puis, enlevant un cheveu qui s'était glissé dans la fente de sa plume, il continua :

« Gagner la garnison de Bayonne ou s'en rendre maître. »

— Qu'est-ce à dire ? murmura Buvat : gagner la garnison de Bayonne. Est-ce que Bayonne n'est pas une ville française ? Voyons, voyons un peu, et il reprit :

« Le marquis de P... est gouverneur de D... On connaît les intentions de ce seigneur : quand il sera décidé, il doit tripler sa dépense pour attirer la noblesse, il doit répandre des gratifications.

« En Normandie, Carentan est un poste important. Se conduire avec le gouverneur de cette ville comme avec le marquis de P... ; aller plus loin, assurer à ces officiers les récompenses qui leur conviennent.

« Agir de même dans toutes les provinces. »

— Ouais, dit Buvat en relisant ce qu'il venait d'écrire. Qu'est-ce que cela signifie ? Il me semble qu'il serait prudent de lire la chose entière avant d'aller plus loin.

Et il lut :

« Pour fournir à cette dépense, on doit compter au moins sur trois cent mille livres le premier mois, et dans la suite cent mille livres par mois payées exactement. »

— Payées exactement, murmura Buvat en s'interrompant. Il est évident que ce n'est point par la France que ces payements doivent être faits, puisque la France est si gênée, que depuis cinq ans elle ne peut pas me payer mes neuf cents livres d'appointements. Voyons! voyons! Et il reprit :

« Cette dépense, qui cessera à la paix, met le roi catholique à même d'agir sûrement en cas de guerre.

« L'Espagne ne sera qu'une auxiliaire. L'armée de Philippe V est en France. »

— Tiens, tiens, tiens! dit Buvat, et moi qui ne savais pas même qu'elle eût passé la frontière.

« L'armée de Philippe V est en France : une tête d'environ dix mille Espagnols est plus que suffisante avec la présence du roi.

« Mais il faut compter d'enlever au moins la moitié de l'armée du duc d'Orléans (Buvat tressaillit). C'est ici le point décisif ; cela ne peut s'exécuter sans argent. Une gratification de cent mille livres est nécessaire par bataillon et par escadron.

« Vingt bataillons, c'est deux millions : avec cette somme on forme une armée sûre ; on détruit celle de l'ennemi.

« Il est presque certain que les sujets les plus dévoués du roi d'Espagne ne seront pas employés dans l'armée qui marchera contre lui ; qu'ils se dispersent dans les provinces : là ils agiront utilement ; les revêtir d'un caractère, s'ils n'en ont pas : dans ce cas, il est nécessaire que Sa Majesté catholique envoie des ordres en blanc, que son ministre à Paris puisse remplir.

« Attendu la multiplicité des ordres à donner, il convient que l'ambassadeur ait pouvoir de signer pour le roi d'Espagne.

« Il convient encore que Sa Majesté catholique signe ses ordres comme fils de France, c'est là son titre.

« Faire un fonds pour une armée de trente mille hommes que Sa Majesté trouvera ferme, aguerrie et disciplinée.

« Ce fonds, arrivé en France à la fin de mai ou au commencement de juin, doit être distribué immédiatement dans les capitales des provinces, telles que Nantes, Bayonne, etc., etc.

« Ne pas laisser sortir d'Espagne l'ambassadeur de France ; sa présence répondra de la sûreté de ceux qui se déclareront (1). »

— Sabre de bois! s'écria Buvat en se frottant les yeux, mais c'est une conspiration! une conspiration contre la personne du régent et contre la sûreté du royaume. Oh! oh!

Et Buvat tomba dans une méditation profonde.

En effet, la position était critique : Buvat mêlé à une conspiration! Buvat chargé d'un secret d'État! Buvat tenant dans sa main peut-être le sort des nations! Il n'en fallait pas tant pour jeter le brave homme dans une étrange perplexité.

(1) Cette pièce est copiée textuellement sur la pièce originale déposée aux archives des affaires étrangères.

Aussi les secondes, les minutes, les heures s'écoulèrent sans que Buvat, la tête renversée sur son fauteuil et ses gros yeux fixés au plafond, fît le moindre mouvement. De temps en temps seulement une bouffée de respiration bruyante sortait de sa poitrine, comme l'expression d'un étonnement indéfini.

Dix heures, onze heures, minuit sonnèrent ; Buvat pensa que la nuit portait conseil et se détermina enfin à se coucher ; il va sans dire qu'il en était resté à l'endroit de sa copie où il s'était aperçu que l'original prenait une tournure illicite.

Mais Buvat ne put dormir ; le pauvre diable eut beau se tourner et se retourner de tous côtés ; à peine fermait-il les yeux, qu'il voyait le malheureux plan de conspiration écrit en lettres de feu sur la muraille. Une ou deux fois, vaincu par la fatigue, il sentit le sommeil venir ; mais à peine eut-il perdu connaissance, qu'il rêva, la première fois, qu'il était arrêté par le guet comme complice de la conjuration ; et la seconde fois, qu'il était poignardé par les conjurés. La première fois, Buvat se réveilla tout tremblant, et la seconde fois tout baigné de sueur. Ces deux impressions avaient été si cruelles, que Buvat battit le briquet, ralluma sa chandelle et résolut d'attendre le jour sans plus longtemps essayer de dormir.

Le jour vint ; mais le jour, loin de chasser les fantômes de la nuit, ne fit que leur donner une plus effrayante réalité. Au moindre bruit qui se faisait dans la rue, Buvat tressaillait ; on frappa à la porte de la rue, et Buvat pensa s'évanouir. Nanette ouvrit la porte de la chambre, et Buvat jeta un cri. Nanette accourut à lui et lui demanda ce qu'il avait ; mais Buvat se contenta de secouer la tête et de répondre en poussant un soupir :

— Ah! ma pauvre Nanette, nous vivons dans un temps bien triste.

Et il s'arrêta aussitôt, craignant d'en avoir trop dit.

Buvat était trop préoccupé pour descendre déjeuner avec Bathilde ; d'ailleurs il craignait que la jeune fille ne s'aperçût de son inquiétude et ne lui en demandât la cause. Or, comme il ne savait rien cacher à Bathilde, cette cause, il la lui eût dite, et Bathilde aussi alors devenait complice. Il se fit donc monter son café, sous prétexte qu'il avait un surcroît de besogne et qu'il allait travailler tout en déjeunant. Comme l'amour de Bathilde trouvait son compte à cette absence, la pauvre amitié ne s'en plaignit point.

A dix heures moins quelques minutes, Buvat partit pour son bureau ; si ces craintes avaient été grandes chez lui, comme on le pense bien, une fois dans la rue, elles se changèrent en terreur. A chaque carrefour, au fond de chaque impasse, derrière chaque angle, il croyait voir des exempts de police embusqués et attendant son passage pour lui mettre la main sur le collet. Au coin de la place des Victoires, un mousquetaire déboucha, venant de la rue Pagevin, et Buvat fit en l'apercevant un tel saut de côté, qu'il pensa se jeter sous les roues d'un carrosse qui venait de la rue du Mail. Au commencement de la rue Neuve-des-Petits-Champs, Buvat entendit marcher vivement derrière lui, et Buvat se mit à courir sans tourner la tête jusqu'à la rue de Richelieu, où il fut forcé de s'arrêter, vu que ses jambes, peu habituées à ce surcroît d'excitation, menaçaient de ne le point mener plus loin; enfin, tant bien que mal, il arriva à la Bibliothèque, salua jusqu'à terre le factionnaire qui montait la garde à la porte, et, s'étant glissé vivement sous la galerie de droite, il prit le petit escalier qui conduit à la section des manuscrits, gagna son bureau et tomba épuisé sur son fauteuil de cuir, enferma dans son tiroir tout le paquet du prince de Listhnay, qu'il avait apporté, de peur que la police ne fît une visite chez lui en son absence; et, reconnaissant enfin qu'il était à peu près en sûreté, poussa un soupir qui n'eût point manqué de dénoncer Buvat à ses collègues comme en proie à une grande agitation, si, selon son habitude, Buvat n'était point arrivé avant tous ses collègues.

Buvat avait un principe, c'est qu'il n'y avait aucune préoccupation particulière, que cette préoccupation fût gaie ou triste, qui dût détourner un employé de son service. Or, il se mit à sa besogne, en apparence, comme si rien ne s'était passé, mais, en réalité, dans un état de perturbation morale impossible à décrire.

Cette besogne consistait, comme d'habitude, à classer et à étiqueter des livres; le feu ayant pris quelques jours auparavant dans une des salles de la Bibliothèque, on avait jeté pêle-mêle dans des tapis, et transporté hors de la portée des flammes, trois ou quatre mille volumes, qu'il s'agissait maintenant de réinstaller sur leurs rayons respectifs. Or, comme c'était une besogne fort longue et surtout fort ennuyeuse, Buvat en avait été chargé de préférence et s'en était acquitté jusque-là avec une intelligence et surtout une assiduité qui lui avaient mérité l'éloge de ses supérieurs et la raillerie de ses collègues. Deux ou trois cents volumes restaient donc seulement à classer et à ajouter à la série de livres confrères en langage, sens, moralité et nous pourrions même dire immoralité, car une des deux chambres déménagées était remplie de volumes fort peu chastes, qui plus d'une fois avaient, soit par leurs titres, soit par leurs dessins, fait rougir jusqu'au blanc des yeux le pudique écrivain, qui, au milieu de ces piles de romans licencieux et de mémoires effrontés, parmi lesquels s'étaient égarés quelques livres d'histoire, étonnés de se trouver en pareille compagnie, semblait un autre Loth debout sur les ruines des vieilles cités corrompues.

Malgré l'urgence du travail, Buvat resta quelques instants à se remettre; mais à peine vit-il la porte s'ouvrir, et un de ses collègues entrer et prendre sa place, qu'instinctivement il se leva, saisit sa plume, la trempa dans l'encre, et, faisant provision dans sa main gauche d'un certain nombre de petits carrés de parchemin, s'achemina vers les derniers volumes empilés les uns sur les autres ou gisants sur le parquet, et prit, pour continuer son classement, le premier qui lui tomba sous la main, tout en marmottant entre ses dents, comme il avait l'habitude de le faire en pareille circonstance.

— *Le Bréviaire des Amoureux*, imprimé à Liége en 1712, chez... pas de nom d'imprimeur. Ah! mon Dieu! encore des nudités; mais quel amusement les chrétiens peuvent-ils trouver à lire de pareils livres, et que l'on ferait bien mieux de les faire brûler en Grève par la main du bourreau! par la main du bourreau! prrrouuu! quel diable de nom ai-je prononcé là, moi!... Mais aussi qu'est-ce que cela peut être que ce prince de Listhnay qui me fait copier de pareilles choses? et ce jeune homme qui, sous prétexte de me rendre service, vient me faire faire connaissance avec un pareil coquin! Allons, allons, il ne s'agit pas de cela ici; c'est égal, c'est bien agréable d'écrire sur du parchemin, la plume glisse comme sur de la soie, les déliés sont fins, les pleins sont gras, et véritablement on se mire dans son écriture. Passons à autre chose : *Angélique ou les Plaisirs secrets*, avec gravures, et quelles gravures encore! *Londres*. On devrait défendre à de pareils livres de passer la frontière. D'ici à quelques jours, nous allons en voir de belles sur la frontière S'assurer des places voisines des Pyrénées et des seigneurs qui font leur résidence dans ces cantons. Il faut espérer que les places ne se laisseront pas prendre comme cela, que diable, et il y a encore des sujets fidèles en France. Allons, voilà que j'écris Bayonne au lieu de Londres, et France au lieu d'Angleterre. Ah! maudit prince! voilà! puisses-tu être pris, pendu, écartelé; mais si on le prend et qu'il me dénonce! Sabre de bois! c'est possible.

— Eh bien, monsieur Buvat, dit le commis d'ordre, que faites-vous là les bras croisés depuis cinq minutes, à rouler vos gros yeux effarés?

— Rien, monsieur Ducoudray, rien. Je rumine dans ma tête un nouveau mode de classement.

— Un nouveau mode de classement? qu'est-ce qu'un perturbateur comme vous? Vous voulez donc faire une révolution, monsieur Buvat?

— Moi, une révolution! s'écria Buvat avec terreur. Une révolution! Jamais, monsieur, au grand jamais! Dieu merci! on connaît mon dévouement à monseigneur le régent; dévouement bien désintéressé, puisque depuis cinq ans, comme vous le savez, on ne nous paye plus, et si un jour j'avais le malheur d'être accusé d'une pareille chose, j'espère, monsieur, que je trouverais des témoins, des amis qui répondraient de moi.

Monsieur Ducoudray, si M. le conservateur me demande, vous direz que je suis sorti pour une affaire indispensable — Page 63.

— C'est bien, c'est bien. En attendant, monsieur Buvat, continuez votre besogne. Vous savez qu'elle est pressée ; tous ces livres nous encombrent notre bureau, et il faut que demain à quatre heures au plus tard ils soient sur leurs rayons.

— Ils y seront, monsieur ; ils y seront, quand je devrais passer la nuit.

— Il est bon enfant le père Buvat, dit un employé qui était arrivé depuis une demi-heure et qui n'avait pas encore fini de tailler sa plume ; il propose de passer la nuit depuis qu'il sait qu'il y a une ordonnance qui défend de veiller de peur du feu ;

mais c'est égal ; ça fait toujours du bien, on a l'air d'avoir de la bonne volonté, ça flatte les chefs ; oh ! câlin que tu es, va, père Buvat.

Buvat était trop habitué à de pareilles apostrophes pour s'en inquiéter ; aussi, ayant classé les deux premiers livres qu'il venait d'inscrire et d'étiqueter, il en prit un troisième et continua.

— *Bibi ou Mémoires inédits de l'épagneul de mademoiselle de Champmeslé*. Peste ! voici un livre qui doit être fort intéressant !... Mademoiselle de Champmeslé, une grande actrice ! *orné du portrait de la maitresse de l'auteur*, une fort belle femme, ma foi ;

des cheveux magnifiques; ce chien a dû connaître M. Racine, et une foule d'autres grands, et s'il dit la vérité, je le répète, ces mémoires doivent être fort curieux : — *à Paris, chez Barbin,* 1604... Ah !... *Conjuration de M. de Cinq-Mars...* diable ! diable !... j'ai entendu parler de cela : c'était un beau gentilhomme qui était en correspondance avec l'Espagne... cette maudite Espagne, qu'a-t-elle besoin de se mêler éternellement de nos affaires? Il est vrai que cette fois-ci, il est dit que l'Espagne *ne sera qu'une auxiliaire,* mais une auxiliaire qui s'empare de nos villes et qui débauche nos soldats, cela ressemble beaucoup à une ennemie... *Conjuration de M. de Cinq-Mars, suivie de la relation de sa mort, et de celle de M. de Thou, condamné pour non-révélation, par un témoin oculaire.* Pour non-révélation... oh ! la la !... c'est juste... la loi est positive... celui qui ne révèle pas, est complice... Ainsi, moi, par exemple, moi, je suis complice du prince de Listhnay, et si on lui coupe la tête, on me la coupera aussi... non; c'est-à-dire, on se contentera de me pendre, attendu que je ne suis pas noble... pendu! c'est impossible qu'on se porte à un tel excès à mon égard... d'ailleurs je suis décidé, je déclarerai tout; mais en déclarant tout, je suis un dénonciateur... un dénonciateur ! fi donc! mais pendu !... oh ! oh !...

— Mais que diable avez-vous donc aujourd'hui, père Buvat? dit le collègue du bonhomme en achevant de tailler sa plume; vous défaites votre cravate. Est-ce qu'elle vous étrangle par hasard? Eh bien ! vous ne vous gênez pas! Otez votre habit, maintenant! A votre aise, père Buvat! à votre aise !

— Pardon, messieurs, dit Buvat; mais c'était sans y faire attention... machinalement... Je n'avais pas l'intention de vous offenser.

— A la bonne heure !

Et Buvat, après avoir resserré sa cravate, classa la *Conjuration de M. de Cinq-Mars* et étendit en tremblant la main vers un autre volume.

— *Art de plumer la poule sans la faire crier.* Ceci est sans doute un livre de cuisine. Si j'avais le temps de m'occuper du ménage, je copierais quelque bonne recette que je donnerais à Nanette pour ajouter quelque chose à notre ordinaire des dimanches, car maintenant que l'argent revient... oui, il revient, malheureusement il revient, et par quelle source, mon Dieu ! Oh ! je lui rendrai son argent, et ses papiers aussi, jusqu'à la dernière ligne. Oui, mais j'aurai beau les lui rendre, il ne me rendra pas les miens, lui... plus de quarante pages de mon écriture... Et le cardinal de Richelieu qui ne demandait que cinq lignes de la main d'un homme pour le faire pendre ! Ils ont de quoi me faire pendre cent fois, moi !... Et encore c'est qu'il n'y aura pas moyen de la nier, cette écriture, cette superbe écriture, elle est connue, c'est bien la mienne... Oh ! les misérables ! ils ne savent donc pas lire, qu'ils ont besoin de manifestes moulés! Et quand je pense que lorsqu'on lira mes étiquettes et qu'on me demandera : « Oh ! oh ! quel est l'employé qui a classé ces volumes? » on répondra : « Mais, vous savez bien, c'est ce gueux de Buvat, qui était de la conspiration du prince de Listhnay... » Voyons, ce n'est pas tout cela.

Art de plumer la poule sans la faire crier. Paris, 1709, chez Comon, éditeur, rue du Bac, n° 110. Allons, voilà que je mets l'adresse du prince, maintenant. Ah ! ma parole d'honneur ! ma tête se perd, je deviens fou! Mais si j'allais tout déclarer, en refusant de nommer celui qui m'a donné ces papiers à copier... Oui, mais ils me forceront à tout dire, ils ont des moyens pour cela. C'est incroyable comme je bats la campagne. Allons, Buvat, mon ami, à ton affaire !

— *Conspiration du chevalier Louis de Rohan.* Ah çà, mais je ne tombe donc que sur des conspirations ! Qu'est-ce qu'il avait donc fait, celui-là?... Il avait voulu soulever la Normandie. Mais je me rappelle, c'est ce pauvre garçon qui a été exécuté en 1674, quatre années avant celle de ma naissance. Ma mère l'a vu mourir. Pauvre garçon ! Elle m'a souvent raconté cela. Oh ! mon Dieu ! qui est-ce qui lui aurait dit à ma pauvre mère !... Et puis on en a pendu un autre en même temps, un grand maigre habillé tout en noir. Comment s'appelait-il donc?... Ah ! bien, j'ai le livre là... je suis bien bête! Ah ! oui, Van den Enden. C'est cela. *Copie d'un plan de gouvernement trouvé dans les papiers de M. de Rohan et entièrement écrit de la main de Van den Enden.* Ah! mon Dieu! eh bien, c'est justement mon affaire: pendu pour avoir copié un plan... Oh ! la la! j'ai le ventre qui se retourne.

— *Procès-verbal de torture de François Affinius Van den Enden.* Miséricorde ! si on allait lire un jour à la fin de la conjuration du prince de Listhnay : *Procès-verbal de torture de Jean Buvat.* Ouf ! « L'an mil six cent soixante quatorze, etc.; nous, Claude Bazin, chevalier de Bezons, et Auguste-Robert de Pomereu, nous sommes transportés au château de la Bastille, assistés de Louis le Mazier, conseiller et secrétaire du roi, etc., etc.; et, étant dans une des tours d'icelui château, avons fait mander et venir François Affinius Van den Enden, condamné à mort par ledit arrêt, à être appliqué à la question ordinaire et extraordinaire, et après serment fait par lui de dire la vérité, lui avons remontré qu'il n'avait pas tout dit ce qu'il savait des conspirations et des desseins de révolte des sieurs Rohan et Latréaumont.

« A répondu qu'il avait dit tout ce qu'il savait, et qu'étranger à la conspiration et n'ayant fait qu'en copier différentes pièces, il ne pouvait en dire davantage.

« Alors lui avons fait appliquer les brodequins. »

— Monsieur, vous qui êtes instruit, dit Buvat à son commis d'ordre, pourrais-je, sans indiscrétion, vous demander ce que c'était que l'instrument de torture appelé brodequin?

— Mon cher monsieur Buvat, répondit l'employé, visiblement flatté du compliment que lui adressait le bonhomme, je puis vous en parler savamment, j'ai vu donner la question l'année passée à Duchauffour.

— Alors, monsieur, je serais curieux de savoir...

— Les brodequins, mon cher Buvat, reprit d'un ton important M. Ducoudray, ne sont rien autre chose que quatre planches à peu près pareilles à des douves de tonneaux.

— Très-bien!

— On vous met (quand je dis *vous*, vous comprenez, mon cher Buvat, que c'est à titre de généralité et non pas pour vous faire une application personnelle), on vous met donc la jambe droite d'abord entre deux planches, puis on assure les planches avec deux cordes, puis on en fait autant à la jambe gauche, puis on rassemble les deux jambes, et entre les planches du milieu on introduit des coins qu'on enfonce à coups de maillet : cinq pour la question ordinaire, dix pour la question extraordinaire.

— Mais, dit Buvat d'une voix altérée, mais, monsieur Ducoudray, cela doit vous mettre les jambes dans un état déplorable.

— C'est-à-dire que cela vous les broie tout bonnement. Au sixième coin, par exemple les jambes de Duchauffour ont crevé, et au huitième, la moelle des os coulait avec le sang par les ouvertures.

Buvat devint pâle comme la mort et s'assit sur l'échelle double pour ne pas tomber.

— Jésus! murmura-t-il, que me dites-vous là, monsieur Ducoudray!

— L'exacte vérité, mon cher Buvat. Lisez le supplice d'Urbain Grandier; vous trouverez son procès-verbal de torture, et alors vous verrez si je vous en impose.

— J'en tiens un. Je tiens celui de ce pauvre monsieur Van den Enden.

— Eh bien, lisez alors.

Buvat reporta les yeux sur le livre et lut :

« AU PREMIER COIN :

« Affirme qu'il a dit la vérité, qu'il n'a rien à dire davantage, qu'il endure innocemment.

« AU DEUXIÈME COIN :

« Dit qu'il a avoué tout ce qu'il savait.

« AU TROISIÈME COIN :

« A crié : Ah! mon Dieu, mon Dieu! J'ai dit tout ce que j'ai su.

« AU QUATRIÈME COIN :

« A dit qu'il ne pouvait rien avouer autre chose que ce que l'on savait déjà, c'est-à-dire qu'il avait copié un plan de gouvernement qui lui était donné par le chevalier de Rohan. »

Buvat s'essuya le front avec son mouchoir.

« AU CINQUIÈME COIN :

« A dit : Aïe, aïe, mon Dieu! mais n'a point voulu dire autre chose.

« AU SIXIÈME COIN :

« A crié : Aïe, mon Dieu!

« AU SEPTIÈME COIN :

« A crié : Je suis mort!

« AU HUITIÈME COIN :

« A crié : Ah! mon Dieu! je ne puis parler, puisque je n'ai rien à dire.

« AU NEUVIÈME COIN, qui est l'enfoncement d'un gros coin :

« A dit : Mon Dieu! mon Dieu! à quoi bon me martyriser ainsi! vous savez bien que je ne puis rien dire; et puisque je suis condamné à mort, faites-moi mourir.

« AU DIXIÈME COIN :

« A dit : Oh! messieurs, que voulez-vous que je dise? Oh! merci, mon Dieu! je me meurs! je me meurs! »

— Eh bien! eh bien! qu'est-ce que vous avez donc, Buvat? s'écria Ducoudray en voyant le bonhomme pâlir et chanceler. Eh bien! voilà que vous vous trouvez mal!

— Ah! monsieur Ducoudray, dit Buvat, laissant tomber le livre en se traînant jusqu'à son fauteuil, comme si ses jambes brisées ne pouvaient plus le soutenir; ah! monsieur Ducoudray, je sens que je m'en vais!

— Voilà ce que c'est que de faire la lecture au lieu de travailler, dit l'employé; si vous vous contentiez d'inscrire vos titres sur votre registre et de coller vos étiquettes sur le dos de vos volumes, cela ne vous arriverait pas. Mais M. Buvat lit, M. Buvat veut s'instruire!

— Eh bien! père Buvat; cela va-t-il mieux? dit Ducoudray.

— Oui, monsieur, car ma résolution est prise, prise irrévocablement, il ne serait pas juste, ma foi, que je portasse la peine d'un crime que je n'ai pas commis. Je me dois à la société, à ma pupille, à moi-même, monsieur Ducoudray, si M. le conservateur me demande, vous direz que je suis sorti pour une affaire indispensable.

Et Buvat, tirant le rouleau de papier de son bureau, enfonça son chapeau sur sa tête, prit sa canne à pleine main, et sortit sans se retourner et avec la majesté du désespoir.

— Savez-vous où il va? dit l'employé lorsqu'il fut parti.

— Non, répondit Ducoudray.

— Eh bien! il va jouer au cochonnet aux Champs-Élysées ou aux Porcherons.

L'employé se trompait. Buvat n'allait ni aux Champs-Élysées, ni aux Porcherons.

Il allait chez Dubois.

L'huissier s'effaça, et Jean Buvat parut sur le seuil de la porte. — Page 64.

XI

BERTRAND ET RATON.

onsieur Jean Buvat ! dit l'huissier.

Dubois allongea sa tête de vipère, plongea le regard dans la mince ouverture qui restait entre le corps de l'huissier et le panneau de la porte, et, derrière l'introducteur officiel, aperçut un gros petit homme pâle, dont les jambes flageolaient sous lui et qui toussait pour se donner de l'assurance.

Un coup d'œil suffit à Dubois pour lui apprendre à qui il avait affaire.

— Faites entrer, dit Dubois.

L'huissier s'effaça, et Jean Buvat parut sur le seuil de la porte.

— Venez ! venez ! dit Dubois.

Eh bien ! monsieur ? dit Dubois, vous avez demandé à me parler ; me voilà.

— Vous me faites honneur, monsieur, balbutia Buvat sans bouger de place.

— Fermez la porte et laissez-nous, dit Dubois à l'huissier.

L'huissier obéit, et le panneau, venant frapper la partie postérieure de Buvat d'un coup inattendu, lui fit faire un petit bond en avant. Buvat, un instant ébranlé, se raffermit sur ses jambes et redevint immobile, regardant Dubois de ses deux gros yeux étonnés.

En effet, Dubois était curieux à voir. De son costume épiscopal il n'avait conservé que la partie in-férieure, de sorte qu'il était en chemise, avec une culotte noire et des bas violets. C'était à démonter toutes les prévisions de Buvat, ce qu'il avait devant les yeux n'étant ni un ministre ni un archevêque, et ressemblant beaucoup plus à un orang-outang qu'à un homme.

— Eh bien ! monsieur ? dit Dubois en s'asseyant, en croisant sa jambe droite sur sa jambe gauche, et en prenant son pied dans ses mains, vous avez demandé à me parler ; me voilà.

— C'est-à-dire, monsieur, dit Buvat, j'ai demandé à parler à monseigneur l'archevêque de Cambrai.

— Eh bien, c'est moi.

— Comment, c'est vous, monseigneur ! dit Buvat en prenant son chapeau à deux mains et en s'inclinant jusqu'à terre. Excusez-moi, mais je n'avais pas reconnu Votre Éminence ; il est vrai que c'est la première fois que j'ai l'honneur de la voir. Cependant... hum ! à cet air de majesté... hum ! hum !... j'aurais dû comprendre...

— Vous vous appelez ? dit Dubois, interrompant les salamalecs du bonhomme.

— Jean Buvat, pour vous servir.

— Vous êtes ?

— Employé à la Bibliothèque.

— Et vous avez à me faire des révélations relatives à l'Espagne ?

— C'est-à-dire, monseigneur, voici la chose : comme mon bureau me laisse six heures le soir et quatre heures le matin, et que Dieu m'a doué d'une fort belle écriture, je fais des copies.

— Oui, je comprends, dit Dubois, et l'on vous a donné à copier des choses suspectes, de sorte que ces choses suspectes, vous me les apportez, n'est-ce pas ?

— Dans ce rouleau, monseigneur, dans ce rouleau, dit Buvat en étendant la main vers Dubois.

Dubois fit un bond de sa chaise à Buvat, prit le rouleau désigné, alla s'asseoir à un bureau, et en un tour de main, ayant enlevé la ficelle et l'enveloppe, il se trouva en face des papiers en question. Les premiers sur lesquels il tomba étaient écrits en espagnol ; mais comme Dubois avait été envoyé deux fois en Espagne, il parlait quelque peu la langue de Calderon et de Lope de Vega, de sorte qu'il vit au premier coup d'œil de quelle importance étaient ces papiers. En effet, ce n'était rien moins que la protestation de la noblesse, la liste nominative des officiers qui demandaient du service au roi d'Espagne, et le manifeste composé par le cardinal de Polignac et le marquis de Pompadour, pour soulever le royaume. Ces différentes pièces étaient adressées directement à Philippe V, et une petite note, que Dubois reconnut pour être de la main même de Cellamare, annonçait que, le dénoûment de la conspiration étant très-prochain, il entretiendrait jour par jour Sa Majesté Catholique de tous les événements considérables qui pourraient en hâter ou retarder le résultat. Puis enfin venait comme complément le fameux plan des conjurés, que nous avons mis sous les yeux de nos lecteurs et qui, resté par mégarde au milieu des autres pièces traduites en espagnol, avait donné l'éveil à Buvat. Près du plan, de la plus belle écriture du bonhomme, était la copie qu'il avait commencé d'en faire, et qui était interrompue à ces mots :

« Agir de même dans toutes les provinces. »

Buvat avait suivi avec une certaine anxiété tous les mouvements de la figure de Dubois ; il l'avait vue passer de l'étonnement à la joie, puis de la joie

à l'impassibilité. Dubois, à mesure qu'il continuait de lire, avait bien passé successivement une jambe sur l'autre, s'était bien mordu les lèvres, s'était bien pincé le bout du nez, mais tout cela était à peu près intraduisible pour Buvat, et à la fin de la lecture il n'avait pas plus compris la physionomie de l'archevêque, qu'à la fin de la copie il n'avait compris l'original espagnol. Quant à Dubois, il comprenait que cet homme venait de lui livrer le commencement d'un secret de la plus haute importance, et il rêvait au moyen de s'en faire livrer la fin. Voilà ce que signifiaient au fond ces jambes croisées, ces lèvres mordues et ce nez pincé. Enfin, il parut avoir pris sa résolution, son visage s'éclaira d'une bienveillance charmante, et se retournant vers le bonhomme, qui jusque-là s'était tenu respectueusement debout :

— Asseyez-vous donc, mon cher monsieur Buvat, lui dit-il.

— Merci, monseigneur, répondit Buvat en tressaillant, je ne suis pas fatigué.

— Pardon, pardon, dit Dubois, je vois vos jambes qui tremblent.

En effet, depuis qu'il avait lu le procès-verbal de question de Van den Enden, Buvat avait conservé dans les jambes un tremblement nerveux à peu près semblable à celui qu'on remarque dans les chiens quand ils viennent d'avoir la maladie.

— Le fait est, monseigneur, dit Buvat, que je ne sais pas ce que j'ai depuis deux heures, mais j'éprouve une véritable difficulté à me tenir debout.

— Asseyez-vous donc alors, et causons comme deux bons amis.

Buvat regarda Dubois d'un air de stupéfaction qui, dans tout autre moment, l'eut fait éclater de rire. Mais Dubois n'eut pas l'air de s'apercevoir de son étonnement, et, tirant une chaise qui était à sa portée, il lui renouvela du geste l'invitation qu'il venait de lui faire de la voix. Il n'y avait pas moyen de reculer. Le bonhomme s'approcha en chancelant, s'assit sur le bord de sa chaise, posa son chapeau à terre, serra sa canne entre ses jambes, appuya ses deux mains sur sa pomme d'ivoire et attendit. Mais cette action ne s'était pas accomplie sans une violente commotion intérieure, ainsi que pouvait l'attester son visage, qui, de blanc comme un lis qu'il était en entrant, était devenu rouge comme une pivoine.

— Ainsi, mon cher monsieur Buvat, dit Dubois, vous dites donc que vous faites des copies ?

— Oui, monseigneur.

— Et cela vous rapporte ?

— Bien peu de chose, monseigneur, bien peu de chose.

— Vous avez cependant une superbe écriture, monsieur Buvat.

— Oui, mais tout le monde n'apprécie pas comme Votre Éminence ce talent à sa valeur.

— C'est vrai ; mais, en outre, vous êtes employé à la Bibliothèque.

— J'ai cet honneur.

— Et votre place vous rapporte?

— Oh! ma place, c'est autre chose, monseigneur : elle ne me rapporte rien du tout, vu que depuis cinq ans le caissier nous dit à la fin de chaque mois que le roi est trop gêné pour qu'on nous paye.

— Et vous n'en restez pas moins au service de Sa Majesté? C'est très-bien, monsieur Buvat, c'est très-bien.

Buvat se leva, salua monseigneur et se rassit.

— Et peut-être avec cela, continua Dubois, que vous avez encore une famille, une femme, des enfants?

— Non, monseigneur, jusqu'à présent j'ai vécu dans le célibat. •

— Mais des parents au moins?

— Une pupille, monseigneur, une jeune personne charmante, pleine de talent, qui chante comme mademoiselle Bury, et qui dessine comme M. Greuze.

— Ah! ah! monsieur Buvat, et comment s'appelle cette pupille?

— Bathilde... Bathilde du Rocher, monseigneur ; c'est une jeune demoiselle de noblesse, fille d'un écuyer de M. le régent, du temps qu'il était encore duc de Chartres, et qui a eu le malheur d'être tué à la bataille d'Almanza.

— Ainsi, je vois que vous avez des charges, mon cher Buvat?

— Est-ce de Bathilde que vous voulez parler, monseigneur? Oh! non, Bathilde n'est pas une charge ; au contraire, pauvre chère enfant, et elle rapporte plus à la maison qu'elle ne coûte. Bathilde une charge! D'abord tous les mois M. Papillon, vous savez, monseigneur, le marchand de couleurs au coin de la rue de Cléry, lui compte quatre-vingts livres pour deux dessins ; ensuite...

— Je veux dire, mon cher Buvat, que vous n'êtes pas riche.

— Oh! cela, riche, non, monseigneur, je ne le suis pas. Mais je voudrais bien l'être pour ma pauvre Bathilde, et si vous vouliez obtenir de monseigneur qu'au premier argent qui rentrera dans les coffres de l'État on me paye mon arriéré ou au moins un à-compte...

— Et à quoi cela peut-il se monter, votre arriéré?

— A quatre mille sept cents livres douze sous huit deniers, monseigneur.

— Peuh! qu'est-ce que c'est que cela! dit Dubois.

— Comment! qu'est-ce que c'est que cela, monseigneur!

— Oui... ce n'est rien.

— Si fait, monseigneur, si fait, c'est beaucoup, et la preuve, c'est que le roi ne peut pas le payer.

— Mais cela ne vous fera pas riche.

— Cela me mettrait à mon aise, et je ne vous cache pas, monseigneur, que si aux premiers fonds qui rentreront dans les caisses de l'État...

— Mon cher Buvat, dit Dubois, j'ai mieux que cela à vous offrir.

— Offrez, monseigneur.

— Vous avez votre fortune au bout des doigts.

— Ma mère me l'a toujours dit, monseigneur.

— Cela prouve, mon cher Buvat, que c'était une femme de grand sens que madame votre mère.

— Eh bien, monseigneur, me voilà tout prêt, que faut-il que je fasse pour cela?

— Ah! mon Dieu, la chose la plus simple. Vous allez me faire, séance tenante, une copie de tout ceci.

— Mais, monseigneur...

— Ce n'est pas tout, mon cher monsieur Buvat. Vous reporterez à la personne qui vous a donné ces papiers les copies et les originaux, comme s'il n'était rien arrivé ; vous prendrez tout ce que cette personne vous donnera ; vous me l'apporterez aussitôt afin que je le lise, puis vous en ferez autant des autres papiers que de ceux-ci, et cela indéfiniment, jusqu'à ce que je vous dise : Assez.

— Mais, monseigneur, dit Buvat, il me semble qu'en agissant ainsi je trompe la confiance du prince.

— Ah! ah! c'est un prince à qui vous avez affaire, mon cher monsieur Buvat? et comment s'appelle ce prince?

— Mais, monseigneur, il me semble qu'en vous disant son nom je le dénonce...

— Ah çà, mais... et qu'êtes-vous donc venu faire ici?

— Monseigneur, je suis venu vous prévenir du danger que courait Son Altesse monseigneur le régent, et voilà tout.

— Vraiment, dit Dubois d'un ton goguenard, et vous comptez en rester là?

— Mais je le désire, monseigneur.

— Il n'y a qu'un malheur, c'est que c'est impossible, mon cher monsieur Buvat.

— Comment, impossible?

— Tout à fait.

— Monseigneur l'archevêque, je suis un honnête homme!

— Monsieur Buvat, vous êtes un niais.

— Monseigneur, je voudrais cependant bien me taire.

— Mon cher monsieur, vous parlerez.

— Mais, si je parle, je suis le dénonciateur du prince.

— Mais si vous ne parlez pas, vous êtes complice.

— Complice, monseigneur? et de quel crime?

— Du crime de haute trahison!... Ah! il y a longtemps que la police a l'œil sur vous, monsieur Buvat.

— Sur moi, monseigneur?

— Oui, sur vous... sous prétexte qu'on ne vous paye point vos appointements, vous tenez des propos fort séditieux contre l'État.

— Oh! monseigneur, peut-on dire!

— Sous prétexte qu'on ne vous paye pas vos appointements, vous faites des copies d'actes incendiaires, et cela depuis quatre jours.

— Monseigneur, je ne m'en suis aperçu qu'hier, je ne sais pas l'espagnol.

— Vous le savez, monsieur!

— Je vous jure, monseigneur...

— Je vous dis que vous le savez, et la preuve, c'est qu'il n'y a pas une faute dans vos copies. Mais ce n'est pas le tout.

— Comment, ce n'est pas le tout?

— Non, ce n'est pas le tout, Est-ce de l'espagnol, ceci, monsieur? voyez...

« Rien n'est plus important que de s'assurer des places voisines des Pyrénées et des seigneurs qui font leur résidencce dans ces cantons. »

— Mais, monseigneur, c'est justement ce qui fait que j'ai découvert...

— Monsieur Buvat, on en a envoyé aux galères qui en avaient fait moins que vous.

— Monseigneur!

— Monsieur Buvat, on en a pendu qui étaient moins coupables que vous ne l'êtes.

— Monseigneur! Monseigneur!

— Monsieur Buvat, on en a écartelé...

— Grâce! monseigneur! grâce!

— Grâce? grâce à un misérable comme vous, monsieur Buvat! je vais vous faire mettre à la Bastille et envoyer mademoiselle Bathilde à Saint-Lazare!

— A Saint-Lazare? Bathilde à Saint-Lazare! monseigneur! Bathilde à Saint-Lazare! Et qui a le droit de cela?

— Moi! monsieur Buvat.

— Non! monseigneur, vous n'en avez pas le droit! s'écria Buvat, qui pouvait tout craindre et tout souffrir pour lui-même, mais qui, à l'idée d'une pareille infamie, de voir devenait serpent; Bathilde n'est pas une fille du peuple, monseigneur! Bathilde est une demoiselle, une demoiselle de noblesse, la fille d'un homme qui a sauvé la vie au régent, et quand je devrais aller trouver Son Altesse...

— Vous irez d'abord à la Bastille, monsieur Buvat, dit Dubois en sonnant à casser la sonnette, et puis après nous verrons ce que nous déciderons de mademoiselle Bathilde.

— Monseigneur, que faites-vous?

— Vous allez le voir. (L'huissier entra.) Un exempt et un fiacre.

— Monseigneur, dit Buvat, monseigneur, tout ce que vous voudrez.

— Faites ce que j'ai ordonné, reprit Dubois.

L'huissier sortit.

— Monseigneur, dit Buvat en joignant les mains, monseigneur, j'obéirai.

— Non pas, monsieur Buvat. Ah! vous voulez un procès! on vous en fera un. Ah! vous voulez de la corde! eh bien, vous en tâterez.

— Monseigneur, s'écria Buvat en tombant à genoux, que faut-il que je fasse?

— Pendu! pendu! pendu!!! continua Dubois.

— Monseigneur, dit l'huissier en rentrant, le fiacre est à la porte et l'exempt dans l'antichambre.

— Monseigneur, reprit Buvat en tordant ses petits bras et en s'arrachant le peu de cheveux jaunes qui lui restaient, monseigneur, serez-vous sans pitié?

— Ah! vous ne voulez pas me dire le nom du prince!

— C'est le prince de Listhnay, monseigneur.

— Ah! vous ne voulez pas me dire son adresse!

— Il demeure rue du Bac, n° 110, monseigneur.

— Ah! vous ne voulez pas me faire une copie de ces papiers!

— Je m'y mets, monseigneur, je m'y mets à l'instant même, dit Buvat; et il alla s'asseoir devant le bureau, saisit une plume, la trempa dans l'encre, et prenant un cahier de papier blanc, tira sur la première page une superbe majuscule. M'y voilà, m'y voilà; seulement, monseigneur, vous me permettrez d'écrire à Bathilde que je ne rentrerai pas dîner. — Bathilde à Saint-Lazare! murmura Buvat entre ses dents. Sabre de bois! ... c'est qu'il le ferait comme il le dit.

— Oui, monsieur, je le ferais, et bien pis encore, pour le salut de l'État, et vous le saurez à vos dépens si vous ne reportez pas ces papiers, si vous ne prenez pas les autres, et si vous ne venez pas m'en faire ici même, chaque soir, une copie.

— Mais, monseigneur, dit Buvat désespéré, je ne puis pas venir ici et aller à mon bureau, cependant.

— Eh bien! vous n'irez pas à votre bureau; le beau malheur!

— Comment, je n'irai pas à mon bureau! Mais voilà douze ans, monseigneur, que j'y vais sans manquer un seul jour.

— Eh bien! je vous donne congé pour un mois, moi.

— Mais je perdrai ma place, monseigneur.

— Que vous importe, puisqu'on ne vous paye pas?

— Mais l'honneur, monseigneur, l'honneur d'être fonctionnaire public! et puis j'aime mes livres, moi; j'aime ma table, moi; j'aime mon fauteuil de

Monseigneur ! s'écria Buvat en tombant à genoux, que faut-il que je fasse ? — PAGE 68.

cuir ! s'écria Buvat, prêt à pleurer en songeant qu'il pouvait perdre tout cela.

— Eh bien, alors, si vous voulez garder vos livres, votre table et votre fauteuil, obéissez donc.

— Est-ce que je ne vous ai pas dit que j'étais à vos ordres, monseigneur ?

— Alors, vous ferez tout ce que je voudrai ?

— Tout.

— Sans en souffler le mot à personne ?

— Je serai muet.

— Pas même à mademoiselle Bathilde ?

— Oh ! à elle moins qu'à personne, monseigneur.

— C'est bon, à cette condition je te pardonne.

— Oh ! monseigneur !

— J'oublierai ta faute.

— Monseigneur est trop bon.

— Et même... et même peut-être irai-je jusqu'à te récompenser.

— Oh ! monseigneur ! tant de magnanimité !

— C'est bien ! c'est bien ! A la besogne.

— M'y voilà ! monseigneur, m'y voilà !

Et Buvat se mit à écrire de son écriture coulée qui était la plus rapide, sans lever l'œil autrement que pour le porter de la copie à l'original et le reporter de l'original à la copie, et sans s'arrêter que pour essuyer de temps en temps son front, dont la sueur coulait à grosses gouttes.

Dubois profita de son application pour aller ouvrir le cabinet à la Fillon, et, lui faisant signe du doigt de se taire, il la conduisit vers la porte de la chambre.

— Eh bien, compère, dit tout bas celle-ci, qui, malgré la défense à elle exprimée, ne pouvait retenir sa curiosité, eh bien, ton écrivain, où est-il?

— Le voilà, dit Dubois en montrant Buvat qui, couché sur son papier, piochait d'ardeur.

— Que fait-il?

— Ce qu'il fait?

— Oui, je te le demande.

— Ce qu'il fait? devine.

— Comment diable veux-tu que je sache cela, moi?

— Tu veux donc que je te le dise?

— Oui.

— Eh bien, il expédie...

— Quoi?

— Il expédie mon bref de cardinal. Est-tu contente, maintenant?

La Fillon poussa une telle exclamation de surprise, que Buvat en tressaillit et se retourna malgré lui.

Mais déjà Dubois avait poussé la Fillon hors de la chambre, en lui recommandant de nouveau de le tenir au courant jour par jour de ce que ferait son capitaine.

Mais, demandera peut-être le lecteur, que faisaient pendant tout ce temps Bathilde et d'Harmental?

Rien : ils étaient heureux.

XII

UN CHAPITRE DE SAINT-SIMON.

Les choses durèrent ainsi quatre jours pendant lesquels Buvat, cessant d'aller à son bureau sous prétexte d'indisposition, parvint à force de travail à faire les deux copies commandées, l'une par le prince de Litshnay, l'autre par Dubois. Pendant ces quatre jours, certes les plus agités de toute la vie du pauvre écrivain, il demeura si sombre et si taciturne, que plusieurs fois Bathilde, malgré sa préoccupation toute contraire, lui demanda ce qu'il avait; mais, à chaque fois que cette question lui fut faite, Buvat, rappelant à lui toute sa force morale, répondit qu'il n'avait absolument rien, et comme, à la suite de cette réponse, Buvat se remettait incontinent à chantonner sa petite chanson, il parvint à tromper Bathilde d'autant plus facilement, que, partant à son ordinaire, comme s'il continuait d'aller à son bureau, Bathilde ne voyait de fait aucun dérangement matériel dans ses habitudes. Quant à d'Harmental, il avait tous les matins la visite de l'abbé Brigaud, qui lui annonçait que toutes choses marchaient à souhait, de sorte que, comme d'un autre côté ses affaires d'amour allaient à merveille, d'Harmental commençait à trouver que l'état de conspirateur était l'état le plus heureux de la terre.

Quant au duc d'Orléans, comme il ne se doutait de rien, il continuait à mener sa vie ordinaire, et il avait convié comme d'habitude, à son souper du dimanche, ses roués et ses maîtresses, lorsque, vers les deux heures de l'après-midi, Dubois entra dans son cabinet.

— Ah! c'est toi, l'abbé? J'allais envoyer chez toi pour te demander si tu étais des nôtres ce soir, dit le régent.

— Vous allez donc souper aujourd'hui, monseigneur? demanda Dubois.

— Ah çà, mais d'où sors-tu donc avec ta figure de carême? Est-ce que ce n'est plus aujourd'hui dimanche?

— Si fait, monseigneur.

— Eh bien, alors, viens nous revoir; voilà la liste de nos convives, tiens : Nocé, La Farge, Fargy, Ravanne, Broglie. Je n'invite pas Brancas; il devient assommant depuis quelques jours. Je crois qu'il conspire, ma parole d'honneur. Et puis la Phalaris et la d'Averne; elles ne peuvent pas se sentir; elles s'arracheront les yeux, et cela nous amusera. Nous aurons de plus la Souris, et peut-être madame de Sabran, si elle n'a pas quelque rendez-vous avec Richelieu.

— C'est votre liste, monseigneur?

— Oui.

— Eh bien, maintenant Votre Altesse veut-elle jeter un coup d'œil sur la mienne?

— Tu en as donc fait une aussi?

— Non, on me l'a apportée toute faite.

— Qu'est-ce que c'est que cela? reprit le régent en jetant les yeux sur un papier que lui présentait Dubois.

« *Liste nominative des officiers qui demandent du service au roi d'Espagne :* Claude-François de Ferrette, chevalier de Saint-Louis, maréchal de camp et colonel de la cavalerie de France ; Boschet, chevalier de Saint-Louis et colonel d'infanterie, de Sabran, de Larochefoucauld-Gondral, de Villeneuve, de Lescure, de Laval. » Eh bien, après?

— Après, en voilà une autre ; et il présenta un second papier au duc.

— « *Protestation de la noblesse.* »

— Faites vos listes, monseigneur, faites ; vous voyez que vous n'êtes pas le seul, et que le prince de Cellamare fait aussi les siennes.

— « *Signé sans distinction de rangs et de maisons, afin que personne n'y puisse trouver à redire :* De Vieux-Pont, de la Pailleterie, de Beaufremont, de Latour-du-Pin, de Montauban, Louis de Caumont, Claude de Polignac, Charles de Laval, Antoine de Chastellux, Armand de Richelieu. » Et où diable as-tu pêché tout cela, sournois?

— Attendez, monseigneur, nous ne sommes pas au bout. Veuillez jeter un coup d'œil sur ceci.

— « *Plan des conjurés.* Rien n'est plus important que de s'assurer des places fortes voisines des Pyrénées, gagner la garnison de Bayonne. » Livrer nos villes, mettre aux mains de l'Espagnol les clefs de la France ! Qui veut faire cela, Dubois?

— Allons, de la patience, monseigneur, nous avons mieux que cela à vous offrir. Tenez, voilà des lettres de Sa Majesté Philippe V en personne.

— « *Au roi de France.* » Mais ce ne sont que des copies?

— Je vous dirai tout à l'heure où sont les originaux.

— Voyons cela, mon cher abbé, voyons. « Depuis que la Providence m'a placé sur le trône d'Espagne, etc., etc., de quel œil vos fidèles sujets peuvent-ils regarder le traité qui se signe contre moi, etc., etc. Je prie Votre Majesté de convoquer les états généraux de son royaume. » Convoquer les états généraux ! au nom de qui?

— Vous le voyez bien, monseigneur, au nom de Philippe V.

— Philippe V est roi d'Espagne et non pas roi de France. Qu'il n'intervertisse pas les rôles : j'ai déjà

franchi une fois les Pyrénées pour le rasseoir sur le trône, je pourrais bien les franchir une seconde fois pour le renverser.

— Nous y songerons plus tard, je ne dis pas non ; mais pour le moment, s'il vous plaît, monseigneur, nous avons une cinquième pièce à lire, et ce n'est pas la moins importante, comme vous allez en juger. Et Dubois présenta au régent un dernier papier, que celui-ci ouvrit avec une telle impatience, qu'il le déchira en l'ouvrant.

— Allons ! murmura le régent.

— N'importe, monseigneur, n'importe ; les morceaux en sont bons, répondit Dubois ; rapprochez-les et lisez.

Le régent rapprocha les deux morceaux et lut :

— « Très chers et bien-aimés. »

— Oui, c'est cela ! continuation de la métaphore : il ne s'agit de rien moins que de ma déposition. Et ces lettres, sans doute, devaient être remises au roi ?

— Demain, monseigneur.

— Par qui?

— Par le maréchal.

— Par Villeroy?

— Par lui-même.

— Et comment a-t-il pu se décider à une pareille chose?

— Ce n'est pas lui, c'est sa femme, monseigneur.

— Encore un tour de Richelieu.

— Votre Altesse a mis le doigt dessus.

— Et de qui tiens-tu tous ces papiers?

— D'un pauvre diable d'écrivain, à qui on les a donnés à copier, attendu que, grâce à une descente qu'on a faite dans la petite maison du comte de Laval, une presse qu'il cachait dans sa cave a cessé de fonctionner.

— Et cet écrivain était en relation directe avec Cellamare? Les imbéciles !

— Non point, monseigneur, non point. Oh ! les mesures étaient mieux prises : le bonhomme n'avait affaire qu'au prince de Listhnay.

— Au prince de Litshnay ! Qu'est-ce que celui-là encore?

— Rue du Bac, 110.

— Je ne le connais pas.

— Si fait, monseigneur, vous le connaissez.

— Et où l'ai-je vu?

— Dans votre antichambre.

— Comment ! ce prétendu prince de Listhnay...

— N'est autre que ce grand coquin de Davranches, le valet de chambre de madame du Maine.

— Ah ! ah ! cela m'étonnait aussi qu'elle n'en fût pas, la petite guêpe !

— Oh ! elle y est en plein. Et si monseigneur veut être débarrassé cette fois-ci d'elle et de sa clique, nous les tenons tous.

— Voyons d'abord au plus pressé.

J.A BEAUCE

A.- BARESTE

Étes-vous décidé à un coup d'autorité?

— Oui, occupons-nous de Villeroy. Êtes-vous décidé à un coup d'autorité?

— Parfaitement ; tant qu'il n'a fait que piaffer et
parader en personnage de théâtre et de carrousel,
très-bien ; tant qu'il s'est borné à des calomnies et
même à des impertinences contre moi, très-bien encore ; mais quand il s'agit du repos et de la tranquillité de la France, ah! monsieur le maréchal, vous
les avez assez compromis déjà par votre ineptie militaire, sans que nous vous laissions les comprromet-
tre de nouveau par votre fatuité politique.

— Ainsi, dit Dubois, nous lui mettons la main
dessus?

— Oui, mais avec certaines précautions : il faut
le prendre en flagrant délit.

— Rien de plus facile ; il entre tous les matins à
huit heures chez le roi?

— Oui.

— Soyez demain matin à sept heures et demie à
Versailles.

— Après?

— Vous le précédez chez Sa Majesté.

Le duc de Saint-Simon.

— Et là je lui reproche en face du roi...

— Non pas, non pas, monseigneur... il faut...

En ce moment l'huissier ouvrit la porte.

— Silence, dit le régent. Puis, se retournant vers l'huissier : Que veux tu ?

— M. le duc de Saint-Simon.

— Demande-lui si c'est pour affaire sérieuse.

L'huissier se retourna et échangea quelques paroles avec le duc ; puis, s'adressant de nouveau au régent :

— Des plus sérieuses, monseigneur.

— Eh bien ! qu'il entre.

Saint-Simon entra.

— Pardon, duc, dit le régent ; je termine une petite affaire avec Dubois, et dans cinq minutes je suis à vous.

Et tandis que Saint-Simon entrait, le duc et Dubois se retirèrent dans un coin, où effectivement ils demeurèrent cinq minutes à causer bas, après quoi Dubois prit congé du régent.

— Il n'y a pas de souper ce soir, dit-il en sortant à l'huissier de service. Faites prévenir les personnes invitées. Monseigneur le régent est malade.

Et il sortit.

Paris. — Imp. de BRY aîné, boulevart Montparnasse, 81.

— Serait-ce vrai, monseigneur? demanda Saint-Simon avec une inquiétude réelle, car le duc, quoique fort avare de son amitié, avait, soit calcul, soit affection réelle, une grande prédilection pour le régent.

— Non, mon cher duc, dit Philippe, pas de manière du moins à m'inquiéter. Mais Chirac prétend que si je ne suis pas sage je mourrai d'apoplexie, et, ma foi! je suis décidé, je me range.

— Ah! monseigneur! Dieu vous entende! dit Saint-Simon, quoique en vérité ce soit un peu tard.

— Comment cela, mon cher duc?

— Oui, la facilité de Votre Altesse n'a déjà donné que trop de prise à la calomnie.

— Ah! si ce n'est que cela, mon cher duc, il y a si longtemps qu'elle mord sur moi, qu'elle doit commencer à se lasser.

— Au contraire, monseigneur, reprit Saint-Simon; il faut qu'il se machine quelque chose de nouveau contre vous, car elle se redresse plus sifflante et plus venimeuse que jamais.

— Eh bien, voyons, qu'y a-t-il encore?

— Il y a que tout à l'heure, en sortant de vêpres, il y avait sur les degrés de Saint-Roch un pauvre qui demandait l'aumône en chantant, et qui, tout en chantant, offrait à ceux qui sortaient des apparences de complaintes. Or, savez-vous ce que c'étaient ces complaintes, monseigneur?

— Non, quelque noël, quelque pamphlet contre Law, contre cette pauvre duchesse de Berry, contre moi-même, peut-être. Oh! mon cher duc, il faut les laisser chanter : si seulement ils payaient!

— Tenez, monseigneur, lisez! dit Saint-Simon.

Et il présenta au duc d'Orléans un papier grossier, imprimé à la manière des chansons qui se chantent dans les rues. Le prince le prit en haussant les épaules, et jetant les yeux sur lui avec un inexprimable sentiment de dégoût, il commença de lire :

> Vous dont l'éloquence rapide
> Contre deux tyrans inhumains
> Eut jadis l'audace intrépide
> D'armer les Grecs et les Romains,
> Contre un monstre encore plus farouche
> Mettez votre fiel dans ma bouche;
> Je brûle de suivre vos pas,
> Et je vais tenter cet ouvrage,
> Plus charmé de votre courage,
> Qu'effrayé de votre trépas.

— Votre Altesse reconnaît le style? dit Saint-Simon.

— Oui, répondit le régent, c'est de Lagrange-Chancel. Puis il continua :

> A peine ouvrit-il ses paupières,
> Que tel qu'il se montre aujourd'hui,
> Il fut indigné des barrières

> Qu'il voit entre le trône et lui.
> Dans ces détestables idées
> De l'art des Circés, des Médées,
> Il fit ses uniques plaisirs,
> Croyant cette voie infernale
> Digne de remplir l'intervalle
> Qui s'opposait à ses désirs.

— Tenez, duc, dit le régent, en tendant le papier à Saint-Simon, c'est si méprisable, que je n'ai pas le courage de lire jusqu'au bout.

— Lisez, monseigneur, lisez, au contraire. Il faut que vous sachiez de quoi sont capables vos ennemis. Du moment où ils se montrent au jour, tant mieux. C'est une guerre. Ils vous offrent la bataille, acceptez la bataille, et prouvez-leur que vous êtes le vainqueur de Nerwinde, de Steinkerque et de Lérida.

— Vous le voulez donc, duc?

— Il le faut, monseigneur.

Et le régent, avec un sentiment de répugnance presque insurmontable, reporta les yeux sur le papier et lut, en sautant une strophe pour arriver plus tôt à la fin :

> Ainsi les fils pleurant leur père
> Tombent frappés des mêmes coups;
> Le frère est suivi par le frère,
> L'épouse devance l'époux;
> Mais, ô coups toujours plus funestes!
> Sur deux fils, nos uniques restes,
> La faux de la Parque s'étend;
> Le premier a rejoint sa race,
> L'autre, dont la couleur s'efface,
> Penche vers son dernier instant!

Le régent avait lu cette strophe en s'arrêtant vers par vers et d'un accent qui s'altérait à mesure qu'il approchait de la fin; mais au dernier vers son indignation fut plus forte que lui, et, froissant le papier dans ses mains, il voulut parler, mais la voix lui manqua, et deux grosses larmes seulement roulèrent de ses yeux sur ses joues.

— Monseigneur, dit Saint-Simon en regardant le régent avec une pitié pleine de vénération, monseigneur, je voudrais que le monde entier fût là et vît couler ces généreuses larmes; je ne vous donnerais plus le conseil de vous venger de vos ennemis, car, comme moi, le monde entier serait convaincu de votre innocence.

— Oui, mon innocence, murmura le régent; oui, et la vie de Louis XV en fera foi. Les infâmes! ils savent mieux que personne quels sont les vrais coupables. Ah! madame de Maintenon, ah! madame du Maine, ah! M. de Villeroy! Car ce misérable Lagrange-Chancel n'est que leur scorpion, et quand je pense, Saint-Simon, qu'en ce moment-ci même je les tiens sous mes pieds! que je n'ai qu'à appuyer le talon et que je les écrase!

Écrasez, monseigneur, écrasez! ce sont des occasions qui ne se présentent pas tous les jours, et quand on les tient, il faut les saisir.

Le régent réfléchit un instant, et pendant cet instant son visage décomposé reprit peu à peu l'expression de bonté qui lui était naturelle.

— Allons, dit Saint-Simon, qui suivait sur la physionomie du régent la réaction qui s'opérait, je vois que ce ne sera pas encore pour aujourd'hui.

— Non, monsieur le duc, dit Philippe, car pour aujourd'hui j'ai quelque chose de mieux à faire que de venger les injures du duc d'Orléans : j'ai à sauver la France.

Et, tendant la main à Saint-Simon, le prince rentra dans sa chambre.

Le soir, à neuf heures, monseigneur le régent quitta le Palais-Royal, et, contre son habitude, alla coucher à Versailles.

XIII

UN PIÉGE.

L e lendemain, vers les sept heures du matin, au moment où on levait le roi, M. le Premier entra chez Sa Majesté, et lui annonça que S. A. R. monseigneur le duc d'Orléans sollicitait l'honneur d'assister à sa toilette. Louis XV, qui n'était encore habitué à rien faire par lui-même, se retourna vers M. de Fréjus, qui était assis dans le coin le moins apparent de la chambre, comme pour lui demander ce qu'il avait à faire, et à cette interrogation muette, M. de Fréjus, non-seulement fit un signe de tête qui voulait dire qu'il fallait recevoir Son Altesse Royale ; mais encore, se levant aussitôt, il alla de sa personne lui ouvrir la porte. Le régent s'arrêta un instant sur le seuil pour remercier Fleury ; puis, s'étant assuré, d'un coup d'œil rapide autour de la chambre, que le maréchal de Villeroy n'était pas encore arrivé, il s'avança vers le roi.

Louis XV était à cette époque un bel enfant de neuf à dix ans, aux longs cheveux châtains, aux yeux noirs comme de l'encre, à la bouche pareille à une cerise et au teint rosé, qui, comme celui de sa mère, Marie de Savoie, duchesse de Bourgogne, était sujet à de subites pâleurs. Quoique son caractère fût encore fort irrésolu, à cause du tiraillement auquel le soumettait perpétuellement le double gouvernement du maréchal de Villeroy et de M. de Fréjus, il avait dans toute la physionomie quelque chose d'ardent et de résolu qui dénotait l'arrière-petit-fils de Louis XIV, et il avait l'habitude de mettre son chapeau comme lui. D'abord prévenu contre M. le duc d'Orléans, qu'on avait fait tout au

monde pour représenter comme l'homme de France qui lui voulait le plus de mal, il avait senti cette prévention céder peu à peu aux entrevues qu'il avait eues avec le régent, dans lequel, avec cet instinct juvénile qui trompe si rarement les enfants, il avait reconnu un ami.

De son côté, il faut le dire aussi, M. le duc d'Orléans avait pour le roi, outre le respect qui lui était dû, les prévenances les plus attentives et les plus tendres. Le peu d'affaires qui pouvaient être soumises à sa jeune intelligence lui étaient toujours présentées avec tant de lucidité et d'esprit, que, d'un travail politique qui eût été une fatigue avec tout autre, il avait fait une sorte de récréation que l'enfant royal voyait toujours arriver avec plaisir. Il faut dire aussi que presque toujours ce travail était récompensé par les plus beaux jouets qui se pussent voir et que Dubois, pour faire sa cour au roi, tirait d'Allemagne ou d'Angleterre. Sa Majesté accueillit donc le régent avec son plus doux sourire, et lui donna sa petite main à baiser avec une grâce toute particulière, tandis que monseigneur l'évêque de Fréjus, fidèle à son système d'humilité, s'en était allé se rasseoir dans le même petit coin où l'avait surpris l'arrivée de Son Altesse.

— Je suis bien content de vous voir, monsieur, dit Louis XV de sa douce petite voix et avec son sourire enfantin auquel l'étiquette qu'on lui imposait n'avait pu ôter toute sa grâce; d'autant plus content que, comme ce n'est pas votre heure habituelle, je présume que vous venez m'annoncer une bonne nouvelle.

— Deux, sire, répondit le régent. La première, c'est qu'il vient de m'arriver une énorme caisse de Nuremberg, qui m'a tout l'air de contenir...

— Oh! des joujoux! beaucoup de joujoux! n'est-ce pas, monsieur le régent? s'écria le roi, en sautant joyeusement et en battant des mains sans s'inquiéter de son valet de chambre qui demeurait debout derrière lui, tenant à la main la petite épée à poignée d'acier qu'il allait lui agrafer à la ceinture. Oh! de beaux joujoux! oh! de beaux joujoux! oh! que vous êtes gentil! oh! que je vous aime, monsieur le régent!

— Sire, je ne fais que mon devoir, répondit le duc d'Orléans en s'inclinant avec respect, et vous ne me devez aucune reconnaissance pour cela.

— Et où est-elle, monsieur, où est-elle, cette bienheureuse caisse?

— Chez moi, sire, et si Votre Majesté le veut, je la ferai transporter ici dans le courant de la journée, ou demain matin.

— Oh! non, tout de suite, monsieur, tout de suite, je vous prie!

— Mais c'est qu'elle est chez moi.

— Eh bien! allons chez vous, s'écria l'enfant en courant vers la porte sans faire attention qu'il lui manquait encore, pour que sa toilette fût achevée, son épée, sa petite veste de satin et son cordon bleu.

— Sire, dit M. de Fréjus en s'avançant, je ferai observer à Votre Majesté qu'elle s'abandonne trop passionnément au plaisir que lui cause la possession d'objets qu'elle devrait déjà regarder comme des futilités.

— Oui, monsieur, oui, vous avez raison, dit Louis XV en faisant un effort pour se contenir, oui, mais il faut me pardonner : je n'ai pas encore dix ans et j'ai bien travaillé hier.

— C'est vrai, dit M. de Fréjus en souriant. Aussi Votre Majesté s'occupera de ses joujoux lorsqu'elle aura demandé à M. le régent quelle est la seconde nouvelle qu'il avait à lui annoncer.

— Ah! oui, monseigneur, à propos, quelle est cette seconde nouvelle?

— Un travail qui doit être profitable à la France, sire, et qui est d'une telle importance, que je tiens à le soumettre à Votre Majesté.

— L'avez-vous ici? demanda le jeune roi.

— Non, sire, je ne savais pas trouver Votre Majesté si bien disposée à ce travail, et je l'ai laissé dans mon cabinet.

— Eh bien, dit Louis XV en se tournant moitié vers M. de Fréjus et moitié vers le régent, et en les regardant tous deux tour à tour avec un œil suppliant, ne pourrions-nous concilier tout cela? Au lieu de faire ma promenade du matin, j'irais chez vous voir les beaux joujoux de Nuremberg, et quand je les aurais vus, nous passerions dans votre cabinet et nous travaillerions.

— C'est contre l'étiquette, sire, répondit le régent; mais si Votre Majesté le veut...

— Oui, je le veux, dit Louis XV; c'est-à-dire, ajouta-t-il en se tournant vers M. de Fréjus et en le regardant d'un œil si doux qu'il n'y avait pas moyen d'y résister, si mon bon précepteur le permet.

— M. de Fréjus y verrait-il quelque inconvénient? dit le régent en se retournant vers Fleury, et en prononçant ces paroles avec un accent qui indiquait que le précepteur le blesserait souverainement en repoussant la requête que lui présentait son royal élève.

— Non, monseigneur, au contraire, dit Fleury; il est bon que Sa Majesté s'habitue à travailler, et si les lois de l'étiquette peuvent être violées, c'est lorsque de cette violation doit ressortir pour le peuple un heureux résultat. Seulement je demanderai à monseigneur la permission d'accompagner Sa Majesté.

— Comment donc, monsieur! dit le régent; mais avec le plus grand plaisir.

— Oh! quel bonheur! quel bonheur! s'écria Louis XV. Vite, ma veste, mon épée, mon cordon bleu! Me voilà, monsieur le régent, me voilà! Et il s'avança pour prendre la main du régent; mais, au lieu de se laisser aller à cette familiarité, le régent s'inclina, et ouvrant lui-même la porte au roi, il lui fit signe de marcher devant, et il le suivit à trois ou quatre pas avec M. de Fréjus et le chapeau à la main.

Les appartements du roi, situés au rez-de-chaussée, étaient de plain-pied avec ceux de monseigneur le duc d'Orléans, et n'étaient séparés que par une antichambre qui donnait chez le roi, et une petite galerie qui conduisait à une autre antichambre donnant chez le régent. Le passage fut donc court, et comme le roi était pressé d'arriver, on se trouva en un instant dans un grand cabinet éclairé par quatre fenêtres s'ouvrant toutes quatre en portes, et par lesquelles, à l'aide de deux marches, on descendait dans le jardin. Ce grand cabinet donnait dans un autre plus petit où M. le régent avait l'habitude de travailler et de faire entrer les intimes ou les favoris. Toute la cour de Son Altesse attendait là, et c'était chose naturelle, puisque c'était l'heure du lever. Aussi le jeune roi ne remarqua-t-il ni M. d'Artagan, capitaine des mousquetaires gris, ni M. le marquis de La Fare, capitaine des gardes, ni un nombre assez considérable de chevau-légers qui se promenaient en dehors des fenêtres. Il est vrai que, sur une table, au beau milieu du cabinet, il avait vu la bienheureuse caisse, dont la taille exorbitante lui avait, malgré l'exhortation à peine refroidie de M. de Fréjus, fait pousser un cri de joie.

Cependant il fallut encore se contenir et recevoir en roi les hommages de MM. d'Artagan et de La Fare; mais pendant ce temps monseigneur le régent avait fait appeler deux valets de chambre, armés de ciseaux, lesquels firent en un instant voler le couvercle de bois blanc qui fermait la caisse, et

Le roi se précipite vers le paradis qui lui était ouvert.

mirent à découvert la plus splendide collection de joujoux qui aient jamais ébloui l'œil d'un roi de neuf ans.

A cette vue tentatrice, il n'y eut plus ni précepteur, ni étiquette, ni capitaine de gardes, ni capitaine de mousquetaires gris; le roi se précipita vers le paradis qui lui était ouvert, et, comme d'une mine inépuisable, comme d'une corbeille de fée, comme d'un trésor des *Mille et une Nuits*, il entira successivement des clochers, des vaisseaux à trois ponts, des escadrons de cavalerie, des bataillons d'infanterie, des colporteurs chargés de leurs balles,

des escamoteurs avec leurs gobelets, enfin ces mille merveilles du premier âge qui, dans la soirée de Noël, font tourner la tête à tous les enfants d'Outre-Rhin; et cela avec des transports de joie si francs et si roturiers, que M. de Fréjus lui-même respecta le moment de bonheur qui illuminait la vie de son royal élève. Les assistants le regardaient avec le silence religieux qui entoure les grandes douleurs et les grandes joies. Mais au plus profond de ce silence, on entendit un bruit violent dans les antichambres.

La porte s'ouvrit; un huissier annonça le duc de

Villeroy, et le maréchal parut sur le seuil, la canne à la main, effaré, secouant sa perruque, et demandant à grands cris le roi. Comme on était habitué à ces façons de faire, M. le régent se contenta de lui montrer Sa Majesté qui continuait de vider sa caisse, couvrant les meubles et le parquet des splendides joujoux qu'elle tirait de son inépuisable récipient. Le maréchal n'avait rien à dire; il était en retard de près d'une heure. Le roi était avec M. de Fréjus, cet autre lui-même, mais il ne s'en approcha pas moins en grommelant et en jetant autour de lui des regards qui semblaient dire que, si Sa Majesté courait quelque danger, il était là pour la défendre. Le régent échangea un regard d'intelligence avec La Fare, et un sourire imperceptible avec d'Artagan; les choses allaient que c'était merveille.

La caisse vidée, et après avoir laissé un instant le roi jouir de la possession visuelle de tous ses trésors, M. le régent s'approcha de lui et, le chapeau toujours à la main, lui rappela la promesse qu'il lui avait faite de consacrer une heure avec lui au travail des choses de l'État. Louis XV, avec cette ponctualité de parole qui lui fit dire depuis que l'exactitude était la politesse des rois, jeta un dernier coup d'œil sur ses joujoux, demanda la permission de les faire emporter dans ses appartements, permission qui lui fut aussitôt accordée, et s'avança vers le petit cabinet, dont M. le régent lui ouvrit la porte. Alors, selon leurs caractères différents, ou plutôt selon l'adroite politique de l'un et la brutale inconvenance de l'autre, M. de Fleury, qui, sous prétexte de sa répugnance à se mêler des affaires politiques, n'assistait presque jamais au travail du roi, fit quelques pas en arrière et alla s'asseoir dans un coin, tandis qu'au contraire le maréchal s'élança en avant et, voyant le roi entrer dans le cabinet, voulut le suivre. C'était ce moment qu'avait préparé le régent et qu'il attendait avec impatience.

— Pardon, monsieur le maréchal, dit-il alors en barrant le passage au duc de Villeroy; mais, les affaires dont j'ai à entretenir Sa Majesté demandant le secret le plus absolu, je vous prierai de vouloir bien me laisser un instant avec elle en tête-à-tête.

— En tête à-tête! s'écria Villeroy, en tête-à-tête! Mais vous savez bien, monseigneur, que c'est impossible.

— Impossible, monsieur le maréchal! répondit le régent avec le plus grand calme; impossible! Et pourquoi, je vous prie?

— Parce qu'en ma qualité de gouverneur de Sa Majesté, j'ai le droit de l'accompagner partout.

— D'abord, monsieur, reprit le régent, ce droit ne me paraît reposer sur aucune preuve bien positive, et si j'ai bien voulu tolérer jusqu'à cette heure, non pas ce droit, mais cette prétention, c'est que l'âge du roi le rendait sans importance. Mais maintenant que Sa Majesté va atteindre sa dixième année, maintenant qu'elle commence à permettre que je l'initie

à la science du gouvernement, science pour laquelle la France m'a conféré le titre de son précepteur, vous trouverez bon, monsieur le maréchal, que, comme M. de Fréjus et vous, j'aie avec Sa Majesté mes heures de tête-à-tête. Cela vous sera d'autant moins pénible à accorder, monsieur le maréchal, ajouta le régent avec un sourire à l'expression duquel il était difficile de se tromper, que vous êtes trop savant sur ces sortes de matières pour qu'il vous reste quelque chose à y apprendre.

— Mais, monsieur, répliqua le maréchal en s'échauffant selon son habitude et en oubliant toute convenance à mesure qu'il s'échauffait, monsieur, je vous ferai observer que le roi est mon élève.

— Je le sais, monsieur, dit le régent du même ton railleur qu'il avait commencé de prendre avec lui, et faites de Sa Majesté un grand capitaine, je ne vous en empêche point. Vos campagnes d'Italie et de Flandre font témoignage qu'on ne pouvait lui choisir un meilleur maître; mais dans ce moment, monsieur le maréchal, il ne s'agit aucunement de science militaire, il s'agit tout simplement d'un secret d'État qui ne peut être confié qu'à Sa Majesté. Ainsi, vous trouverez bon que je vous renouvelle l'expression du désir que j'ai d'entretenir le roi en particulier.

— Impossible, monseigneur, impossible! s'écria le maréchal perdant de plus en plus la tête.

— Impossible! reprit le régent, et pourquoi?

— Pourquoi? continua le maréchal, pourquoi?... parce que mon devoir est de ne point perdre le roi de vue un seul instant, et que je ne permettrai pas...

— Prenez garde, monsieur le maréchal, interrompit le duc d'Orléans avec une indéfinissable expression de hauteur, je crois que vous allez me manquer de respect!

— Monseigneur, reprit le maréchal s'échauffant de plus en plus, je sais le respect que je dois à Votre Altesse Royale pour le moins autant que ce que je dois à ma charge et au roi, et c'est pour cela que Sa Majesté ne restera pas un instant hors de ma vue, attendu... Le duc hésita.

— Attendu? reprit M. le régent, attendu?... Achevez, monsieur.

— Attendu que je réponds de sa personne, dit le maréchal, qui, poussé par cette espèce de défi, ne voulait pas avoir l'air de reculer.

A ce dernier manque de toute retenue, il se fit parmi tous les spectateurs de cette scène un moment de silence pendant lequel on n'entendit rien que les grommelements du maréchal et les soupirs étouffés de M. de Fleury. Quant au duc d'Orléans, il releva la tête avec un sourire de souverain mépris, et prenant peu à peu cet air de dignité qui faisait de lui, lorsqu'il le voulait, un des princes les plus imposants du monde:

— Monsieur de Villeroy, dit-il, vous vous méprеnez étrangement, ce me semble, et vous croyez parler à quelque autre. Mais, puisque vous oubliez qui je suis, c'est à moi de vous en faire souvenir. Marquis de La Fare, continua le régent en s'adressant à son capitaine des gardes, faites votre devoir.

Alors seulement le maréchal de Villeroy, comme si le plancher manquait sous lui, comprit dans quel précipice il glissait et ouvrit la bouche pour balbutier une excuse ; mais le régent ne lui laissa pas même le temps d'achever sa phrase, et lui ferma la porte du cabinet au nez.

Aussitôt, et avant qu'il fût revenu de sa surprise, le marquis de La Fare s'approcha du maréchal et lui demanda son épée.

Le maréchal demeura un instant interdit. Depuis si longtemps qu'il se berçait dans son impertinence sans que personne prît la peine de l'en tirer, il avait fini par se croire inviolable ; il voulut parler, mais la voix lui manqua, et, sur une seconde demande plus impérative que la première, il détacha son épée et la donna au marquis de La Fare.

En même temps une porte s'ouvre, et une chaise s'approche ; deux mousquetaires gris y poussent le maréchal ; la chaise se referme. D'Artagan et La Fare se placent à chaque portière, et, en un clin d'œil, le prisonnier est emporté par une des fenêtres latérales dans les jardins. Les chevau-légers, qui ont le mot d'ordre, se mettent à sa suite ; la marche se presse, on descend le grand escalier, on tourne à gauche, on entre dans l'Orangerie : là, dans une première pièce, on laisse toute la suite, et la chaise, ses porteurs et ce qu'elle contient entrent dans une seconde chambre, accompagnés seulement de La Fare et de d'Artagan.

Toutes ces choses s'étaient passées si rapidement, que le maréchal, dont la première qualité n'était point le sang-froid, n'avait pas eu le temps de se remettre. Il s'était vu désarmer, il s'était senti emporter, il se trouvait enfermé avec deux hommes qu'il savait ne pas professer pour lui une grande amitié, et, s'exagérant toujours son importance, il se crut perdu.

— Messieurs, s'écria-t-il en pâlissant, et tandis que la sueur et la poudre lui coulaient sur le visage, messieurs, j'espère qu'on ne veut pas m'assassiner ?

— Non , monsieur le maréchal , tranquillisez-vous, lui dit La Fare, tandis que d'Artagan, en voyant la figure grotesque que faisait au maréchal sa perruque tout effarouchée, ne pouvait s'empêcher de rire ; non, monsieur, il s'agit d'une chose beaucoup plus simple et infiniment moins tragique.

— Et de quoi s'agit-il donc alors? demanda le maréchal, à qui cette assurance rendait un peu de tranquillité.

— Il s'agit, monsieur, de deux lettres que vous comptiez remettre ce matin au roi et que vous de-

vez avoir dans quelqu'une des poches de votre habit.

Le maréchal, qui, préoccupé jusqu'alors de sa propre affaire, avait oublié celle de madame du Maine, tressaillit, et porta vivement la main à la poche où étaient ces lettres.

— Pardon, monsieur le duc, dit d'Artagan en arrêtant la main du maréchal, mais nous sommes autorisés à vous prévenir que dans le cas où vous chercheriez à nous soustraire les originaux de ces lettres, M. le régent en a les copies.

— Puis, j'ajouterai, dit La Fare, que nous sommes autorisés à vous les prendre de force, et que nous sommes absous d'avance de tout accident que pourrait amener une lutte, en supposant, ce qui n'est pas probable, que vous poussiez la rébellion, monsieur le maréchal, jusqu'à vouloir lutter.

— Et vous m'assurez, messieurs, dit le maréchal, que monseigneur le régent a les copies de ces lettres?

— Sur ma parole d'honneur! dit d'Artagan.

— Foi de gentilhomme ! dit La Fare.

— En ce cas, messieurs, reprit Villeroy, je ne vois pas pourquoi j'essayerais de soustraire ces lettres, qui d'ailleurs ne me regardent aucunement, et que je ne m'étais chargé de remettre que par complaisance.

— Nous savons cela, monsieur le maréchal, dit La Fare.

— Seulement, ajouta le maréchal, j'espère, messieurs, que vous ferez valoir près de S. A. R. la facilité avec laquelle je me suis soumis à ses ordres, et le regret bien sincère que j'ai de l'avoir offensée.

— N'en doutez pas, monsieur le maréchal, toute chose sera rapportée comme elle s'est passée ; mais ces lettres?

— Les voici, monsieur, dit le maréchal en donnant les deux lettres à La Fare.

La Fare leva un cachet volant aux armes d'Espagne, et s'assura que c'était bien les papiers qu'il avait mission de prendre ; puis, après s'être assuré également qu'il n'y avait pas d'erreur :

— Mon cher d'Artagan, dit-il, conduisez maintenant M. le maréchal à sa destination, et recommandez, je vous prie, au nom de monseigneur le régent, aux personnes qui auront l'honneur de l'accompagner avec vous, d'avoir pour lui tous les égards dus à son mérite.

Aussitôt la chaise se referma, et les porteurs se mirent en marche. Le maréchal, allégé de ces deux lettres, et commençant à soupçonner le piège dans lequel il était tombé, repassa dans la première pièce où l'attendaient les chevau-légers. Le cortège se dirigea vers la grille, où il arriva au bout d'un instant. Un carrosse à six chevaux attendait ; on y porta le maréchal. D'Artagan se plaça près de lui, un officier des mousquetaires et du Libois, un des gentilshommes du roi, se mirent sur le devant, vingt mous-

Le marquis de La Fare s'approcha du maréchal et lui demanda son épée. — PAGE 79.

quetaires se placèrent, quatre à chaque portière, douze à la suite ; on fit signe au cocher, et le carrosse partit au galop.

Quant au marquis de La Fare, qui s'était arrêté au haut de l'escalier de l'Orangerie pour assister à ce départ, à peine l'eut-il vu effectuer sans accident, qu'il reprit la route du château, les deux lettres de Philippe V à la main.

J. A. BEACE.

QUICHON.D.LEEN.

Et l'abbé répéta mot pour mot la simple nouvelle qu'il annonçait en pesant sur chaque syllabe. — Page 82.

XIV

LE COMMENCEMENT DE LA FIN.

L e même jour, vers deux heures de l'après-midi, et comme d'Harmental, profitant de l'absence de Buvat, que l'on croyait à la Bibliothèque, répétait pour la millième fois, couché aux pieds de Bathilde, qu'il l'aimait, qu'il n'aimait qu'elle, et n'aimerait jamais une autre qu'elle, Nanette entra et annonça au chevalier que quelqu'un l'attendait chez lui pour affaire d'importance.

D'Harmental, curieux de savoir quel était l'importun qui le poursuivait ainsi jusque dans le paradis de son amour, alla vers la fenêtre et aperçut l'abbé Brigaud qui se promenait de long en large dans son appartement. Alors il rassura d'un sourire Bathilde inquiète, prit le chaste baiser que lui tendait le front virginal de la jeune fille, et remonta chez lui.

— Eh bien lui dit l'abbé en l'apercevant, tandis que vous êtes bien tranquille à faire l'amour à votre voisine, il se passe de belles choses, mon cher pupille!

— Et que se passe-t-il donc? demanda d'Harmental?

— Alors vous ne savez rien?

— Rien, absolument rien, sinon que si ce que vous avez à m'apprendre n'est pas de la plus haute importance, je vous étrangle pour m'avoir dérangé. Ainsi, tenez-vous bien, et si vous n'avez pas de nouvelles dignes de la circonstance, faites-en.

— Malheureusement, mon cher pupille, reprit l'abbé Brigaud, la réalité laissera peu de chose à faire à mon imagination.

— En effet, mon cher Brigaud, dit d'Harmental en regardant l'abbé avec plus d'attention, vous avez la mine toute encharibottée! Voyons, qu'est-il arrivé? Contez-moi cela.

— Ce qu'il est arrivé? Oh! mon Dieu, presque rien, si ce n'est que nous avons été vendus je ne sais par qui; que M. le maréchal de Villeroy a été arrêté ce matin à Versailles, et que les deux lettres de Philippe V, qu'il devait remettre au roi, sont entre les mains du régent.

— Répétez donc, l'abbé, dit d'Harmental, qui, du troisième ciel où il était monté, avait toutes les peines du monde à redescendre sur la terre. Répétez donc, s'il vous plaît, je n'ai pas bien entendu.

— Et l'abbé répéta mot pour mot la triple nouvelle qu'il annonçait en pesant sur chaque syllabe.

D'Harmental écouta la complainte de Brigaud d'un bout à l'autre, et comprit à son tour la gravité de la situation. Mais, quelles que fussent les sombres pensées que cette situation fît naître en lui, son visage ne manifesta d'autre sentiment que cette expression de fermeté calme qui lui était habituelle au moment du danger; puis, lorsque l'abbé eut fini:

— Est-ce tout? demanda le chevalier d'une voix où il était impossible de reconnaître la moindre altération.

— Oui, pour le moment, répondit l'abbé, et il me semble même que c'est bien assez, et que si vous n'êtes pas content comme cela, vous êtes difficile.

— Mon cher abbé, quand nous nous sommes mis à jouer à la conspiration, reprit d'Harmental, c'était avec chances à peu près égales de perdre ou de gagner. Nos chances avaient haussé, nos chances baissent. Hier nous avions quatre-vingt-dix chances sur cent; aujourd'hui nous n'en avons plus que trente: voilà tout.

— Allons, dit Brigaud, je vois avec plaisir que vous ne vous démontez pas facilement.

— Que voulez-vous, mon cher abbé? reprit d'Harmental, je suis heureux en ce moment, et je vois les

choses en homme heureux. Si vous m'aviez pris dans un moment de tristesse, je verrais tout en noir, et je répondrais *Amen* à votre *De profundis*.

— Ainsi donc, votre avis?

— Est que le jeu s'embrouille, mais que la partie n'est point perdue. M. le maréchal de Villeroy n'est point de la conjuration; M. le maréchal de Villeroy ne sait pas les noms des conjurés. Les lettres de Philippe V, autant que je puis m'en souvenir, ne désignent personne, et il n'y a de véritablement compromis dans tout cela que le prince de Cellamare. Or, l'inviolabilité de son caractère le garantit de tout danger réel. D'ailleurs M. de Saint-Aignan, si notre plan est parvenu au cardinal Alberoni, doit à cette heure lui servir d'otage.

— Il y a du vrai dans ce que vous dites là, reprit Brigaud en se rassurant.

— Et de qui tenez-vous ces nouvelles? demanda le chevalier.

— De Valef, qui les tenait de madame du Maine, et qui est allé aux nouvelles chez le prince de Cellamare lui-même.

— Eh bien, il faudrait voir Valef.

— Je lui ai donné rendez-vous ici, et comme j'ai passé, avant de venir vous voir, chez le marquis de Pompadour, je m'étonne même qu'il ne soit pas encore arrivé.

— Raoul! dit une voix dans l'escalier; Raoul!

— Et tenez, c'est lui, s'écria d'Harmental en courant à la porte et en l'ouvrant.

— Merci, très-cher, dit le baron de Valef, et vous venez fort à propos à mon aide, car, sur mon honneur, j'allais m'en aller convaincu que Brigaud s'était trompé d'adresse et qu'un chrétien ne pouvait demeurer à une pareille hauteur et dans un semblable pigeonnier. Ah! mon cher, continua Valef en pirouettant sur le talon et en regardant la mansarde de d'Harmental, il faut que je vous y amène madame du Maine, et qu'elle sache tout ce qu'elle vous doit.

— Dieu veuille, baron, dit Brigaud, que vous, le chevalier et moi, ne soyons pas plus mal logés encore d'ici à quelques jours.

— Ah! vous voulez dire la Bastille? C'est possible, l'abbé; mais au moins, à la Bastille, il y a force majeure; puis c'est un logement royal, ce qui le rehausse toujours un peu et en fait une demeure qu'un gentilhomme peut habiter sans déchoir. Mais ce logement! fi donc, l'abbé! Je sens le clerc de procureur à une lieue: parole d'honneur!

— Eh bien, si vous saviez ce que j'y ai trouvé, Valef, dit d'Harmental piqué malgré lui du mépris que le baron faisait de sa demeure, vous seriez comme moi, vous ne voudriez plus le quitter.

— Bah! vraiment? quelque petite bourgeoise? une madame Michelin peut-être? Prenez garde, chevalier, il n'y a qu'à Richelieu que ces choses-là soient permises. A vous et à moi, qui valons mieux que lui peut-être, mais qui pour le moment avons le malheur de ne point être si fort à la mode que lui, cela nous ferait le plus grand tort.

— Au reste, baron, dit Brigaud, quelque frivoles que soient vos observations, je les écoute avec le plus grand plaisir, attendu qu'elles me prouvent que nos affaires ne sont point en si mauvais état que nous le pensions.

— Au contraire. A propos, la conspiration est à tous les diables.

— Que dites-vous là, baron? s'écria Brigaud.

— Je dis que j'ai bien cru qu'on ne me laisserait pas même le loisir de venir vous apporter la nouvelle que je vous apporte.

— Vous avez failli être arrêté, mon cher Valef? demanda d'Harmental.

— Il ne s'en est pas fallu de l'épaisseur d'un cheveu.

— Et comment cela, baron?

— Comment cela? Vous savez bien, l'abbé, que je vous ai quitté pour aller chez le prince de Cellamare?

— Oui.

— Eh bien! j'y étais quand on est venu pour saisir ses papiers.

— On a saisi les papiers du prince? s'écria Brigaud.

— Moins ceux que nous avons brûlés, et malheureusement ce n'est pas la majeure partie.

— Mais nous sommes tous perdus alors! dit l'abbé.

— Oh! mon cher Brigaud, comme vous jetez le manche après la cognée! Que diable! est-ce qu'il ne nous reste pas la ressource de faire une petite Fronde, et croyez-vous que madame du Maine ne vaille pas la duchesse de Longueville?

— Mais enfin, mon cher Valef, comment cela s'est-il passé? demanda d'Harmental.

— Mon cher chevalier, imaginez-vous la scène la plus bouffonne du monde. J'aurais voulu pour beaucoup que vous fussiez là. Nous aurions ri comme des dératés. Cela aurait fait enrager ce croquant de Dubois.

— Comment! Dubois lui-même, demanda Brigaud, Dubois est venu chez l'ambassadeur?

— En personne naturelle, l'abbé. Imaginez-vous que nous étions en train de causer tranquillement, au coin du feu, de nos petites affaires, le prince de Cellamare et moi, fouillant dans une cassette pleine de lettres plus ou moins importantes, et brûlant toutes celles qui nous paraissaient mériter les honneurs de l'auto-da-fé, lorsque tout à coup son valet de chambre entre et nous annonce que l'hôtel de l'ambassade est cerné par un cordon de mousquetaires, et que Dubois et Leblanc demandent à lui parler. Le but de la visite n'était pas difficile à deviner. Le prince, sans se donner la peine de choisir, vide la cassette tout entière au feu, me pousse dans un cabinet de toilette, et ordonne de faire en-

trer. L'ordre était inutile : Dubois et Leblanc étaient déjà sur la porte. Heureusement ni l'un ni l'autre ne m'avait vu.

— Jusqu'ici je ne vois rien de bien drôle dans tout cela, dit Brigaud en secouant la tête.

— Justement, voilà où cela commence, reprit Valef. Imaginez-vous d'abord que j'étais là dans mon cabinet, voyant et entendant tout. Dubois parut sur la porte, suivi de Leblanc, allongeant sa tête de fouine dans la chambre, et cherchant du regard le prince de Cellamare, qui, enveloppé de sa robe de chambre, se tenait devant la cheminée pour donner aux papiers en question le temps de brûler.

— Monsieur, dit le prince avec ce flegme que vous lui connaissez, puis-je savoir à quel événement je dois la bonne fortune de votre visite?

— Oh! mon Dieu! monseigneur, dit Dubois, à une chose bien simple, au désir qui nous est venu, à M. Leblanc et à moi, de prendre connaissance de vos papiers, dont, ajouta-t-il en montrant les lettres du roi Philippe V, ces deux échantillons nous ont donné un avant-goût.

— Comment! dit Brigaud, ces lettres, saisies à dix heures seulement à Versailles sur la personne de M. de Villeroy, étaient déjà à une heure entre les mains de Dubois?

— Comme vous dites, l'abbé; vous voyez qu'elles ont fait plus de chemin que si on les avait mises tout bonnement à la poste.

— Et qu'a dit alors le prince? demanda d'Harmental.

— Oh! le prince a voulu hausser la voix, le prince a voulu invoquer le droit des gens; mais Dubois, qui ne manque pas d'une certaine logique, lui a fait observer qu'il avait quelque peu violé lui-même ce droit en couvrant la conspiration de son manteau d'ambassadeur. Bref, comme il était le moins fort, il lui fallut bien souffrir ce qu'il ne pouvait empêcher. D'ailleurs Leblanc, sans lui demander la permission, avait déjà ouvert le secrétaire et visité ce qu'il contenait, tandis que Dubois tirait les tiroirs d'un bureau et furetait de son côté. Tout à coup Cellamare quitta sa place, et, arrêtant Leblanc, qui venait de mettre la main sur un paquet de lettres liées avec un ruban rose :

— Pardon, monsieur, lui dit-il, à chacun ses attributions. Ces lettres sont des lettres de femmes : cela regarde l'ami du prince.

— Merci de votre confiance, dit Dubois sans se déconcerter, en se levant et en allant recevoir le paquet des mains de Leblanc; j'ai l'habitude de ces sortes de secrets, et le vôtre sera bien gardé.

En ce moment, ses yeux se portèrent sous la cheminée, et au milieu des cendres des lettres brûlées Dubois aperçut un papier encore intact, et, se précipitant vers la cheminée, il le saisit au moment où les flammes allaient l'atteindre. Le mouvement fut si rapide, que l'ambassadeur ne put l'empêcher, et que le papier était aux mains de Dubois avant qu'il eût deviné quelle était son intention.

— Peste! dit le prince en regardant Dubois qui se secouait les doigts, je savais bien que M. le régent avait des espions habiles, mais je ne les savais pas assez braves pour aller au feu.

— Eh! ma foi, prince, dit Dubois, qui avait déjà ouvert le papier, ils sont grandement récompensés de leur bravoure. Voyez...

Le prince jeta les yeux sur le papier. Je ne sais pas ce qu'il contenait; ce que je sais, c'est que le prince devint pâle comme la mort, et que, comme Dubois éclatait de rire, Cellamare, dans un moment de colère, brisa en mille morceaux une charmante petite statue de marbre qui se trouva sous sa main.

— J'aime mieux que ce soit elle que moi, dit froidement Dubois en regardant les morceaux qui roulaient jusqu'à ses pieds et en mettant le papier dans sa poche.

— Chacun aura son tour, monsieur; le ciel est juste, dit l'ambassadeur.

— En attendant, reprit Dubois avec son ton goguenard, comme nous avons à peu près ce que nous désirions avoir, et qu'il ne nous reste pas de temps à perdre aujourd'hui, nous allons mettre les scellés chez vous.

— Les scellés chez moi! s'écria l'ambassadeur exaspéré.

— Avec votre permission, dit Dubois. Monsieur. Leblanc, procédez.

Leblanc tira d'un sac des bandes et de la cire toutes préparées.

Il commença l'opération par le secrétaire et le bureau; puis, les cachets appliqués sur ces deux meubles, il s'avança vers la porte de mon cabinet.

— Messieurs, s'écria le prince, je ne souffrirai jamais...

— Messieurs, dit Dubois en ouvrant la porte et en introduisant dans la chambre de l'ambassadeur deux officiers de mousquetaires, voilà M. l'ambassadeur d'Espagne qui est accusé de haute trahison contre l'État; ayez la bonté de l'accompagner à la voiture qui l'attend, et de le conduire où vous savez. S'il fait résistance, appelez huit hommes et emportez-le.

— Et que fit le prince? dit Brigaud.

— Le prince fit ce que vous auriez fait à sa place, je le présume, mon cher abbé; il suivit les deux officiers, et cinq minutes après votre serviteur se trouva sous le scellé.

— Pauvre baron! s'écria d'Harmental; et comment diable t'en es-tu retiré?

— Ah! voilà justement le beau de la chose. À peine le prince sorti et moi sous bande, comme ma porte se trouvait la dernière à cacheter, et que, par conséquent, la besogne était finie, Dubois appela le valet de chambre du prince.

— Comment vous nommez-vous? demanda Dubois.

— Lapierre, monseigneur, pour vous servir, répondit le valet tout tremblant.

— Mon cher Leblanc, reprit Dubois, expliquez, je vous prie, à M. Lapierre quelles sont les peines que l'on encourt pour bris de scellés.

— Les galères, répondit Leblanc avec cet accent aimable que vous lui connaissez.

— Mon cher monsieur Lapierre, continua Dubois d'un ton doux comme miel, vous entendez : s'il vous convient d'aller ramer pendant quelques années sur les vaisseaux de Sa Majesté le roi de France, touchez du bout du doigt seulement à l'une de ces petites bandes ou à un de ces gros cachets, et votre affaire sera faite. Si, au contraire, une centaine de louis vous sont agréables, gardez fidèlement les scellés que nous venons de poser, et dans trois jours les cent louis vous seront comptés.

— Je préfère les cent louis, dit ce gredin de Lapierre.

— Eh bien! alors, signez ce procès-verbal; nous vous constituons gardien du cabinet du prince.

— Je suis à vos ordres, monseigneur, répondit Lapierre; et il signa.

— Maintenant, dit Dubois, vous comprenez toute la responsabilité qui pèse sur vous.

— Oui, monseigneur.

— Et vous vous y soumettez?

— Je m'y soumets.

— À merveille. Mon cher Leblanc, nous n'avons plus rien à faire ici, dit Dubois, et j'ai, ajouta-t-il en montrant le papier qu'il avait tiré de la cheminée, tout ce que je désirais avoir.

Et à ces mots il sortit, suivi de son acolyte. Lapierre les regarda s'éloigner; puis, lorsqu'il les eut vus monter en voiture :

— Eh! vite, monsieur le baron, dit-il en se retournant du côté du cabinet, il s'agit de profiter de ce que nous sommes seuls pour vous en aller.

— Tu savais donc que j'étais ici, maraud?

— Pardieu! est-ce que j'aurais accepté la place de gardien sans cela? Je vous avais vu entrer dans le cabinet, et j'ai pensé que vous ne seriez pas curieux de rester là trois jours.

— Et tu as eu raison. Cent louis pour toi en récompense de cette bonne idée.

— Bon Dieu! que faites-vous donc? s'écria Lapierre.

— Tu le vois bien, j'essaye de sortir.

— Pas par la porte, monsieur le baron, pas par la porte! Vous ne voudriez pas envoyer un pauvre père de famille aux galères. D'ailleurs, pour plus de sûreté, ils ont emporté la clef avec eux.

— Et par où diable alors veux-tu que je m'en aille, maroufle?

— Levez la tête.

— Elle est levée.

Voilà M. l'ambassadeur d'Espagne qui est accusé de haute trahison contre l'État ; ayez la bonté de l'accompagner à la voiture qui l'attend. — PAGE 84.

— Regardez en l'air.

— J'y regarde.

— A votre droite.

— J'y suis.

— Ne voyez-vous rien ?

— Ah ! si fait ! un œil-de-bœuf.

— Eh bien ! montez sur une chaise, sur un meuble, sur la première chose venue. L'œil-de-bœuf donne dans l'alcôve. Là ; laissez-vous glisser maintenant, vous tomberez sur le lit. Voilà. Vous ne vous êtes pas fait mal, monsieur le baron ?

— Non. Le prince était fort bien couché, ma foi. Je souhaite qu'il ait un aussi bon lit où on le mène !

— Et j'espère maintenant que monsieur le baron n'oubliera pas le service que je lui ai rendu ?

— Les cent louis, n'est-ce pas ?

— C'est monsieur le baron qui me les a offerts.

— Tiens ! drôle, comme je ne me soucie pas de me dessaisir en ce moment de mon argent, prends cette bague, elle vaut trois cents pistoles : c'est six cents livres que tu gagnes au marché.

— Monsieur le baron est le plus généreux seigneur que je connaisse.

— C'est bien. Et maintenant par où faut-il que je m'en aille?

— Par ce petit escalier. Monsieur le baron se trouvera dans l'office, il traversera la cuisine, descendra dans le jardin et sortira par la petite porte, car peut-être la grande est-elle gardée.

— Merci de l'itinéraire.

Je suivis les instructions de Lapierre de point en point ; je trouvai l'office, la cuisine, le jardin, la petite porte ; je ne fis qu'un bond de la rue des Saints-Pères ici, et me voilà.

— Et le prince de Cellamare, où est-il? demanda le chevalier.

— Est-ce que je le sais, moi? dit Valef. En prison, sans doute.

— Diable! diable! diable! dit Brigaud.

— Eh bien! que dites-vous de mon odyssée, l'abbé?

— Je dis que ce serait fort drôle, sans ce maudit papier que ce damné de Dubois est allé ramasser dans les cendres.

— Oui, en effet, dit Valef, cela gâte la chose.

— Et vous n'avez aucune idée de ce que ce pouvait être?

— Aucune. Mais soyez tranquille, l'abbé, il n'est pas perdu, et un jour ou l'autre nous saurons bien ce que c'était.

— En ce moment, on entendit quelqu'un qui montait l'escalier. La porte s'ouvrit, et Boniface passa sa tête joufflue.

— Pardon, excuse, monsieur Raoul, dit l'héritier présomptif de madame Denis, mais ce n'est pas vous que je cherche, c'est le papa Brigaud.

— N'importe, monsieur Boniface, dit Raoul, soyez le bienvenu. Mon cher baron, je vous présente mon prédécesseur dans cette chambre, le fils de ma digne propriétaire, madame Denis, le filleul de notre bon ami l'abbé Brigaud.

— Tiens, vous avez des amis barons, monsieur Raoul! Peste! Quel honneur pour la maison de la mère Denis! Ah! vous êtes baron, vous?

— C'est bien, c'est bien, petit drôle, dit l'abbé, qui ne se souciait pas qu'on le sût en si bonne compagnie. C'est moi que tu cherchais, as-tu dit?

— Vous-même.

— Que veux-tu?

— Moi, rien. C'est la mère Denis qui vous réclame.

— Que me veut-elle? le sais-tu?

— Tiens, si je le sais! Elle veut vous demander pourquoi le Parlement s'assemble demain.

— Le Parlement s'assemble demain! s'écrièrent Valef et d'Harmental.

— Et dans quel but? demanda Brigaud.

— Eh bien, c'est justement ce qui l'intrigue, cette pauvre femme.

— Et d'où ta mère a-t-elle su que le Parlement s'assemblait?

— C'est moi qui le lui ai dit.

— Et où l'as-tu appris, toi?

— Chez mon procureur, pardieu! Maître Joullu était justement chez M. le premier président, quand l'ordre lui est arrivé des Tuileries. Aussi, si le feu prend demain à l'étude, ce n'est pas moi qui l'y aurai mis; vous pourrez être parfaitement tranquille, père Brigaud. Oh! dites donc, ils vont venir tous en robe rouge! ça va faire une fameuse baisse dans les écrevisses!

— C'est bon, garnement; dis à ta mère que je passerai chez elle en descendant.

— Suffīt! on vous attendra. Adieu, monsieur Raoul; adieu, monsieur le baron. Oh! à deux sous les homards! à deux sous!

Et M. Boniface sortit, fort éloigné de se douter de l'effet qu'il venait de produire sur ses trois auditeurs.

— C'est quelque coup d'État qui se machine, murmura d'Harmental.

— Je cours chez madame du Maine pour l'en prévenir, dit Valef.

— Et moi chez Pompadour, pour savoir des nouvelles, dit Brigaud.

— Et moi je reste, dit d'Harmental. Si vous avez besoin de moi, l'abbé, vous savez où je suis.

— Mais si vous n'étiez pas chez vous, chevalier?

— Oh! je ne serais pas loin; vous n'auriez qu'à ouvrir la fenêtre et à frapper trois fois dans vos mains : on accourrait.

L'abbé Brigaud et le baron de Valef prirent leur chapeau et descendirent ensemble pour aller chacun où il avait dit.

Cinq minutes après eux, d'Harmental descendit à son tour, et monta chez Bathilde, qu'il trouva fort inquiète.

Il était cinq heures de l'après-midi, et Buvat n'était pas encore rentré. C'était la première fois que pareille chose arrivait, depuis que la jeune fille avait l'âge de connaissance.

XV

LE LIT DE JUSTICE.

e lendemain, à sept heures du matin, Brigaud vint prendre d'Harmental, et trouva le jeune homme habillé et l'attendant. Tous deux s'enveloppèrent de leurs manteaux, rabattirent leurs chapeaux sur leurs yeux, et s'acheminèrent par la rue de Cléry, la place des Victoires et le jardin du Palais-Royal.

En approchant de la rue de l'Échelle, ils commencèrent à apercevoir un mouvement inaccoutumé ; toutes les avenues des Tuileries étaient gardées par des détachements nombreux de chevau-légers et de mousquetaires, et les curieux, exilés de la cour et du jardin des Tuileries, se pressaient sur la place du Carrousel. D'Harmental et Brigaud se mêlèrent à la foule.

Arrivés à l'endroit où se trouve aujourd'hui l'arc de triomphe, ils furent accostés par un officier de mousquetaires gris, enveloppé comme eux d'un grand manteau. C'était Valef.

— Eh bien ! baron, demanda Brigaud, qu'y a-t-il de nouveau ?

— Ah ! c'est vous, l'abbé ? dit Valef. Nous vous cherchions, Laval, Malezieux et moi. Je les quitte à l'instant même, et ils doivent être aux environs. Ne nous éloignons pas d'ici, et ils ne tarderont pas à nous rejoindre. Savez-vous quelque chose vous-même ?

— Non, rien ; je suis passé chez Malezieux, mais il était déjà sorti.

— Dites qu'il n'était pas encore rentré. Nous sommes restés toute la nuit à l'Arsenal.

— Et aucune démonstration hostile n'a été faite ? demanda d'Harmental.

— Aucune. M. le duc du Maine et M. le comte de Toulouse étaient convoqués pour le conseil de régence qui devait se tenir ce matin avant le lit de justice. A six heures et demie, ils étaient tous deux aux Tuileries, ainsi que madame du Maine, qui, pour se tenir plus près des nouvelles, est venue s'installer dans ses appartements de la surintendance.

— Sait-on ce qu'est devenu le prince de Cellamare ? demanda d'Harmental.

— On l'a acheminé sur Orléans, dans une voiture à quatre chevaux, accompagné d'un gentilhomme de la chambre du roi et escorté de douze chevau-légers.

— Et on n'a rien appris du papier saisi par Dubois dans les cendres ? demanda Brigaud.

— Rien.

— Que pense madame du Maine ?

— Qu'il se brasse quelque chose contre les princes légitimés, et qu'on va profiter de tout ceci pour leur enlever encore quelques-uns de leurs priviléges. Aussi ce matin elle a vertement chapitré son mari, qui lui a promis de tenir ferme ; mais elle n'y compte pas.

— Et M. de Toulouse ?

— Nous l'avons vu hier soir ; mais, vous le savez, mon cher abbé, il n'y a rien à en faire avec sa modestie, ou plutôt son humilité. Il trouve toujours qu'on fait trop pour eux, et il est sans cesse prêt à abandonner au régent ce qu'il lui demande.

— A propos, le roi ?

— Eh bien ! le roi…

— Oui, comment a-t-il pris l'arrestation de son gouverneur ?

— Ah ! vous ne savez pas : il paraît qu'il y avait un pacte entre le maréchal et M. de Fréjus, et que, si l'on éloignait l'un de Sa Majesté, l'autre devait se retirer aussitôt. Hier, dans la matinée, M. de Fréjus a disparu.

— Et où est-il ?

— Dieu le sait ! De sorte que le roi, qui avait assez bien pris la perte de son maréchal, est inconsolable de celle de son évêque.

— Et par qui savez-vous tout cela ?

— Par le duc de Richelieu, qui est venu hier, vers les deux heures, à Versailles, pour faire sa cour au roi, et qui a trouvé Sa Majesté au désespoir, au milieu des porcelaines et des carreaux qu'elle avait cassés. Malheureusement vous connaissez Richelieu : au lieu de pousser le roi à la tristesse, il l'a fait rire en lui contant cinquante balivernes, et l'a presque consolé en cassant avec lui le reste de ses porcelaines et de ses carreaux.

En ce moment, un individu vêtu d'une longue robe d'avocat et coiffé d'un bonnet carré passa près du groupe que formaient Brigaud, d'Harmental et

On l'a acheminé sur Orléans, dans une voiture à quatre chevaux. — Page 87.

Valef, en fredonnant le refrain d'une chanson faite sur le maréchal après la bataille de Ramillies, et qui était :

> Villeroy, Villeroy,
> A fort bien servi le roi...
> Guillaume, Guillaume, Guillaume.

Brigaud se retourna, et sous ce déguisement crut reconnaître Pompadour. De son côté, l'avocat s'arrêta et s'approcha du groupe en question ; l'abbé n'eut plus de doute : c'était bien le marquis.

— Eh bien ! maître Clément, lui dit-il, quelle nouvelle au palais ?

— Mais, répondit Pompadour, une grande nouvelle, surtout si elle se confirme : on dit que le Parlement refuse de se rendre aux Tuileries.

— Vive Dieu ! cria Valef, voilà qui me raccommodera avec les robes rouges ; mais il n'osera.

— Dame ! vous savez que M. de Mesne est des nôtres ; il a été nommé président par le crédit de M. du Maine.

— Oui, c'est vrai ; mais il y a bien longtemps de cela, dit Brigaud, et si vous n'avez pas d'autre certi-

Vous m'appartenez jusqu'à quatre heures du soir, d'après convention faite avec madame chose. — Page 90.

tude, maître Clément, je vous conseille de ne pas trop compter sur lui.

— D'autant plus, reprit Valef, que, comme vous le savez, il vient d'obtenir du régent qu'il lui fasse payer les cinq cent mille livres de son billet de retenue.

— Oh! oh! dit d'Harmental, voyez donc : il me semble qu'il se passe quelque chose de nouveau. Est-ce que l'on sortirait déjà du conseil de régence?

En effet, un grand mouvement s'opérait dans la cour des Tuileries, et les deux voitures du duc du Maine et du comte de Toulouse, quittant leur poste,

s'approchaient du pavillon de l'Horloge. Au même instant on vit paraître les deux frères. Ils échangèrent quelques mots; chacun monta dans son carrosse, et les deux voitures s'éloignèrent rapidement par le guichet du bord de l'eau.

Pendant dix minutes, Brigaud, Pompadour, d'Harmental et Valef se perdirent en conjectures sur cet événement, qui, remarqué par beaucoup d'autres que par eux, avait fait sensation dans la foule, mais sans pouvoir se rendre compte de sa véritable cause, lorsqu'ils aperçurent Malezieux qui paraissait les chercher. Ils allèrent à lui, et à sa figure décomposée ils jugèrent que les renseignements, s'il en avait, devaient être peu rassurants.

— Eh bien! demanda Pompadour, avez-vous quelque idée de ce qui se passe?

— Hélas! reprit Malezieux, j'ai bien peur que tout ne soit perdu.

— Vous savez que le duc du Maine et le comte de Toulouse ont quitté le conseil de régence? reprit Valef.

— J'étais sur le quai comme il passait en voiture; il m'a reconnu, a fait arrêter le cocher et m'a envoyé par son valet de chambre ce petit billet au crayon.

— Voyons, dit Brigaud, et il lut:

« Je ne sais ce qui se trame contre nous, mais le « régent nous a fait inviter, Toulouse et moi, à quit- « ter le conseil. Cette invitation m'a paru un ordre, « et comme toute résistance eût été inutile, attendu « que nous n'avons dans le conseil que quatre ou « cinq voix sur lesquelles je ne sais même pas trop « si nous pouvons compter, j'ai dû obéir. Tâchez de « voir la duchesse, qui doit être aux Tuileries, et « dites-lui que je me retire à Rambouillet, où j'at- « tendrai les événements.

« Votre affectionné,

« LOUIS-AUGUSTE. »

— Le lâche! dit Valef.

— Et voilà les gens pour lesquels nous risquons notre tête! murmura Pompadour.

— Vous vous trompez, mon cher marquis, dit Brigaud, nous risquons notre tête pour nous-mêmes, je l'espère bien, et non pas pour d'autres. N'est-il pas vrai, chevalier? Eh bien! à qui diable en avez-vous?

— Attendez donc, l'abbé, répondit d'Harmental; c'est qu'il me semble reconnaître... mais oui, le diable m'emporte! c'est lui-même. Vous ne vous éloignez pas d'ici, messieurs?

— Non; pas pour mon compte, du moins, dit Pompadour.

— Ni moi, dit Valef.

— Ni moi, dit Malezieux.

— Ni moi, dit l'abbé.

— Eh bien! en ce cas, je vous rejoins dans un instant.

— Où allez-vous? demanda Brigaud.

— Ne faites pas attention, l'abbé, dit d'Harmental; c'est pour affaire qui m'est personnelle. Et, quittant le bras de Valef, d'Harmental se mit aussitôt à fendre la foule dans la direction d'un individu que depuis quelque temps il suivait du regard avec la plus grande attention, et qui, grâce à sa force musculaire, ce grand porte-respect de la multitude, s'était approché de la grille, lui et les deux donzelles avinées qui pendaient à ses bras.

— Voyez-vous, mes princesses, disait l'individu en question en accompagnant ses paroles de lignes

architecturales qu'il traçait sur le sable avec le bout de sa canne, tandis qu'à chacun de ses mouvements sa longue épée frétillait dans les jambes de ses voisins, voici ce que c'est qu'un lit de justice. Je connais cela, moi; j'ai vu celui qui a eu lieu à la mort du feu roi, quand on a cassé le testament et qu'on a déclaré, sauf le respect dû à Sa Majesté Louis XIV, que des bâtards étaient toujours des bâtards. Voyez-vous, ça se passe dans une grande salle, longue ou carrée, ça n'y fait rien; le lit du roi est ici, les pairs sont là, le parlement est en face.

— Dis donc, Honorine, interrompit une des deux demoiselles, est-ce que cela t'amuse, ce qu'il te conté là?

— Mais pas le moindrement; ce n'était pas la peine de nous emmener du quai Saint-Paul ici, en nous promettant le spectacle, pour nous montrer cinquante mousquetaires à cheval et une douzaine de chevau-légers qui courent après les autres.

— Dis donc, mon vieux, reprit la première interlocutrice, il me semble que si nous allions manger une matelote à la Râpée, ça serait plus nourrissant que ton lit de justice, hein?

— Mademoiselle Honorine, reprit celui à qui cette astucieuse invitation était faite, j'ai déjà remarqué, quoiqu'il y ait à peine douze heures que j'ai l'honneur de vous connaître, que vous êtes fort portée sur votre bouche, ce qui est un bien vilain défaut pour une femme. Tâchez donc de vous en corriger, du moins pour le temps que vous avez encore à rester avec moi.

— Dis donc, dis donc, Phémie, est-ce qu'il voudrait nous mener comme cela jusqu'à cinq heures du soir, avec son omelette au lard et ses trois bouteilles de vin blanc, ce vieux reître! D'abord, je te préviens, mon bel homme, que je file si on n'est pas nourrie en restant.

— Tout beau, ma passion, comme dit M. Pierre Corneille, tout beau! reprit le personnage à la vanité duquel on faisait cet appel gastronomique, en saisissant de chacune de ses mains le poignet de chacune de ces demoiselles et en les assurant sous son bras comme avec des tenailles; il n'est point question ici de discuter sur un plat de plus ou de moins; vous m'appartenez jusqu'à quatre heures du soir d'après convention faite avec madame chose, comment l'appelez-vous? cela m'est égal!

— Oui, mais nourries, nourries!

— Il n'a pas été un seul instant question de nourriture dans le traité, mes poulettes, et s'il y a quelqu'un de lésé dans l'affaire, c'est moi.

— Toi, vilain ladre?

— Oui, moi; j'ai demandé deux femmes.

— Eh bien! tu les as.

— Pardon, pardon; je répète: j'ai demandé deux femmes, ce qui veut dire une blonde et une brune, et l'on a profité de l'obscurité pour me donner deux blondes, ce qui est exactement comme si on ne m'en avait donné qu'une, vu que c'est bonnet blanc, blanc bonnet. C'est donc moi qui aurais le droit de réclamer des dommages-intérêts. Aussi, taisons-nous, mes amours, taisons-nous.

— Mais c'est une injustice! crièrent ensemble les deux donzelles.

— Que voulez-vous? le monde est rempli d'injustice. Tenez, on en fait probablement une dans ce moment-ci à ce pauvre M. du Maine, et si vous aviez un peu de cœur, vous ne penseriez qu'au chagrin qu'on prépare à ce pauvre prince. Quant à moi, j'en ai l'estomac si serré qu'il me serait impossible d'avaler la moindre chose. D'ailleurs, vous demandiez du spectacle : tenez, en voilà, et un beau! regardez. Qui regarde dîne.

— Capitaine, dit en frappant sur l'épaule de Roquefinette le chevalier, qui espérait, grâce au mouvement qu'occasionnait l'approche du Parlement, pouvoir, sans être remarqué, échanger quelques paroles avec notre vieille connaissance qu'il retrouvait là par hasard, est-ce que je pourrais vous dire deux mots en particulier?

— Quatre, chevalier, quatre, et avec le plus grand plaisir. Restez là, mes petites chattes, ajouta-t-il en plaçant les deux demoiselles au premier rang; et si quelqu'un vous insulte, faites-moi signe. Je suis ici à deux pas. Me voilà chevalier, me voilà, continua-t-il en le tirant hors de la foule qui se pressait sur le passage du Parlement. Je vous avais reconnu depuis cinq minutes, mais il ne m'appartenait pas de vous parler le premier.

— Je vois avec plaisir, dit d'Harmental, que le capitaine Roquefinette est toujours prudent.

— Prudentissime, chevalier; ainsi, si vous avez quelque nouvelle ouverture à me faire, allez de l'avant.

— Non, capitaine, non pas, pour le moment du moins. D'ailleurs, le lieu n'est pas propre à une conférence de cette nature. Seulement je voulais savoir de vous, le cas échéant, si vous logiez toujours en même endroit.

— Toujours, chevalier. Je suis comme le lierre, moi : je meurs où je m'attache; seulement, comme lui je grimpe : ce qui veut dire qu'au lieu de me trouver comme la dernière fois au premier ou au second, il vous faudra, si vous me faites l'honneur de me visiter, me venir chercher cette fois au cinquième ou au sixième, attendu que, par un mouvement de bascule que vous comprendrez sans être un grand économiste, à mesure que les fonds baissent, moi, je monte. Or, les fonds étant au plus bas, je me trouve naturellement au plus haut.

— Comment, capitaine, dit d'Harmental en riant et en portant la main à la poche de sa veste, vous êtes gêné et vous ne vous adressez point à vos amis!

— Moi, emprunter de l'argent! reprit le capitaine en arrêtant d'un geste les dispositions libérales du chevalier. Fi donc! Quand je rends un service,

qu'on me fasse un cadeau, très-bien. Quand je conclus un marché, qu'on en exécute les conditions, à merveille! Mais que je demande sans avoir le droit de demander? c'est bon pour un rat d'église et non pour un homme d'épée. Quoiqu'on soit gentilhomme tout juste, on est fier comme un duc et pair. Mais pardon, pardon, j'aperçois mes drôlesses qui s'esbignent, et je ne veux pas être fait au même par de pareilles espèces. Si vous avez besoin de moi, vous savez où me trouver. Ainsi, au revoir, chevalier, au revoir.

Et sans attendre ce que d'Harmental pouvait encore avoir à lui dire, Roquefinette se mit à la poursuite de mesdemoiselles Honorine et Euphémie qui, se croyant hors de la vue du capitaine, avaient voulu profiter de cette circonstance pour chercher ailleurs la matelote à laquelle l'honorable miquelet eût sans doute tenu autant qu'elles, si par fortune il eût eu le gousset mieux garni.

Cependant, comme il n'était que onze heures du matin à peine, comme selon toute probabilité le lit de justice ne devait finir que vers les quatre heures du soir et que jusque-là il n'y aurait sans doute rien de décidé, le chevalier songea qu'au lieu de rester sur la place du Carrousel il ferait bien mieux d'utiliser, au profit de son amour, les trois ou quatre heures qu'il avait devant lui. D'ailleurs, plus il approchait d'une catastrophe quelconque, plus il éprouvait le besoin de voir Bathilde. Bathilde était devenue un des éléments de sa vie, un des organes nécessaires à son existence, et au moment d'en être séparé pour toujours peut-être, il ne comprenait pas comment il pourrait vivre éloigné d'elle un jour. En conséquence et pressé par ce besoin éternel de la présence de celle qu'il aimait, le chevalier, au lieu de se mettre à la recherche de ses compagnons, s'achemina du côté de la rue du Temps-Perdu.

D'Harmental trouva la pauvre enfant fort inquiète. Buvat n'avait point reparu depuis la veille à neuf heures et demie du matin. Nanette avait alors été s'informer à la Bibliothèque, et à sa grande stupéfaction et au grand scandale de ses confrères, elle avait appris que depuis cinq ou six jours on n'y avait point aperçu le digne employé. Un pareil dérangement dans les habitudes de Buvat indiquait l'imminence de graves événements. D'un autre côté la jeune fille avait remarqué la veille dans Raoul une espèce d'agitation fébrile qui, quoique comprimée par la force de son caractère, dénonçait quelque crise sérieuse. Enfin, en joignant ses anciennes craintes à ses nouvelles angoisses, Bathilde sentait instinctivement qu'un malheur invisible mais inévitable planait au-dessus d'elle et d'une heure à l'autre pouvait s'abattre sur sa tête.

Mais quand Bathilde voyait Raoul, toute crainte passée ou à venir disparaissait dans le bonheur présent. De son côté, Raoul, soit puissance sur lui-même, soit qu'il ressentît une influence pareille à celle qu'il aisait éprouver, ne pensait plus qu'à une seule chose, à Bathilde. Cependant cette fois, les préoccupations de part et d'autre devenaient si graves, que Bathilde ne put s'empêcher d'exprimer à d'Harmental ses inquiétudes, qui furent d'autant plus mal combattues, que cette absence de Buvat se rattachait dans l'esprit du jeune homme à des soupçons qui lui étaient déjà venus et qu'il s'était empressé d'éloigner de lui. Le temps ne s'en écoula pas moins avec sa rapidité ordinaire, et quatre heures sonnèrent, que les deux amants croyaient encore être ensemble depuis cinq minutes à peine. C'était l'heure à laquelle ils avaient l'habitude de se quitter.

Si Buvat devait revenir, il devait revenir à cette heure. Après mille serments échangés, les deux jeunes gens se séparèrent, en convenant que si quelque chose de nouveau arrivait à l'un des deux, à quelque heure du jour ou de la nuit que ce fût, l'autre en serait prévenu à l'instant même.

A la porte de la maison de madame Dubois, d'Harmental rencontra Brigaud. Le lit de justice était fini; on ne savait rien de positif, mais des bruits vagues annonçaient que de terribles mesures avaient été prises. Au reste, les renseignements allaient arriver; Brigaud avait pris rendez-vous avec Pompadour et Malezieux chez d'Harmental, qui, le moins connu de tous, devait être aussi le moins observé.

Au bout d'une heure, le marquis de Pompadour arriva. Le Parlement avait d'abord voulu faire de l'opposition, mais tout avait plié sous la volonté du régent. Les lettres du roi d'Espagne avaient été lues et condamnées. Il avait été décidé que les ducs et pairs auraient séance immédiatement après les princes du sang. Les honneurs des princes légitimés étaient restreints au simple rang de leurs pairies. Enfin, le duc du Maine perdait la surintendance de l'éducation du roi, accordée à M. le duc de Bourbon. Le comte de Toulouse seul était, sa vie durant, maintenu par exception dans ses priviléges et prérogatives.

Malezieux arriva à son tour; il quittait la duchesse. Séance tenante, on lui avait fait signifier de quitter son logement des Tuileries, qui appartenait désormais à M. le duc. Un pareil affront avait, comme on le comprend bien, exaspéré l'altière petite-fille du grand Condé. Elle était alors entrée dans une telle colère, qu'elle avait de sa main brisé toutes ses glaces, et fait jeter les meubles par la fenêtre; puis, cette exécution terminée, elle était montée en voiture, en envoyant Laval à Rambouillet, afin de pousser M. du Maine à quelque acte de vigueur, et en chargeant Malezieux de convoquer tous ses amis pour la nuit même à l'Arsenal.

Pompadour et Brigaud se récrièrent sur l'imprudence d'une pareille convocation. Madame du Maine était évidemment gardée à vue. Aller à l'Arsenal le jour même où l'on devait la savoir la plus irritée, c'était se compromettre ostensiblement. Pompadour et Brigaud opinaient en conséquence pour faire supplier Son Altesse de choisir un autre jour et un autre lieu de rendez-vous. Malezieux et d'Harmental étaient du même avis sur l'imprudence de la démarche et sur le danger à courir. Mais tous deux étaient d'avis, le premier par dévouement, le second par devoir, que plus l'ordre était périlleux, plus il était de leur honneur d'y obéir.

La discussion, comme il arrive toujours en pareille circonstance, commençait à dégénérer en altercation assez vive, lorsqu'on entendit le pas de deux personnes qui montaient l'escalier. Comme les trois personnes qui avaient pris rendez-vous chez d'Harmental s'y trouvaient réunies, Brigaud, qui, l'oreille toujours au guet, avait le premier entendu le bruit, porta le doigt à sa bouche pour indiquer à ses interlocuteurs de faire silence. On entendit alors distinctement les pas se rapprocher. Un léger chuchotement, pareil à celui de deux personnes qui s'interrogent, leur succéda. Enfin la porte s'ouvrit et donna passage à un soldat aux gardes françaises et à une petite grisette.

Le soldat aux gardes était le baron de Valef.

Quant à la grisette, elle écarta le petit mantelet noir qui lui cachait la figure, et l'on reconnut madame la duchesse du Maine.

Enfin la porte s'ouvrit et donna passage à un soldat aux gardes françaises et à une petite grisette. — Page 92.

XVI

L'HOMME PROPOSE.

otre Altesse ici ! Votre Altesse chez moi ! s'écria d'Harmental. Qu'ai-je donc fait pour mériter tant d'honneur ?

— Le moment est venu, chevalier, dit la duchesse, où il faut que nous laissions voir aux gens que nous estimons le cas que nous faisons d'eux. D'ailleurs, il ne sera pas dit que les amis de madame du Maine s'exposeront pour elle et qu'elle ne s'exposera point avec eux. Dieu merci ! je suis la petite-fille du grand Condé, et je sens que je n'ai dégénéré en rien de mon aïeul.

— Que Votre Altesse soit deux fois la bienvenue, dit Pompadour, car elle nous tire d'un grand embarras. Tout décidés que nous étions à obéir à ses ordres, nous hésitions cependant à l'idée de ce qu'une pareille réunion à l'Arsenal avait de dangereux au moment où la police a les yeux sur elle.

— Et je l'ai pensé comme vous, marquis. Aussi, au lieu de vous attendre, je me suis résolue à venir vous trouver. Le baron m'accompagnait. Je me suis fait conduire chez la comtesse de Chavigny, une amie de de Launay, qui demeure rue du Mail. Nous y avons fait apporter des habits, et comme nous n'étions qu'à deux pas d'ici, nous sommes venus à pied, et nous voilà. Ma foi, messire d'Argenson sera bien fin s'il nous a reconnus sous ce déguisement.

— Je vois avec plaisir, dit Malezieux, que Votre Altesse n'est point abattue par les événements qu'a amenés cette horrible journée.

— Abattue, moi, Malezieux! J'espère que vous me connaissez assez pour ne pas le craindre un seul instant. Abattue! Ah! au contraire; jamais je ne me suis senti plus de force et plus de volonté! Oh que ne suis-je un homme!

— Que Votre Altesse ordonne, dit d'Harmental, et tout ce qu'elle ferait, si elle pouvait agir elle-même, nous le ferons, nous, en son lieu et place.

— Non, non. Ce que je ferais, il est impossible que d'autres le fassent.

— Rien n'est impossible, madame, à cinq hommes dévoués comme nous le sommes. D'ailleurs, notre intérêt même réclame une résolution prompte et énergique. Il ne faut pas croire que le régent s'arrêtera là. Après-demain, demain, ce soir peut-être, nous serons tous arrêtés. Dubois prétend que le papier qu'il a tiré du feu chez le prince de Cellamare n'est rien autre chose que la liste des conjurés. En ce cas, il saurait notre nom à tous. Nous avons donc, cette heure, chacun une épée au-dessus de la tête. N'attendons donc pas que le fil auquel elle est suspendue se brise; saisissons-la et frappons.

— Frappons, où, quoi, comment? demanda Brigaud. Ce misérable Parlement a bouleversé tous nos projets. Avons-nous des mesures prises, un plan arrêté?

— Ah! le meilleur plan qui ait jamais été conçu, dit Pompadour, celui qui offrait le plus de chance de succès, c'était le premier; et la preuve, c'est que, sans une circonstance inouïe qui est venue le renverser, il réussissait.

— Eh bien! si le plan était bon, il l'est encore, dit Valef. Revenons-y alors.

— Oui, mais en échouant, dit Malezieux, ce plan a mis le régent sur ses gardes.

— Au contraire, dit Pompadour, et il est d'autant meilleur, que l'on croira que, grâce à son insuccès, il est abandonné.

— Et la preuve, dit Valef, c'est que le régent, sous ce rapport, prend moins de précautions que jamais. Ainsi, par exemple, depuis que mademoiselle de Chartres est abbesse de Chelles, une fois par semaine il va la voir, et traverse seul et sans gardes

dans sa voiture, avec un cocher et deux laquais seulement, le bois de Vincennes; et cela à huit ou neuf heures du soir.

— Et quel est le jour où il fait cette visite? demanda Brigaud.

— Le mercredi, répondit Malezieux.

— Mercredi? c'est demain, dit la duchesse.

— Brigaud, dit Valef, avez-vous toujours le passe-port pour l'Espagne?

— Toujours.

— Les mêmes facilités pour la route?

— Les mêmes. Le maître de poste est à nous, et nous n'avons d'explication à avoir qu'avec lui. Quant aux autres, cela ira tout seul.

— Eh bien! dit Valef, que Son Altesse Royale m'y autorise, je réunis demain sept ou huit amis, j'attends le régent dans le bois de Vincennes, je l'enlève, et fouette cocher! en trois jours je suis à Pampelune.

— Un instant, mon cher baron, dit d'Harmental, je vous ferai observer que vous allez sur mes brisées, et que c'est à moi que l'entreprise revient de droit.

— Vous, mon cher chevalier, vous avez fait ce que vous aviez à faire. Au tour des autres!

— Non point, s'il vous plaît, Valef. Il y va de mon honneur, car j'ai une revanche à prendre. Vous me désobligeriez donc infiniment en insistant sur ce sujet.

— Tout ce que je puis faire pour vous, mon cher d'Harmental, répondit Valef, c'est de laisser la chose au choix de Son Altesse. Elle sait qu'elle a en nous deux cœurs également dévoués. Qu'elle décide.

— Acceptez-vous mon arbitrage, chevalier? dit la duchesse.

— Oui, car j'espère en votre justice, madame, dit le chevalier.

— Et vous avez raison. Oui, l'honneur de l'entreprise vous appartient; oui, je remets entre vos mains le sort du fils de Louis XIV et de la petite-fille du grand Condé; oui, je m'en rapporte entièrement à votre dévouement et à votre courage, et j'espère d'autant plus que vous réussirez cette fois-ci, que la fortune vous doit un dédommagement. A vous donc, mon cher d'Harmental, tout le péril; mais aussi à vous tout l'honneur!

— J'accepte l'un et l'autre avec reconnaissance, madame, dit d'Harmental en baisant respectueusement la main que lui tendait la duchesse; et demain, à pareille heure, ou je serai mort ou le régent sera sur la route d'Espagne.

— A la bonne heure, dit Pompadour, voilà ce qui s'appelle parler, et si vous avez besoin de quelqu'un pour vous donner un coup de main, mon cher chevalier, comptez sur moi.

— Et sur moi, dit Valef.

— Et nous donc, dit Malezieux, ne sommes-nous bons à rien?

— Mon cher chancelier, dit la duchesse, à chacun son lot : aux poëtes, aux gens d'église, aux magistrats, le conseil ; aux gens d'épée, l'exécution. Chevalier, êtes-vous sûr de retrouver les mêmes hommes qui vous ont secondé la dernière fois?

— Je suis sûr de leur chef, du moins.

— Quand le verrez-vous?

— Ce soir.

— A quelle heure?

— Tout de suite, si Votre Altesse le désire.

— Le plus tôt sera le mieux.

— Dans un quart d'heure, je serai chez lui.

— Où pourrons-nous savoir son dernier mot?

— Je le porterai à Votre Altesse partout où elle sera.

— Pas à l'Arsenal, dit Brigaud, c'est trop dangereux.

— Ne pourrions-nous attendre ici? demanda la duchesse.

— Je ferai observer à Votre Altesse, répondit Brigaud, que mon pupille est un garçon fort rangé, recevant peu de monde, et qu'une visite plus prolongée pourrait éveiller les soupçons.

— Ne pourrions-nous fixer un rendez-vous où nous n'ayons point pareille crainte? demanda Pompadour.

— Parfaitement, dit la duchesse ; au rond-point des Champs-Élysées, par exemple. Malezieux et moi, nous nous y rendons dans une voiture sans livrée et sans armoiries. Pompadour, Valef et Brigaud nous y joignent chacun de son côté. Là, nous attendons d'Harmental, et nous prenons nos dernières mesures.

— A merveille! dit d'Harmental, mon homme demeure justement rue Saint-Honoré.

— Vous savez, chevalier, reprit la duchesse, que vous pouvez promettre en argent tout ce que l'on voudra, et que nous nous chargeons de tenir.

— Je me charge de remplir le secrétaire, dit Brigaud.

— Et vous ferez bien, l'abbé, dit d'Harmental en souriant, car je sais qui se charge de le vider, moi.

— Ainsi, tout est convenu, reprit la duchesse. Dans une heure, au rond-point des Champs-Élysées.

— Dans une heure, dit d'Harmental.

— Dans une heure, répétèrent Pompadour, Brigaud et Malezieux.

Puis la duchesse, ayant rajusté son mantelet de manière à cacher son visage, reprit le bras de Valef, et sortit la première. Malezieux la suivit à peu de distance et de façon à ne point la perdre de vue; enfin Brigaud, Pompadour et d'Harmental descendirent ensemble. A la place des Victoires, le marquis et l'abbé se séparèrent, l'abbé prenant par la rue Pagevin et le marquis par la rue de la Vrillière. Quant au chevalier, il continua sa route par la rue Neuve-des-Petits-Champs, qui le conduisit rue Saint-Honoré, à quelques pas de l'honorable maison où il savait trouver le digne capitaine.

Soit hasard, soit calcul de la part de la duchesse du Maine, qui avait apprécié d'Harmental et compris le fond que l'on pouvait faire sur lui, le chevalier se trouvait donc rejeté plus avant que jamais dans la conjuration; mais son honneur était engagé, il avait cru devoir faire ce qu'il avait fait, et quoiqu'il prévît les conséquences terribles de l'événement dont il avait pris la responsabilité, il marchait à ce résultat comme il l'avait fait déjà, la tête et le cœur hauts, bien résolu à tout sacrifier, même sa vie, même son amour, à l'accomplissement de la parole qu'il avait donnée.

Il se présenta donc chez la Fillon avec la même tranquillité et la même résolution qu'il avait fait la première fois, quoique depuis ce temps bien des choses fussent changées dans sa vie ; et, comme la première fois, ayant été reçu par la maîtresse de la maison en personne, il s'informa d'elle si le capitaine Roquefinette était visible.

Sans doute la Fillon s'attendait à quelque interpellation moins morale que celle qui lui était faite, car, en reconnaissant d'Harmental, elle ne put réprimer un mouvement de surprise. Cependant, comme si elle eût douté encore de l'identité de celui qui lui parlait, elle s'informa si ce n'était point lui qui déjà, deux mois auparavant, était venu demander le capitaine. Le chevalier, qui vit dans cet antécédent un moyen d'aplanir les obstacles, en supposant qu'il en existât, répondit affirmativement.

D'Harmental ne s'était point trompé, car, à peine édifiée sur ce point, la Fillon appela une espèce de Marton assez élégante, et lui ordonna de conduire le chevalier chambre n° 72, au cinquième audessus de l'entre-sol. La péronnelle obéit, prit une bougie et monta la première en minaudant comme une soubrette de Marivaux. D'Harmental la suivit. Cette fois aucun chant joyeux ne le guida dans son ascension; tout était silencieux dans la maison. Les graves événements de la journée avaient sans doute éloigné de leur rendez-vous quotidien les pratiques de la digne hôtesse du capitaine, et comme, de son côté, le chevalier en ce moment avait sans doute l'esprit tourné aux choses sérieuses, il monta les six étages sans faire la moindre attention aux minauderies de sa conductrice, qui, arrivée au n° 72, se retourna et lui demanda avec un gracieux sourire s'il ne s'était point trompé et si c'était bien au capitaine qu'il avait affaire.

Pour toute réponse le chevalier frappa à la porte.

— Entrez, dit Roquefinette de sa plus belle voix de basse.

Le chevalier glissa un louis dans la main de sa

Il était seul, dans une petite mansarde sombre, éclairée par une chandelle.

conductrice pour la remercier de la peine qu'elle avait prise, ouvrit la porte et se trouva en face du capitaine.

Le même changement s'était opéré à l'intérieur qu'à l'extérieur; Roquefinette n'était plus, comme la première fois, le rival de M. de Bonneval, entouré de ses odalisques, en face des débris d'un festin, fumant sa longue pipe et comparant philosophiquement les biens de ce monde à la fumée qui s'en échappait. Il était seul, dans une petite mansarde sombre, éclairée par une chandelle qui, tirant à sa fin, commençait à faire plus de fumée que de flamme, et dont les tremblantes lueurs donnaient quelque

chose d'étrangement fantastique à l'âpre physionomie du brave capitaine, qui se tenait debout appuyé contre la cheminée. Au fond, sur un lit de sangle, en face d'une fenêtre dont le rideau flottant au vent du soir accusait les solutions de continuité, était posé le feutre indicateur, et était couchée son épée, l'illustre Colichemarde.

— Ah! ah! dit Roquefinette d'un ton dans lequel perçait une légère teinte d'ironie; c'est vous, chevalier? je vous attendais.

— Vous m'attendiez, capitaine? Et qui pouvait vous faire croire à la probabilité de ma visite?

— Les événements, chevalier, les événements.

— Je jure en face de ce Christ qu'à compter de ce moment vous êtes ma femme devant Dieu... — Page 99.

— Que voulez-vous dire?

— Je veux dire qu'on a cru pouvoir faire une guerre ouverte, et que par conséquent on a mis ce pauvre capitaine Roquefinette au rancart, comme un condottiere, comme un miquelet, qui n'est bon que pour un coup de main nocturne, à l'angle d'une rue ou au coin d'un bois; on a voulu refaire sa petite Ligue, recommencer sa petite Fronde, et voilà que l'ami Dubois a tout su, que les pairs sur lesquels on croyait pouvoir compter nous ont lâché d'un cran, et que le Parlement a dit *Oui*, au lieu de dire *Non*. Alors, on revient au capitaine. « Mon cher

capitaine par-ci, mon cher capitaine par-là! » N'est-ce point exactement la chose comme elle se passe; chevalier? Eh bien! eh bien! le voilà, le capitaine, que lui veut-on? parlez.

— Effectivement, mon cher capitaine, dit d'Harmental, ne sachant trop de quelle façon il devait prendre le discours de Roquefinette, il y a quelque chose de vrai dans ce que vous dites là. Seulement vous êtes dans l'erreur lorsque vous croyez que je vous avais oublié. Si notre plan eût réussi, vous auriez eu la preuve que j'ai la mémoire plus longue que les événements, et je serais venu alors pour vous offrir mon crédit, comme je viens aujourd'hui réclamer votre assistance.

— Hum! fit le capitaine en secouant la tête, depuis trois jours que j'habite ce nouvel appartement, j'ai fait bien des réflexions sur la vanité des choses humaines, et l'envie m'a pris plus d'une fois de me retirer définitivement des affaires, ou, si j'en faisais encore une, de la faire assez brillante pour m'assurer un petit avenir.

— Eh bien! justement, dit le chevalier, celle que je vous propose est votre fait. Il s'agit, mon cher capitaine, car après ce qui s'est passé entre nous, nous pouvons parler sans préambule, ce me semble; il s'agit...

— De quoi? demanda le capitaine, qui, voyant d'Harmental s'arrêter et regarder avec inquiétude autour de lui, avait attendu inutilement pendant deux ou trois secondes la fin de la phrase.

— Pardon, capitaine, mais il m'a semblé...

— Que vous a-t-il semblé, chevalier?

— Entendre des pas... puis une espèce de craquement dans la boiserie...

— Ah! ah! dit le capitaine, il y a pas mal de rats dans l'établissement, je vous en préviens; et pas plus tard que la nuit dernière, ces drôles-là sont venus grignoter mes hardes, comme vous pouvez le voir.

Et le capitaine montra au chevalier le pan de son habit festonné en dents de loup.

— Oui, ce sera cela, et je me serai trompé, dit d'Harmental... Il s'agit donc, mon cher Roquefinette, de profiter de ce que le régent, en revenant sans gardes de Chelles, où sa fille est religieuse, traverse le bois de Vincennes, pour l'enlever en passant, et lui faire prendre définitivement la route d'Espagne.

— Pardon, mais avant d'aller plus loin, chevalier, reprit Roquefinette, je vous préviens que c'est un nouveau traité à faire, et que tout nouveau traité implique conditions nouvelles.

— Nous n'aurons point de discussions là-dessus, capitaine. Les conditions, vous les ferez vous-même. Seulement, pouvez-vous toujours disposer de vos hommes? Voilà l'important.

— Je le puis.

— Seront-ils prêts demain à deux heures?

— Ils le seront.

— C'est tout ce qu'il faut.

— Pardon, il faut encore quelque chose : il faut encore de l'argent pour acheter un cheval et des armes.

— Il y a cent louis dans cette bourse, prenez-la.

— C'est bien, on vous en rendra bon compte.

— Ainsi, chez moi, à deux heures.

— C'est dit.

— Adieu, capitaine.

— Au revoir, chevalier. Donc, il est convenu que vous ne vous étonnerez pas si je suis un peu exigeant?

— Je vous le permets; vous savez que la dernière fois je ne me suis plaint que d'une chose : c'est que vous étiez trop modeste.

— Allons, dit le capitaine, vous êtes de bonne composition. Attendez que je vous éclaire; il serait fâcheux qu'un brave garçon comme vous se rompît le cou.

Et le capitaine prit la chandelle, qui, parvenue au papier qui l'affermissait dans la bobèche, jetait alors, grâce à ce nouvel aliment, une splendide lumière à l'aide de laquelle d'Harmental descendit l'escalier sans accident. Arrivé sur la dernière marche, il renouvela au capitaine la recommandation d'être exact, ce que le capitaine promit du ton le plus affirmatif.

D'Harmental n'avait point oublié que madame la duchesse du Maine attendait avec anxiété le résultat de l'entrevue qu'il venait d'avoir; il ne s'inquiéta donc point de ce qu'était devenue la Fillon, qu'il chercha vainement de l'œil en sortant, et, gagnant la rue des Feuillants, il s'achemina vers les Champs-Élysées, qui, sans être tout à fait déserts, commençaient déjà cependant à se dépeupler. Arrivé au rond-point, il aperçut une voiture qui stationnait sur le revers de la route, tandis que deux hommes se promenaient à quelque distance dans la contre-allée; il s'approcha d'elle; une femme, en l'apercevant, sortit avec impatience sa tête par la portière. Le chevalier reconnut madame du Maine; elle avait avec elle Malezieux et Valef. Quant aux deux promeneurs qui, en voyant d'Harmental s'avancer vers la voiture, s'empressèrent de leur côté d'accourir, il est inutile de dire que c'étaient Pompadour et Brigaud.

Le chevalier, sans leur nommer Roquefinette, ni sans s'étendre aucunement sur le caractère de l'illustre capitaine, leur raconta en peu de mots ce qui s'était passé. Ce récit fut accueilli par une exclamation générale de joie. La duchesse donna sa petite main à baiser à d'Harmental; les hommes serrèrent la sienne.

Il fut convenu que le lendemain à deux heures, la duchesse, Pompadour, Laval, Valef, Malezieux et Brigaud se rendraient chez la mère de d'Avranches, qui demeurait faubourg Saint-Antoine, n° 15, et qu'ils y attendraient le résultat de l'événement. Ce résultat devait leur être annoncé par d'Avranches lui-même, qui, à partir de trois heures, se tiendrait à la barrière du Trône avec deux chevaux, l'un pour lui, l'autre pour le chevalier. Il suivrait de loin d'Harmental, et reviendrait annoncer ce qui s'était passé. Cinq autres chevaux sellés et bridés seraient tout prêts dans les écuries de la maison du faubourg Saint-Antoine, afin que les conjurés pussent fuir sans retard en cas de non-réussite du chevalier.

Ces différents points arrêtés, la duchesse força le chevalier de monter auprès d'elle. La duchesse voulait le ramener chez lui, mais il lui fit observer que l'apparition d'une voiture à la porte de madame Denis produirait dans le quartier une trop grande sensation, et que, dans les circonstances présentes, cette sensation, toute flatteuse qu'elle serait pour lui, pourrait devenir dangereuse pour tous. En conséquence, la duchesse jeta d'Harmental place des Victoires, après lui avoir exprimé vingt fois toute la reconnaissance qu'elle éprouvait pour son dévouement.

Il était dix heures du soir. D'Harmental avait à peine vu Bathilde dans la journée; il voulait la revoir encore. Il était bien sûr de retrouver la jeune fille à sa fenêtre, mais cela n'était point suffisant; ce qu'il avait à lui dire en pareille circonstance était trop sérieux et trop intime pour le jeter ainsi d'un côté à l'autre d'une rue. Il rêvait donc aux moyens, si avancée que fût l'heure, de se présenter chez Bathilde, lorsqu'en faisant quelques pas dans la rue, il crut voir une femme sur le seuil de la porte de l'allée qui conduisait chez elle. Il s'avança et reconnut Nanette.

Elle était là par ordre de Bathilde. La pauvre enfant était dans une inquiétude mortelle. Buvat n'avait point reparu. Toute la soirée elle était restée à sa fenêtre pour voir rentrer d'Harmental, et d'Harmental n'était point rentré. Par suite de ces idées vagues qui avaient pris naissance dans son esprit pendant la nuit où le chevalier avait tenté d'enlever le régent, il lui semblait qu'il y avait quelque chose de commun entre cette disparition étrange de Buvat et l'assombrissement qu'elle avait remarqué la veille sur la figure de d'Harmental. Nanette attendait donc à la porte et Buvat et le chevalier. Le chevalier était de retour, Nanette resta pour attendre Buvat, et d'Harmental monta près de Bathilde.

Bathilde avait entendu et reconnu son pas; elle était donc à la porte quand le jeune homme y arriva. Au premier coup d'œil elle reconnut sur son visage cette expression pensive qu'elle lui avait déjà vue pendant la journée qui avait précédé cette nuit où elle avait tant souffert.

— Oh! mon Dieu, mon Dieu! s'écria-t-elle en entraînant le jeune homme dans sa chambre, et en refermant la porte derrière lui. Oh! mon Dieu, Raoul, vous serait-il arrivé quelque chose?

— Bathilde, dit d'Harmental avec un sourire triste, mais enveloppant la jeune fille d'un regard plein de confiance, Bathilde, vous m'avez souvent dit qu'il y avait en moi quelque chose d'inconnu et de mystérieux qui vous effrayait.

— Oh! oui, oui, s'écria Bathilde, et c'est le seul

tourment de ma vie, c'est la seule crainte de mon avenir.

— Et vous avez raison; car, avant de vous connaître, Bathilde, avant de vous avoir vue, j'ai fait abandon d'une part de ma volonté, d'une portion de mon libre arbitre. Cette portion de moi-même ne m'appartient plus; elle subit une loi suprême, elle obéit à des événements imprévus. C'est un point noir dans un beau ciel. Selon le côté dont le vent soufflera, il peut disparaître comme une vapeur, il peut grossir comme un orage. La main qui tient et qui guide la mienne peut me conduire à la plus haute faveur, peut me mener à la plus profonde disgrâce. Bathilde, dites-moi, êtes-vous disposée à partager la bonne comme la mauvaise fortune, le calme comme la tempête?

— Tout avec vous, Raoul, tout, tout!

— Songez à l'engagement que vous prenez, Bathilde. Peut-être est-ce une vie heureuse et brillante que celle qui vous est réservée; peut-être est-ce l'exil, peut-être est-ce la captivité, peut-être... peut-être serez-vous veuve avant d'être femme.

Bathilde devint si pâle et si chancelante, que Raoul crut qu'elle allait s'évanouir et tomber, et qu'il étendit les bras pour la retenir; mais Bathilde était pleine de force et de volonté; elle reprit donc sa puissance sur elle-même, et, tendant la main à d'Harmental:

— Raoul, lui dit-elle, ne vous ai-je pas dit que je vous aimais, que je n'avais jamais aimé, que je n'aimerais jamais que vous? Il me semblait que toutes les promesses que vous demandez de moi étaient renfermées dans ces mots. Vous en voulez de nouvelles, je vous les fais; mais elles étaient inutiles. Votre vie sera ma vie, Raoul; votre mort sera ma mort. L'une et l'autre sont entre les mains de Dieu. La volonté de Dieu soit faite sur la terre comme au ciel!

— Et moi, Bathilde, dit d'Harmental en conduisant la jeune fille devant le Christ qui était au pied de son lit, et moi, je jure en face de ce Christ qu'à compter de ce moment vous êtes ma femme devant Dieu et devant les hommes, et que, puisque les événements qui disposeront peut-être de ma vie ne m'ont laissé à vous offrir que mon amour, cet amour est à vous, profond, inaltérable, éternel. Bathilde, un premier baiser à ton époux.

Et en face du Christ, les deux jeunes gens tombèrent dans les bras l'un de l'autre, et échangèrent leur premier baiser dans un dernier serment.

Quand d'Harmental quitta Bathilde, Buvat n'était pas encore rentré.

XVII

DAVID ET GOLIATH.

ur les dix heures du matin,
l'abbé Brigaud entra chez
d'Harmental; il lui apportait une vingtaine de mille
livres, partie en or, partie
en papier sur l'Espagne.
La duchesse avait passé la
nuit chez la comtesse de
Chavigny, rue du Mail. Rien n'était changé aux
conventions de la veille, et elle comptait sur le chevalier, qu'elle continuait de regarder comme son
sauveur. Quant au régent, on s'était assuré que,
selon son habitude, il devait se rendre à Chelles
dans la journée.

A dix heures, Brigaud et d'Harmental descendirent; Brigaud, pour rejoindre Pompadour et Valef,
avec lesquels il avait rendez-vous sur le boulevard
du Temple, et d'Harmental, pour aller chez Bathilde.

L'inquiétude était à son comble dans le pauvre
petit ménage. Buvat était toujours absent, et il était
facile de voir aux yeux de Bathilde qu'elle avait
peu dormi et beaucoup pleuré. De son côté, au premier regard qu'elle jeta sur d'Harmental, elle comprit que quelque expédition pareille à celle qui l'a-
vait tant effrayée se préparait. D'Harmental avait ce
même costume sombre qu'elle ne lui avait vu qu'une
seule fois, le soir où, en rentrant, il avait jeté son
manteau sur une chaise, et était apparu à ses yeux
avec des pistolets à sa ceinture; de plus, ses longues bottes collantes armées d'éperons indiquaient
que, dans la journée, il comptait monter à cheval.
Tous ces indices eussent été insignifiants en temps
ordinaire; mais après la scène de la veille, après
les fiançailles nocturnes et solitaires que nous avons
racontées, ils prenaient une grande importance et
acquéraient une suprême gravité.

Bathilde essaya d'abord de faire parler le chevalier; mais, d'Harmental lui ayant dit que le secret
qu'elle lui demandait n'était point à lui, et l'ayant
priée de parler d'autre chose, la pauvre enfant n'osa
point insister davantage. Une heure environ après
l'arrivée de d'Harmental, Nanette ouvrit la porte
et parut avec une figure consternée. Elle venait
de la Bibliothèque. Buvat n'y avait point reparu,
et personne n'avait pu lui en donner de nouvelles.
Bathilde ne put se contenir plus longtemps; elle
se jeta dans les bras de Raoul et fondit en larmes.

Raoul alors lui avoua ses craintes : les papiers
que le prétendu prince de Listhnay avait donnés à
copier à Buvat étaient des papiers d'une assez grande
importance politique. Buvat avait pu être compromis et arrêté. Mais Buvat n'avait rien à redouter :
le rôle tout passif qu'il avait joué dans cette affaire
éloignait de lui toute crainte de danger. Comme
Bathilde, dans son incertitude, avait rêvé un malheur plus grand encore que celui-là, elle s'attacha
avidement à cette idée, qui lui laissait du moins
quelque espérance. Puis, la pauvre enfant ne s'a-
vouait pas elle-même que la plus grande partie de
son inquiétude n'était peut-être point pour Buvat,
et que les pleurs qu'elle venait de verser n'étaient
point tous pour l'absent.

Quand d'Harmental était près de Bathilde, le
temps ne marchait plus, il volait. Il croyait donc
être monté chez la jeune fille depuis quelques minutes à peine, lorsqu'une heure et demie sonna.
Raoul se rappela qu'à deux heures Roquefinette devait être chez lui pour arrêter les nouvelles bases
de son nouveau traité. Il se leva. Bathilde pâlit;
d'Harmental comprit tout ce qui se passait en elle et
lui promit de venir après le départ de la personne
qu'il attendait, et pour laquelle il était forcé de la
la quitter. Cette promesse tranquillisa quelque peu
la pauvre enfant, qui essaya de sourire en voyant
quelle impression profonde sa tristesse faisait sur
Raoul. Au reste, les serments de la veille avaient été
renouvelés vingt fois, et vingt fois les jeunes gens
s'étaient juré d'être l'un à l'autre. Ils se quittaient
donc tristes, mais confiants en eux-mêmes et sûrs
de leurs cœurs. D'ailleurs, comme nous l'avons dit,
ils croyaient ne se quitter que pour une heure.

Le chevalier était depuis quelques instants à peine
à sa fenêtre, lorsqu'il vit paraître au coin de la rue
Montmartre le capitaine Roquefinette. Il était monté
sur un cheval gris-pommelé, évidemment choisi par
un connaisseur, et propre à la fois à la course et
à la fatigue. Il s'avançait au pas, comme un homme
à qui il est également indifférent qu'on le regarde
ou qu'on le laisse passer inaperçu. Seulement, à
cause sans doute des mouvements du cheval, son
chapeau avait pris une inclinaison moyenne qui
n'eût rien laissé soupçonner, même à ses plus intimes, sur la situation secrète de ses finances.

Il était monté sur un cheval gris-pommelé. — Page 100.

Arrivé à la porte, Roquefinette descendit en trois temps, avec la même précision qu'il eût mise à accomplir ce mouvement dans un manége. Il attacha son cheval au volet de la maison, s'assura que les fontes étaient garnies de leurs pistolets et disparut dans l'allée. Un instant après, d'Harmental l'entendit monter d'un pas égal, puis enfin la porte s'ouvrit et le capitaine parut.

Comme la veille, sa figure était grave et pensive. Ses yeux fixes et ses lèvres serrées indiquaient une résolution arrêtée, et d'Harmental l'accueillit avec un sourire, sans que ce sourire eût le pouvoir de rien éveiller de correspondant sur sa physionomie.

— Allons, mon très-cher capitaine, dit d'Harmental en résumant d'un coup d'œil rapide ces différents signes, qui, chez un homme comme Roquefinette, ne laissaient pas de lui inspirer quelque inquiétude, je vois que vous êtes toujours l'exactitude en personne.

— C'est une habitude militaire, chevalier; et cela n'a rien d'étonnant chez un vieux soldat.

— Aussi n'avais-je point douté de vous; mais vous pouviez ne pas rencontrer vos hommes.

— Je vous avais dit que je savais où les trouver.

— Et ils sont à leur poste?

— Ils y sont.

— Où cela?

— Au marché aux chevaux de la Porte-Saint-Martin.

— Et n'avez-vous pas peur qu'on les remarque?

— Comment voulez-vous qu'au milieu de trois cents paysans qui vendent ou qui marchandent des chevaux, on reconnaisse douze ou quinze hommes vêtus comme les autres paysans? C'est, comme on dit, une aiguille dans une botte de foin, et il n'y a que moi qui puisse retrouver l'aiguille.

— Mais comment ces hommes peuvent-ils vous accompagner, capitaine?

— C'est la chose du monde la plus simple. Chacun d'eux a marchandé le cheval qui lui convient: chacun d'eux en a offert un prix auquel le vendeur a répondu par un autre. J'arrive, je donne à chacun vingt-cinq ou trente louis; chacun paye son cheval, le fait seller, monte dessus, glisse dans ses fontes les pistolets qu'il a à sa ceinture, tire par un bout différent et, à cinq heures, se trouve au bois de Vincennes, à un endroit donné. Là seulement je lui explique pour quelle cause il est convoqué; je fais une nouvelle distribution d'argent, je me mets à la tête de mon escadron, et nous faisons le coup, en supposant que nous tombions d'accord sur les conditions.

— Eh bien! ces conditions, capitaine, dit d'Harmental, nous allons les discuter comme deux braves compagnons, et je crois avoir pris d'avance toutes mes mesures pour que vous soyez content de celles que je puis vous offrir.

— Voyons-les, dit Roquefinette en s'asseyant devant la table, en y appuyant ses coudes, en posant son menton sur ses deux poings, et en regardant d'abord d'Harmental, qui était debout devant lui, le dos tourné à la cheminée.

— D'abord, je double la somme que vous avez touchée la dernière fois, dit le chevalier.

— Ah! dit Roquefinette, je ne tiens pas à l'argent.

— Comment! vous ne tenez pas à l'argent, capitaine?

— Non, pas le moins du monde.

— Et à quoi tenez-vous donc, alors?

— A une position.

— Que voulez-vous dire?

— Je veux dire, chevalier, que tous les jours je me fais plus vieux de vingt-quatre heures, et qu'avec l'âge la philosophie arrive.

— Eh bien! capitaine, dit d'Harmental, commençant à s'inquiéter sérieusement de toutes les circonlocutions de Roquefinette, voyons, parlez; qu'ambitionne votre philosophie?

— Je vous l'ai dit, chevalier, une position convenable, un grade qui soit en harmonie avec mes longs services; pas en France, vous comprenez. En France j'ai trop d'ennemis, à commencer par M. le lieutenant de police; mais en Espagne, par exemple, tenez; ah! en Espagne, cela m'irait bien; un beau pays, de belles femmes, des doublons à remuer à la pelle! décidément, je veux un grade en Espagne.

— La chose est possible, et c'est selon le grade que vous désirez.

— Dame! vous savez, chevalier, lorsqu'on désire, autant désirer quelque chose qui en vaille la peine.

— Vous m'inquiétez, monsieur, dit d'Harmental, car je n'ai pas les sceaux du roi Philippe V pour signer les brevets en son nom; mais, n'importe, dites toujours.

— Eh bien! dit Roquefinette, je vois tant de blancs-becs à la tête de régiments, qu'à moi aussi il m'a passé par la tête d'être colonel.

— Colonel! impossible! s'écria d'Harmental.

— Et pourquoi donc cela? demanda Roquefinette.

— Parce que, si l'on vous fait colonel, vous qui n'avez qu'une position secondaire dans l'affaire, que voulez-vous que je demande, moi, par exemple, qui suis à la tête?

— Eh bien, voilà justement la chose; c'est que je voudrais que nous intervertissions momentanément les positions. Vous vous rappelez ce que je vous ai dit certain soir dans la rue de Valois?

— Aidez mes souvenirs, capitaine, j'ai le malheur de n'avoir pas de mémoire.

— Je vous ai dit que, si j'avais une affaire comme celle-là à mon compte, les choses iraient mieux qu'elles n'avaient été. J'ai ajouté que je vous en reparlerais, et je vous en reparle.

— Que diable me dites-vous donc là, capitaine?

— Mais rien que de bien simple, chevalier. Nous avons fait ensemble et de compte à demi une première tentative qui a échoué. Alors vous avez changé de batteries: vous avez cru pouvoir vous passer de moi, et vous avez échoué encore. La première fois, vous aviez échoué nuitamment et sans bruit; nous avons tiré chacun de notre côté, et il n'a plus été question de rien. La seconde fois, au contraire, vous avez échoué en plein jour et avec un éclat qui vous a compromis tous; si bien que, si vous ne vous tirez pas de là par un coup de Jarnac, vous êtes tous perdus, attendu que l'ami Dubois sait vos noms, et que demain, ce soir peut-être, vous serez tous arrêtés, chevaliers, barons, ducs et princes. Or, il y a au monde un homme, un seul homme, qui peut vous tirer tous d'embarras; cet homme, c'est ce bon capitaine Roquefinette. Et voilà que vous lui offrez la même place qu'il occupait dans la première affaire! Allons donc! Voilà que vous marchandez avec lui! Fi, chevalier! Que diable! vous comprenez: les prétentions s'accroissent en raison des services qu'on peut rendre. Or, me voilà de venu un personnage fort important, moi. Traitez-moi en conséquence, ou je mets mes mains dans mes poches et je laisse faire Dubois.

D'Harmental se mordit les lèvres jusqu'au sang, mais il comprit qu'il avait affaire à un vieux condottiere, habitué à vendre ses services le plus cher possible, et comme ce que le capitaine venait d'exposer du besoin qu'on avait de lui était littéralement vrai, il comprima son impatience et fit taire son orgueil.

— Ainsi donc, reprit d'Harmental, vous voulez être colonel?

— C'est mon idée, reprit Roquefinette.

— Mais supposez que je vous fasse cette promesse, qui peut répondre que j'aurai l'influence de la faire ratifier?

— Aussi, chevalier, je compte bien manipuler mes petites affaires moi-même.

— Où cela?

— A Madrid donc.

— Qui vous dit que je vous y mène?

— Je ne sais pas si vous m'y menez, mais je sais que j'y vais.

— Vous, à Madrid? et qu'allez-vous y faire?

— Conduire le régent.

— Vous êtes fou!

— Allons, allons, chevalier, pas de gros mots! Vous me demandez mes conditions, je vous les dis; elles ne vous conviennent pas, bonsoir! Nous n'en serons pas plus mauvais amis pour cela.

Et Roquefinette se leva, prit son chapeau, qu'il avait posé sur la commode, et il fit un pas vers la porte.

— Comment! vous vous en allez? dit d'Harmental.

— Sans doute, je m'en vais.

— Mais vous oubliez, capitaine...

— Ah! c'est juste, répondit Roquefinette, faisant semblant de se tromper à l'intention de d'Harmental, c'est juste; vous m'avez donné cent louis et je dois vous rendre mes comptes. Il tira la bourse de sa poche. Un cheval gris-pommelé, de l'âge de quatre à cinq ans, trente louis; une paire de pistolets à deux coups, dix louis; une selle, une bride, etc., etc., deux louis: total quarante-deux louis. Il y en a cinquante-huit dans cette bourse; le cheval, les pistolets, la selle et la bride sont à vous. Comptez, nous sommes quittes.

Et il jeta la bourse sur la table.

— Mais ce n'est pas cela que je vous dis, capitaine!

— Et que me dites-vous donc?

— Je dis qu'il est impossible qu'on vous confie, à vous, une mission de cette importance.

— Ce sera cependant ainsi, ou cela ne sera pas. Je conduirai le régent à Madrid; je le conduirai seul, ou le régent restera au Palais-Royal.

— Et vous vous croyez assez bon gentilhomme,

dit d'Harmental, pour arracher des mains de Philippe d'Orléans l'épée qui a renversé les murailles de Lérida la Pucelle, et qui a reposé près du sceptre de Louis XIV sur le coussin de velours à glands d'or!

— Je me suis laissé dire en Italie, répondit Roquefinette, qu'à la bataille de Pavie François Ier avait rendu la sienne à un boucher.

Et le capitaine fit un nouveau pas vers la porte en enfonçant son chapeau sur sa tête.

— Voyons, capitaine, dit d'Harmental d'un ton plus conciliateur, trêve d'arguties et de citations; partageons le différend par la moitié: je conduirai le régent en Espagne, et vous viendrez avec moi.

— Oui, n'est-ce pas, pour que le pauvre capitaine se perde dans la poussière que fera le beau chevalier? pour que le brillant colonel efface le vieux miquelet? Impossible, chevalier, impossible! J'aurai la conduite de l'affaire où je ne m'en mêlerai point.

— Mais c'est une trahison! s'écria d'Harmental.

— Une trahison, chevalier? Et où avez-vous vu, s'il vous plaît, que le capitaine Roquefinette était un traître? Où sont les conventions faites que je n'ai pas tenues! où sont les secrets que j'ai divulgués: Moi, un traître! mille dieux! chevalier! Pas plus tard qu'avant-hier, on m'a offert gros comme moi d'or pour être un traître, et j'ai refusé. Non, non. Vous êtes venu me demander hier de vous seconder une deuxième fois; je vous ai dit que je ne demandais pas mieux, mais à de nouvelles conditions. Eh bien! ces conditions, ce sont celles que je viens de vous dire; c'est à prendre ou à laisser. Où voyez-vous une trahison dans tout cela?

— Et quand je serais assez lâche pour les accepter, ces conditions, monsieur, croyez-vous que la confiance que le chevalier d'Harmental inspire à S. A. R. la duchesse du Maine se reporterait sur le capitaine Roquefinette?

— Que diable la duchesse du Maine a-t-elle à voir dans tout ceci? Vous vous êtes chargé d'une affaire, il y a des empêchements matériels à ce que vous l'accomplissiez par vous-même; vous me passez procuration, voilà tout.

— C'est-à-dire, n'est-ce pas, reprit d'Harmental en secouant la tête, que vous voulez être le maître de lâcher le régent, si le régent vous offre pour le laisser en France le double de ce que je vous donne, moi, pour le conduire en Espagne?

— Peut-être, dit Roquefinette d'un ton goguenard.

— Tenez, capitaine, dit d'Harmental en faisant un nouvel effort sur lui-même pour conserver son sang-froid et en essayant de renouer les négociations: tenez, je vous donne vingt mille livres comptant.

— Chanson! reprit Roquefinette.

— Je vous emmène avec moi en Espagne.

— Un pas encore, capitaine, et je vous donne m... parole d'honneur que je vous brûle la cervelle !

— Tarare! dit le capitaine.

— Et je m'engage sur l'honneur à vous faire obtenir un régiment.

Roquefinette se mit à siffloter un petit air.

— Prenez garde! dit d'Harmental ; il y a plus de danger pour vous maintenant, au point où nous en sommes et avec les secrets terribles que vous connaissez, à refuser qu'à accepter !

— Et que m'arrivera-t-il donc, si je refuse? demanda Roquefinette.

— Il arrivera, capitaine, que vous ne sortirez pas de cette chambre.

— Et qui m'en empêchera? dit le capitaine.

— Moi! s'écria d'Harmental en s'élançant devant la porte un pistolet de chaque main.

— Vous! dit Roquefinette en faisant un pas vers le chevalier, en croisant les bras et en le regardant fixement.

— Un pas encore, capitaine, reprit le chevalier, et je vous donne ma parole d'honneur que je vous brûle la cervelle !

— Vous me brûlerez la cervelle, vous? Il faudrait d'abord pour cela que vous ne tremblassiez pas comme une vieille femme. Savez-vous ce que

— Que penses-tu de cela, Colichemarde?

vous allez faire? vous allez me manquer, le bruit du coup attirera les voisins, ils appelleront la garde, on me demandera pourquoi vous avez tiré sur moi, et il faudra bien que je le dise.

— Oui, vous avez raison, capitaine, s'écria le chevalier en désarmant les pistolets et en les passant à sa ceinture, et je vous tuerai plus honorablement que vous ne le méritez. Flamberge au vent, monsieur, flamberge au vent!

Et d'Harmental, appuyant son pied gauche contre la porte, tira son épée et se mit en garde...

C'était une épée de cour, un mince filet d'acier monté dans une garde d'or. Roquefinette se mit à rire.

— Et avec quoi me défendrai-je? dit-il en regardant autour de lui. N'avez-vous pas ici par hasard les aiguilles à tricoter de votre maîtresse, chevalier?

— Défendez-vous avec l'épée que vous portez au côté, monsieur! répondit d'Harmental. Si longue qu'elle soit, vous voyez que je me suis posé de façon à ne pas faire un pas pour m'en éloigner.

— Que penses-tu de cela, Colichemarde? dit le capitaine s'adressant d'un ton goguenard à l'illustre lame qui avait gardé le nom que lui avait donné Ravanne.

— Elle pense que vous êtes un lâche, capitaine, s'écria d'Harmental, puisqu'il faut vous couper la figure pour vous faire battre.

Alors, d'un mouvement rapide comme l'éclair, d'Harmental sangla le visage du capitaine avec son carrelet, lui laissant sur la joue une trace bleuâtre pareille à la marque d'un coup de fouet.

Roquefinette poussa un cri qu'on eût pu prendre pour le rugissement d'un lion; puis, faisant un bond en arrière, il retomba en garde et l'épée à la main.

Alors commença entre ces deux hommes un duel terrible, acharné, silencieux, car tous deux s'étaient vus à l'œuvre, et chacun savait à qui il avait affaire. Par une réaction facile à comprendre, c'était maintenant d'Harmental qui avait retrouvé son calme, c'était Roquefinette qui avait le sang au visage. A tout moment il menaçait d'Harmental de sa longue épée; mais le frêle carrelet la suivait ainsi que le fer suit l'aimant, se tortillant en sifflant autour d'elle comme une vipère. Au bout de cinq minutes le chevalier n'avait pas encore porté une seule botte, mais il les avait parées toutes. Enfin, sur un dégagement plus rapide encore que les autres, il arriva trop tard à la parade et sentit la pointe du fer qui lui effleurait la poitrine. En même temps une tache rouge s'étale de sa chemise à son jabot de dentelle. D'Harmental la voit, bondit et s'engage de si près avec Roquefinette, que les deux gardes se touchent. Le capitaine comprend aussitôt le désavantage que, dans une position pareille, lui donne sa longue épée. Un coupé sur les armes et il est perdu. Il fait aussitôt un saut en arrière; mais son talon gauche glisse sur le carreau nouvellement ciré, et la main dont il tient son épée se lève malgré lui. Par un mouvement naturel, d'Harmental en profite, se fend à fond et crève la poitrine du capitaine, où le fer de son épée disparaît jusqu'à la garde. D'Harmental fait à son tour un saut dans les armes pour éviter la riposte, mais la précaution est inutile; le capitaine reste un instant immobile à sa place, ouvre de grands yeux hagards, laisse échapper son épée, et, appuyant ses deux mains sur sa blessure qui le brûle, il tombe de toute sa hauteur sur le carreau.

— Diable de carrelet! murmura-t-il. Et il expira à l'instant même : le mince filet d'acier avait traversé le cœur du géant.

Cependant d'Harmental était resté en garde et les yeux fixés sur le capitaine, abaissant seulement son épée à mesure que la mort s'emparait de lui. Enfin il se trouva en face d'un cadavre; mais ce cadavre avait les yeux ouverts et continuait de le regarder. Appuyé contre la porte, le chevalier, à ce spectacle, demeure un instant épouvanté. Ses cheveux se hérissent, il sent la sueur qui pointe à son front, il n'ose risquer un mouvement, il n'ose faire un geste, sa victoire lui semble un rêve. Tout à coup, dans une dernière convulsion, la bouche du moribond se crispe avec ironie : le partisan est mort en emportant son secret.

Comment reconnaître, au milieu des trois cents paysans qui sont au Marché-aux-Chevaux les douze ou quinze faux sauniers qui doivent enlever le régent?

D'Harmental pousse un cri sourd; il voudrait, au prix de dix ans de son existence, rendre dix minutes de vie au capitaine. Il prend le cadavre dans ses bras, le soulève, l'appelle, tressaille en voyant ses mains rougies, et laisse retomber le cadavre dans une mare de sang, qui, suivant l'inclinaison du plancher, s'écoule par une rigole, court en grossissant vers la porte et commence à glisser sous le seuil.

En ce moment le cheval attaché au volet s'impatiente et hennit.

D'Harmental fait trois pas vers la porte; mais tout à coup il pense que Roquefinette a peut-être sur lui quelque papier, quelque billet qui pourra le guider. Malgré sa répugnance pour le cadavre du capitaine, il s'en rapproche, visite les unes après les autres les poches de son habit et de sa veste; mais les seuls papiers qu'il y trouve sont trois ou quatre vieilles cartes de restaurateur, et une lettre d'amour de la Normande.

Alors, comme il n'a plus rien à faire dans cette chambre, il va au secrétaire, bourre ses poches d'or et de lettres de change, tire la porte après lui, descend rapidement l'escalier, saute sur le cheval impatient, s'élance au galop vers la rue du Gros-Chenet, et disparaît en tournant l'angle le plus rapproché du boulevard.

XVIII

LE SAUVEUR DE LA FRANCE.

Pendant que cette terrible catastrophe s'accomplissait dans la mansarde de madame Denis, Bathilde, inquiète de voir la fenêtre de son voisin si longtemps fermée, avait ouvert la sienne, et la première chose qu'elle avait aperçue était le cheval gris-pommelé attaché au volet. Or, comme elle n'avait pas vu entrer le capitaine chez d'Harmental, elle pensa que cette monture était pour Raoul ; et cette vue lui rappela aussitôt ses terreurs passées et présentes.

Bathilde resta donc à la fenêtre, regardant de tous côtés et cherchant à lire dans la physionomie de chaque individu qui passait si cet individu était acteur dans le drame mystérieux qui se préparait et où elle devinait instinctivement que d'Harmental jouait le premier rôle. Elle était donc, le cœur palpitant, le cou tendu et les yeux errants de çà et de là, lorsque tout à coup ses regards inquiets se fixèrent sur un point. Au même moment la jeune fille poussa un cri de joie : elle venait de voir déboucher Buvat à l'angle de la rue Montmartre. En effet, c'était le digne calligraphe en personne qui, tout en regardant de temps en temps derrière lui comme s'il craignait d'être poursuivi, s'avançait, la canne horizontale, d'un pas aussi rapide que le lui permettaient ses petites jambes.

Pendant qu'il disparaît sous l'allée et s'engage dans l'escalier obscur qui y fait suite et au milieu duquel il rencontrera sa pupille, jetons un regard en arrière et disons les causes de cette absence qui, nous en sommes certain, n'a pas causé moins d'inquiétudes à nos lecteurs qu'à la pauvre Bathilde et à la bonne Nanette.

On se rappelle comment Buvat, conduit par la crainte de la torture à la révélation du complot, avait été forcé par Dubois de venir lui faire chaque jour chez lui une copie des pièces que lui remettait le prétendu prince de Listhnay. C'est ainsi que le ministre du régent avait successivement appris tous les projets des conjurés, qu'il avait déjoués par l'arrestation du maréchal de Villeroy et par la convocation du Parlement.

Le lundi matin, Buvat était arrivé comme d'habitude avec de nouvelles liasses de papiers que d'Avranches lui avait remises la veille : c'était un manifeste rédigé par Malezieux et Pompadour, et les lettres des principaux seigneurs bretons qui adhéraient, comme nous l'avons vu, à la conspiration.

Buvat se mit comme d'habitude à son travail ; mais vers les quatre heures, comme il venait de se lever et tenait son chapeau d'une main et sa canne de l'autre, Dubois était venu le prendre et l'avait conduit dans une petite chambre, au-dessus de celle dans laquelle il travaillait, et, arrivé là, il lui avait demandé ce qu'il pensait de cet appartement. Flatté de cette déférence du premier ministre pour son jugement, Buvat s'était hâté de répondre qu'il le trouvait fort agréable.

— Tant mieux, reprit Dubois, et je suis fort aise qu'il soit de votre goût, car c'est le vôtre.

— Le mien ! dit Buvat atterré.

— Eh bien, oui, le vôtre : qu'y a-t-il d'étonnant à ce que je désire avoir sous la main et surtout sous les yeux un homme aussi important que vous ?

— Mais alors, demanda Buvat, je vais donc demeurer au Palais-Royal, moi ?

— Pendant quelques jours du moins, répondit Dubois.

— Monseigneur, laissez-moi au moins prévenir Bathilde.

— Voilà justement l'affaire, c'est qu'il ne faut pas que mademoiselle Bathilde soit prévenue.

— Mais vous me permettez au moins que la première fois que je sortirai...

— Tout le temps que vous resterez ici, vous ne sortirez pas.

— Mais, s'écria Buvat avec terreur... mais je suis donc prisonnier ?

— Prisonnier d'État, vous l'avez dit, mon cher Buvat ; mais tranquillisez-vous, votre captivité ne sera pas longue, et, tant qu'elle durera, l'on aura pour vous tous les égards qui sont dus au sauveur de la France ; car vous avez sauvé la France, mon cher monsieur Buvat ; il n'y a pas à vous en dédire maintenant.

— J'ai sauvé la France ! s'écria Buvat, et me voilà prisonnier, me voilà sous les verrous, me voilà sous les barreaux !

— Et où diable voyez-vous des verrous et des barreaux, mon cher Buvat? dit Dubois en éclatant de rire, la porte ferme à un seul loquet et n'a pas même de serrure; quant à la fenêtre, voyez, elle donne sur le jardin du Palais-Royal, et pas le plus petit grillage ne vous en intercepte la vue, une vue superbe : vous serez ici comme le régent lui-même.

— O ma petite chambre! ô ma terrasse! murmura Buvat en se laissant tomber anéanti sur un fauteuil.

Dubois, qui avait autre chose à faire que de consoler Buvat, sortit et mit une sentinelle à sa porte.

L'explication de cette mesure était facile à comprendre : Dubois craignait qu'en voyant l'arrestation de Villeroy, on se doutât de quel côté venait la révélation, et que Buvat interrogé n'avouât qu'il avait tout dit. Or cet aveu eût sans doute arrêté les conjurés au milieu de leurs projets, et tout au contraire Dubois, éclairé désormais sur tous leurs desseins, voulait les laisser s'enferrer jusqu'au bout, pour en finir une bonne fois avec toutes ces petites conspirations.

Vers les huit heures du soir et comme le jour commençait à tomber, Buvat entendit un grand bruit à sa porte et une espèce de froissement métallique qui ne laissa point de l'inquiéter ; il avait entendu raconter bon nombre de lamentables histoires de prisonniers d'État assassinés dans leur prison, et il se leva tout frissonnant et courut à sa fenêtre. La cour et le jardin du Palais-Royal étaient pleins de monde; les galeries commençaient à s'illuminer, toute la vue qu'embrassait Buvat était pleine de mouvement, de gaieté et de lumière. Il poussa un profond gémissement en songeant qu'il allait peut-être falloir dire adieu à ce monde si animé et si vivant. En ce moment on ouvrit sa porte. Buvat se retourna en frissonnant, et aperçut deux grands valets de pied en livrée rouge qui apportaient une table toute servie. Ce bruit métallique qui avait inquiété Buvat était le froissement des plats et des couverts d'argent.

Le premier mouvement de Buvat fut d'abord une action de grâces au Seigneur de ce qu'un danger aussi imminent que celui dans lequel il avait cru être tombé se changeait en une situation en apparence si supportable; mais presque aussitôt l'idée lui vint que les projets funestes qu'on avait conçus contre lui étaient toujours les mêmes et qu'on n'avait seulement fait qu'en changer le mode d'exécution, et que seulement, au lieu d'être assassiné comme Jean-sans-Peur ou le duc de Guise, il allait être empoisonné comme le grand Dauphin ou le duc de Bourgogne. Il jeta un coup d'œil rapide sur les deux valets de pied et crut remarquer sur leur physionomie quelque chose de sombre qui dénonçait les agents d'une vengeance secrète. Dès lors le parti de Buvat fut pris, et malgré le fumet des plats,

qui lui parut une amorce de plus, il refusa toute nourriture en disant majestueusement qu'il n'avait ni faim ni soif.

Les deux laquais se regardèrent en dessous : c'étaient deux fins escogriffes, qui avaient jugé Buvat du premier coup d'œil, et qui, ne comprenant pas qu'on n'eût pas faim en face d'un faisan truffé, et pas soif en face d'une bouteille de chambertin, avaient pénétré les craintes de leur prisonnier. Ils échangèrent quelques mots à voix basse, et le plus hardi des deux, comprenant qu'il y avait moyen de tirer parti de la situation, s'avança vers Buvat qui recula devant lui jusqu'à ce que la cheminée l'empêchât d'aller plus loin.

— Monsieur, lui dit-il d'un ton pénétré, nous comprenons vos craintes, mais, comme nous sommes d'honnêtes serviteurs, nous tenons à vous prouver que nous sommes incapables de prêter les mains à l'action dont vous nous soupçonnez. En conséquence, pendant tout le temps que vous serez ici, mon camarade et moi, chacun notre tour, goûterons de tous les plats qui vous seront servis et de tous les vins qu'on vous apportera; heureux si, par notre dévouement, nous pouvons vous rendre quelque tranquillité.

— Monsieur, répondit Buvat tout honteux que ses sentiments secrets eussent été pénétrés ainsi, monsieur, vous êtes bien honnête, mais, en vérité Dieu je n'ai ni faim ni soif; c'est comme j'ai l'honneur de vous le dire.

— N'importe, monsieur, dit le valet, comme nous désirons, mon camarade et moi, qu'il ne vous reste aucun doute dans l'esprit, nous maintenons l'épreuve que nous vous avons offerte. Comtois, mon ami, continua le valet en s'asseyant à la place que Buvat aurait dû occuper, faites-moi le plaisir de me servir quelques cuillerées de ce potage, une aile de cette poularde au riz et deux doigts de ce romané. Là, bien. A votre santé, monsieur.

— Monsieur, répondit Buvat en regardant de ses deux gros yeux étonnés le valet de pied qui dînait si impudemment à sa place, monsieur, c'est moi qui suis votre serviteur, et je voudrais savoir votre nom pour le conserver dans ma mémoire, accolé à celui de ce bon geôlier qui donna dans sa prison, à Côme l'Ancien, une preuve de dévouement pareille à celle que vous me donnez. Ce trait est dans la *Morale en action*, monsieur, continua Buvat, et je me permettrai de vous dire que vous méritez de figurer dans ce livre sous tous les rapports.

— Monsieur, répondit modestement le valet, je me nomme Bourguignon, et voilà mon camarade Comtois, dont ce sera le tour de se dévouer demain, et qui, le moment venu, ne restera point en arrière. Allons, Comtois, mon ami, un filet de ce faisan et un verre de champagne. Ne voyez-vous pas que, pour rassurer monsieur complétement, je dois goûter tous les mets et déguster tous les vins?

—A votre santé, monsieur Buvat.

C'est une rude tâche, je le sais bien ; mais où serait le mérite d'être honnête homme si on ne s'imposait pas de temps en temps de pareils devoirs? A votre santé, monsieur Buvat.

— Dieu vous le rende, monsieur Bourguignon.

— Maintenant, Comtois, passez-moi le dessert, afin qu'il ne reste aucun doute à M. Buvat.

— Monsieur Bourguignon, je vous prie de croire que, si j'en avais eu, ils seraient complétement dissipés.

— Non, monsieur, non, je vous en demande pardon ; il vous en reste encore. Comtois, mon ami, maintenez le café chaud, très-chaud. Je veux le boire exactement comme l'aurait bu monsieur, et je présume que c'est comme cela que monsieur l'aime.

— Bouillant, monsieur, répondit Buvat en s'inclinant ; je le bois bouillant, parole d'honneur.

— Ah! dit Bourguignon en sirotant sa demitasse et en levant béatiquement les yeux au plafond. Vous avez bien raison, monsieur. Ce n'est que comme cela que le café est bon ; froid, c'est une boisson fort médiocre. Celui-ci, je dois le dire, est excellent. Comtois, mon ami, je vous fais mon compliment, et vous servez à ravir. Maintenant, aidez-moi à enlever la table. Vous devez savoir qu'il n'y a rien de désagréable comme l'odeur des vins et des mets pour ceux qui n'ont ni faim ni soif. Monsieur, continua Bourguignon en marchant à reculons vers la porte, qu'il avait fermée avec soin pendant tout le repas et qu'il venait de rouvrir tandis que son compagnon poussait la table en avant, monsieur, si vous avez besoin de quelque chose, vous avez trois sonnettes, une à votre lit et deux à la cheminée. Celles de la cheminée sont pour nous, celle du lit, pour le valet de chambre.

— Merci, monsieur; dit Buvat; vous êtes trop honnête. Je désire ne déranger personne.

— Ne vous gênez pas, monsieur, ne vous gênez pas; monseigneur désire que vous en usiez comme chez vous.

— Monseigneur est bien honnête.

— Monsieur ne désire plus rien?

— Plus rien, mon ami, plus rien, dit Buvat pénétré de tant de dévouement, plus rien que vous exprimer ma reconnaissance.

— Je n'ai fait que mon devoir, monsieur, répondit modestement Bourguignon en s'inclinant une dernière fois et en fermant la porte.

— Ma foi, dit Buvat en suivant Bourguignon d'un œil attendri, il faut convenir qu'il y a des proverbes bien menteurs. On dit : Insolent comme un laquais; et certes voilà un individu exerçant cette profession et qui est cependant on ne peut plus poli. Ma foi, je ne croirai plus aux proverbes, ou du moins je ferai une distinction entre eux.

Et en se faisant cette promesse à lui-même, Buvat se retrouva seul.

Rien n'excite l'appétit comme la vue d'un bon dîner dont on ne respire que l'odeur. Celui qui venait de passer sous les yeux de Buvat dépassait en luxe tout ce que le bonhomme avait rêvé jusqu'alors, et il commençait, tourmenté par des tiraillements d'estomac réitérés, à se reprocher la trop grande défiance qu'il avait eue à l'endroit de ses persécuteurs; mais il était trop tard. Buvat aurait bien pu, il est vrai, tirer la sonnette de M. Bourguignon ou la sonnette de M. Comtois et demander un second service; mais il était d'un caractère trop timide pour se livrer à un pareil acte de volonté : il en résulta qu'ayant cherché parmi la somme de proverbes auxquels il devait continuer d'ajouter foi celui qui était le plus consolant, et ayant trouvé entre sa situation et le proverbe qui dit *qui dort dîne* une analogie qui lui parut des plus directes, il résolut de s'en tenir à celui-là, et, ne pouvant dîner, d'essayer au moins de dormir.

Mais au moment de se livrer à la résolution qu'il venait de prendre, Buvat se trouva assailli par de nouvelles craintes : ne pourrait-on pas profiter de son sommeil pour le faire disparaître? La nuit est l'heure des embûches; il avait bien entendu souvent raconter à madame Buvat la mère, des histoires de baldaquins qui, en s'abaissant, étouffaient le malheureux dormeur; de lits qui s'enfonçaient d'eux-mêmes par une trappe, et cela si doucement, que le mouvement n'éveillait pas même celui qui était couché; enfin de portes secrètes s'ouvrant dans les boiseries et même dans les meubles pour donner passage à des assassins. Ce dîner si copieux, ces vins si excellents, ne lui avaient peut-être été servis que pour le conduire sans défiance à un sommeil plus profond. Tout cela était possible à la rigueur; aussi, comme Buvat avait au plus haut degré le sentiment de sa conservation, commença-t-il, sa bougie à la main, une investigation des plus minutieuses. Après avoir ouvert toutes les portes des armoires, tiré tous les tiroirs des commodes, sondé tous les panneaux de la boiserie, Buvat en était au lit, et à quatres pattes sur le tapis allongeait craintivement la tête sous la couchette, lorsque tout à coup il crut entendre marcher derrière lui. La position dans laquelle il était ne lui permettait guère de songer à sa défense; il demeura donc immobile et attendant le cœur serré et la sueur au front.

— Pardon, dit au bout de quelques instants de morne silence une voix qui fit frissonner Buvat, pardon, mais n'est-ce pas son bonnet de nuit que monsieur cherche?

Buvat était découvert. Il n'y avait pas moyen de se soustraire au danger, si le danger existait. Il retira donc sa tête de dessous le lit, prit sa bougie à la main, et, demeurant sur les deux genoux, comme dans une posture humble et désarmante, il se retourna vers l'individu qui venait de lui adresser la parole et se trouva en face d'un homme tout vêtu de noir et portant pliés sur l'avant-bras plusieurs objets que Buvat crut reconnaître pour des vêtements humains.

— Oui, monsieur, dit Buvat, saisissant avec une présence d'esprit dont il se félicita intérieurement l'échappatoire qui lui était ouverte; oui, monsieur, je cherche mon bonnet de nuit lui-même. Cette recherche serait-elle défendue?

— Pourquoi, monsieur, au lieu de prendre cette peine, n'a-t-il pas sonné? c'est moi qui ai l'honneur d'avoir été désigné pour lui servir de valet de chambre, et je lui apportais son bonnet de nuit et sa robe de nuit.

Et à ces mots le valet étala sur le lit une robe de chambre à grands ramages, un bonnet de fine batiste et un ruban du rose le plus coquet. Buvat, toujours à genoux, le regardait faire avec le plus grand étonnement.

— Maintenant, dit le valet de chambre, monsieur veut-il que je l'aide à se déshabiller?

— Non, monsieur, non! s'écria Buvat, dont la pudeur était des plus faciles à s'alarmer, mais en accompagnant ce refus du sourire le plus agréable qu'il put faire. Non, j'ai l'habitude de me déshabiller tout seul. Merci, monsieur, merci.

Le valet de chambre se retira, et Buvat se trouva seul. Comme la visite de la chambre était finie et que la faim, qui gagnait de plus en plus, rendait le sommeil urgent, Buvat commença aussitôt en soupirant sa toilette de nuit, plaça, pour ne point rester sans lumière, une de ses bougies dans l'angle de la cheminée, et s'enfonça en poussant un profond gémissement dans le lit le plus doux et le plus moelleux qu'il eût jamais rencontré.

Mais le lit ne fait pas le sommeil, et c'est un axiome que Buvat put, par expérience, ajouter à la liste de ses proverbes véridiques. Soit terreur, soit viduité de l'estomac, Buvat passa une nuit fort agitée, et ce ne fut que vers le matin qu'il commença à s'endormir ; encore son sommeil fut-il peuplé des cauchemars les plus terribles et les plus insensés. Il venait de rêver qu'il avait été empoisonné dans un gigot de mouton aux haricots, lorsque le valet de chambre entra et demanda à quelle heure monsieur voulait déjeuner.

Cette demande avait avec le rêve que Buvat venait d'accomplir une telle suite, que Buvat frissonna des pieds à la tête à l'idée d'avaler la moindre chose, et ne répondit que par une espèce de murmure sourd, qui parut sans doute au valet de chambre avoir une signification quelconque, car il sortit aussitôt en disant que monsieur allait être servi.

Buvat n'avait point l'habitude de déjeuner dans son lit, aussi sauta-t-il vivement en bas du sien et fit-il sa toilette en toute hâte : il venait de l'achever lorsque MM. Bourguignon et Comtois entrèrent portant le déjeuner, comme ils étaient entrés la veille portant le dîner.

Alors eut lieu la seconde répétition de la scène que nous avons déjà racontée, à l'exception que cette fois ce fut M. Comtois qui mangea et que ce fut M. Bourguignon qui servit. Mais lorsqu'on arriva au café et que Buvat, qui n'avait rien pris depuis la veille à la même heure, vit son breuvage bien-aimé, après avoir passé de la cafetière d'argent dans la tasse de porcelaine, dans l'œsophage de M. Comtois, il n'y put tenir plus longtemps et déclara que son estomac demandait à être amusé par quelque chose, et qu'en conséquence il désirait qu'on lui laissât le café et un petit pain. Cette déclaration parut contrarier quelque peu le dévouement de M. Comtois, mais force lui fut cependant de se borner à deux cuillerées de l'odorant liquide, lequel fut, avec le petit pain et le sucrier, déposé sur un guéridon, tandis que les deux drôles emportaient, en riant dans leur barbe, les restes du déjeuner à la fourchette. A peine la porte fut-elle fermée que Buvat se précipita vers le guéridon, et sans même se donner le temps de tremper l'un dans l'autre, mangea le pain et but le café ; puis, quelque peu réconforté par cette inglutition si insuffisante qu'elle fût, il commença à envisager les choses sous un point de vue moins désastreux.

En effet, Buvat ne manquait pas d'un certain bon sens ; et comme il avait traversé sans encombre la soirée de la veille, la nuit qui venait de s'écouler, et qu'il entrait dans la matinée présente d'une manière assez confortable, il commençait à comprendre que, si par un motif politique quelconque on en voulait à sa liberté, on était loin au moins d'en vouloir à ses jours, que l'on entourait au contraire de soins dont il n'avait jamais été l'objet ; puis Buvat, malgré lui, ressentait cette bienfaisante influence du luxe qui s'introduit par tous les pores et dilate le cœur. Or, il avait jugé que le dîner de la veille était meilleur que son dîner habituel ; il avait reconnu que le lit était fort moelleux ; il trouvait que le café qu'il venait de boire possédait un arome que le mélange de la chicorée ôtait au sien. Bref, il ne pouvait se dissimuler que les fauteuils élastiques et les chaises rembourrées sur lesquelles il s'asseyait depuis vingt-quatre heures avaient une supériorité incontestable sur son fauteuil de cuir et ses chaises de canne. La seule chose qui le tourmentât donc réellement était l'inquiétude que devait éprouver Bathilde en ne le voyant pas revenir. Il eut bien un instant l'idée, n'osant pas renouveler la demande qu'il avait faite la veille à Dubois, de donner de ses nouvelles à sa pupille ; il avait bien eu un instant l'idée, disons-nous, à l'instar du Masque de fer, qui avait jeté de la fenêtre de sa prison un plat d'argent sur le rivage de la mer, de jeter de son balcon une lettre dans la cour du Palais-Royal ; mais il savait quel résultat funeste avait eu pour le malheureux prisonnier la découverte de cette infraction aux volontés de M. de Saint-Mars, de sorte qu'il tremblait, en essayant une tentative pareille, de resserrer les rigueurs de sa captivité, qui, telle qu'elle était, à tout prendre, lui paraissait tolérable.

Le résultat de toutes ces réflexions fut que Buvat passa une matinée beaucoup moins agitée que ne l'avaient été sa soirée et sa nuit ; d'un autre côté, son estomac, endormi par le café et le petit pain, ne lui laissait éprouver que cette légère pointe d'appétit qui n'est que jouissance de plus lorsqu'on est sûr de bien dîner. Ajoutez à cela la vue éminemment distrayante que le prisonnier avait de sa fenêtre, et l'on comprendra qu'une heure de l'après-midi arriva sans trop de douleurs ni d'ennui.

A une heure juste la porte s'ouvrit, et la table reparut toute dressée, portée comme la veille et le matin par les deux valets de pied. Mais cette fois ce ne fut ni M. Bourguignon ni M. Comtois qui s'y assit ; Buvat déclara que, parfaitement rassuré sur les intentions de son hôte auguste, il remerciait MM. Comtois et Bourguignon du dévouement dont chacun à son tour lui avait donné la preuve, et les priait de le servir à leur tour. Les deux valets firent la grimace, mais ils obéirent.

— Pardon, mais n'est-ce pas son bonnet de nuit que monsieur cherche. — Page 110.

On devine que l'heureuse disposition d'esprit dans laquelle se trouvait Buvat devait se béatifier encore, grâce à l'excellent dîner qui lui était servi : Buvat mangea de tous les plats, Buvat but de tous les vins ; enfin Buvat, après avoir siroté son café, luxe qu'il ne se permettait ordinairement que le dimanche, Buvat, après avoir avalé par-dessus le hectar arabique un petit verre de liqueur de madame Anfoux, Buvat, il faut le dire, était dans un état voisin de l'extase.

Le soir, le souper eut le même succès ; mais comme Buvat s'était un peu plus livré qu'au dîner à la dégustation du Chambertin et du Sillery, Buvat, vers les huit heures du soir, se trouvait dans un état de bien-être impossible à décrire. Il en résulta que, lorsque le valet de chambre entra pour faire sa couverture, au lieu de le trouver, comme la veille, à quatre pattes et la tête sous le lit, il le trouva assis dans un bon fauteuil, les pieds sur les chenets, la tête renversée contre le dossier, les yeux clignotants, et chantonnant entre ses dents avec une inflexion de voix d'une tendresse infinie :

Laissez-moi aller,
Laissez-moi aller,
Laissez-moi aller jouer sous la coudrette ;

Un homme de quarante ou quarante-deux ans s'occupait à suivre, sur un fourneau allumé, une opération chimique. — PAGE 114.

ce qui, comme on le voit, était une grande amélioration sur l'état dans lequel le digne écrivain se trouvait vingt-quatre heures auparavant. Il y eut plus : lorsque le valet de chambre lui offrit, comme la veille, de l'aider à se déshabiller, Buvat, qui éprouvait une certaine difficulté à exprimer ses pensées, se contenta de lui sourire en signe d'approbation, puis de lui tendre les bras pour qu'il lui tirât son habit, puis les jambes pour qu'il lui enlevât ses souliers ; mais, malgré l'état de jubilation extraordinaire dans lequel se trouvait Buvat, il est cependant juste de dire que sa retenue naturelle ne lui permit pas un plus complet abandon, et que ce ne fut que lorsqu'il se trouva parfaitement seul qu'il dépouilla le reste de ses vêtements.

Cette fois, tout au contraire de la veille, Buvat s'étendit voluptueusement dans son lit, s'endormit cinq minutes après être couché, rêva qu'il était le Grand Turc et qu'il avait, comme le roi Salomon, trois cents femmes et cinq cents concubines.

Hâtons-nous de dire que ce fut le seul rêve un peu égrillard que le pudique Buvat fit dans le cours de sa chaste vie.

Buvat se réveilla frais comme une rose-pompon.

n'ayant plus qu'une seule préoccupation au monde, celle de l'inquiétude où devait être Bathilde, mais du reste parfaitement heureux.

Le déjeuner, comme on le pense bien, ne lui ôta rien de sa bonne humeur; tout au contraire, s'étant informé s'il pouvait écrire à monseigneur l'archevêque de Cambrai, et ayant appris qu'aucun ordre ne s'y opposait, il demanda du papier et de l'encre qu'on lui apporta, tira de sa poche son canif qui ne le quittait jamais, tailla sa plume avec le plus grand soin et commença de sa plus belle écriture une requête parfaitement touchante à l'effet d'obtenir de lui, si sa captivité devait se prolonger, la permission de recevoir Bathilde, ou tout au moins de la prévenir qu'à part sa liberté, il ne lui manquait absolument rien, grâce aux bontés qu'avait pour lui monseigneur le premier ministre.

Cette requête, à l'exécution calligraphique de laquelle Buvat attacha un grand soin, et dont toutes les majuscules représentaient des figures différentes de plantes, d'arbres ou d'animaux, occupa le digne écrivain depuis le déjeuner jusqu'au dîner. En s'asseyant à table, il la remit à Bourguignon, qu'il chargea personnellement de la porter à monseigneur le premier ministre, déclarant que Comtois lui suffirait momentanément pour son service. Un quart d'heure après, Bourguignon revint et annonça à Buvat que monseigneur était sorti, mais qu'en son absence, la pétition avait été remise à la personne qui partageait le soin des affaires publiques avec lui, et que cette personne avait donné l'ordre de lui amener Buvat aussitôt qu'il aurait dîné, lequel Buvat, cependant, était invité à n'en point manger un seul morceau ni boire un verre de vin plus vite, attendu que celui qui le faisait demander était lui-même à table en ce moment. En vertu de cette permission, Buvat prit son temps, écorna les meilleurs plats, dégusta les meilleurs vins, lampa son café, savoura son verre de liqueur, et, cette dernière opération terminée, déclara d'un ton fort résolu qu'il était prêt à paraître devant le substitut du premier ministre.

L'ordre avait été donné à la sentinelle de laisser sortir Buvat: aussi Buvat, conduit par Bourguignon, passa-t-il fièrement devant elle. Pendant quelque temps il suivit un long corridor, puis il descendit un escalier; puis enfin le valet de pied ouvrit une porte et annonça M. Buvat.

Buvat se trouva alors dans une espèce de laboratoire situé au rez-de-chaussée, en face d'un homme de quarante ou quarante-deux ans qui ne lui était pas tout à fait inconnu, et qui, dans le costume le plus simple, s'occupait à suivre, sur un fourneau ardemment allumé, une opération chimique à laquelle il paraissait attacher une grande importance: cet homme, en apercevant Buvat, releva la tête, et l'ayant regardé avec curiosité: — Monsieur, lui dit-il, c'est vous qui vous nommez Jean Buvat?

— Pour vous servir, monsieur, répondit Buvat en s'inclinant.

— La requête que vous venez d'adresser à l'abbé est de votre main?

— De ma propre main, monsieur.

— Vous avez une fort belle écriture, monsieur.

Buvat s'inclina avec un sourire orgueilleusement modeste.

— L'abbé, continua l'inconnu, m'a dit, monsieur, les services que nous vous devions.

— Monseigneur est trop bon, murmura Buvat, cela n'en vaut pas la peine.

— Comment, cela n'en vaut pas la peine? si fait, au contraire, monsieur Buvat, cela en vaut grandement la peine. Peste! et la preuve, c'est que, si vous avez quelque chose à demander au régent, je me charge de lui transmettre votre demande.

— Monsieur, dit Buvat, puisque vous avez la bonté de vous offrir pour être l'interprète de mes sentiments pour Son Altesse Royale, ayez la bonté de lui dire que, quand elle sera moins gênée, je la prie, si cela ne la prive pas trop, de me faire payer mon arriéré.

— Comment, votre arriéré, monsieur Buvat? Que voulez-vous dire?

— Je veux dire, monsieur, que j'ai l'honneur d'être employé à la Bibliothèque royale, mais que voilà bientôt six ans que l'on nous dit à chaque fin de mois qu'il n'y a pas d'argent en caisse.

— Et à combien se monte votre arriéré?

— Monsieur, il me faudrait une plume et de l'encre pour vous dire le chiffre exact.

— Voyons à peu près. Calculez cela de mémoire.

— Mais à cinq mille trois cents et quelques livres, à part les fractions de sous et de deniers.

— Et vous désireriez d'être payé, monsieur Buvat?

— Je ne vous cache pas, monsieur, que cela me ferait plaisir.

— Et voilà tout ce que vous demandez?

— Absolument tout.

— Mais enfin, pour le service que vous venez de rendre à la France, ne réclamez-vous rien?

— Si fait, monsieur, je réclame la permission de faire dire à ma pupille Bathilde, qui doit être fort inquiète de mon absence, qu'elle se tranquillise et que je suis prisonnier au Palais-Royal. Je demanderais même, si ce n'était pas abuser de votre bonté, monsieur, qu'elle eût la permission de venir me faire une petite visite; mais, si cette seconde demande était trop indiscrète, je me bornerais à la première.

— Nous ferons mieux que cela, monsieur Buvat; les causes pour lesquelles nous vous retenions n'existent plus, nous allons donc vous rendre votre liberté, et vous pourrez aller vous-même donner de vos nouvelles à votre pupille.

— Comment, monsieur! dit Buvat, comment! je ne suis plus prisonnier?

— Vous pouvez partir quand vous voudrez.

— Monsieur, je suis votre très-humble et j'ai bien l'honneur de vous présenter mes hommages.

— Pardon, monsieur Buvat, encore un mot.

— Deux, monsieur.

— Je vous répète que la France a envers vous des obligations qu'il faut qu'elle acquitte. Écrivez donc au régent, faites-lui le relevé de ce qui vous est dû; exposez-lui votre situation, et si vous désirez particulièrement quelque chose, exposez hardiment votre désir. Je suis garant qu'il sera fait droit à votre requête.

— Monsieur, vous êtes trop bon et je n'y manquerai pas. Je puis donc alors espérer qu'aux premiers fonds qui rentreront dans les caisses de l'État...

— Un rappel vous sera fait, je vous en donne ma parole.

— Monsieur, aujourd'hui même ma pétition sera adressée au régent.

— Et demain vous serez payé.

— Ah! monsieur, que de bontés:

— Allez, monsieur Buvat, allez, votre pupille vous attend.

— Vous avez raison, monsieur, mais elle n'aura rien perdu pour m'attendre, puisque je vais lui porter une si bonne nouvelle. A l'honneur de vous revoir, monsieur. Ah! pardon; sans indiscrétion, comment vous appelez-vous, s'il vous plaît?

— Monsieur Philippe.

— A l'honneur de vous revoir, monsieur Philippe.

— Adieu, monsieur Buvat. Un instant, reprit Philippe, il faut que je donne des ordres pour que vous puissiez sortir.

A ces mots il sonna, un huissier parut.

— Faites venir Ravanne.

L'huissier sortit. Deux secondes après un jeune officier des gardes entra.

— Ravanne, dit M. Philippe, conduisez ce brave homme jusqu'à la porte du Palais-Royal. Il est libre d'aller où il voudra.

— Oui, monseigneur, dit le jeune officier.

Un éblouissement passa sur les yeux de Buvat, qui ouvrit la bouche pour demander quel était celui qu'on appelait ainsi monseigneur; mais Ravanne ne lui en donna pas le temps.

— Venez, monsieur, lui dit-il, venez, je vous attends.

Buvat regarda d'un air hébété M. Philippe et le page, mais, comme celui-ci ne comprenait rien à son hésitation, il lui renouvela une seconde fois l'invitation de le suivre. Il obéit en tirant son mouchoir de sa poche, et en essuyant l'eau qui lui coulait à grosses gouttes du front.

A la porte, la sentinelle voulut arrêter Buvat.

— Par ordre de S. A. R. monseigneur le régent monsieur est libre, dit Ravanne.

Le soldat présenta les armes et laissa passer.

Buvat crut qu'il allait avoir un coup de sang; il sentit les jambes qui lui manquaient, et s'appuya contre la muraille.

— Qu'avez-vous donc, monsieur? lui demanda son guide.

— Pardon, monsieur, balbutia Buvat, mais est-ce que par hasard la personne à laquelle je viens d'avoir l'honneur de parler serait...?

— Monseigneur le régent en personne, reprit Ravanne.

— Pas possible! s'écria Buvat.

— Très-possible! au contraire, répondit le jeune homme, et la preuve, c'est que cela est ainsi.

— Comment, c'est monsieur le régent lui-même qui m'a promis que je serais payé de mon arriéré? s'écria Buvat.

— Je ne sais pas ce qu'il vous a promis, mais je sais que la personne qui m'a donné l'ordre de vous reconduire était monsieur le régent, répondit Ravanne.

— Mais il m'a dit qu'il s'appelait Philippe.

— Eh bien! c'est cela, Philippe d'Orléans.

— C'est vrai, monsieur, c'est vrai; Philippe est son nom patronymique, c'est connu, cela. Mais c'est un très-brave homme que le régent, et quand je pense qu'il y avait d'infâmes gueux qui conspiraient contre lui, contre un homme qui m'a donné sa parole de me faire payer mon arriéré; mais ils méritent d'être pendus, ces gens-là, monsieur, d'être roués, écartelés, brûlés vifs; n'est-ce pas votre avis, monsieur?

— Monsieur, dit Ravanne en riant, je n'ai point d'avis sur les affaires de cette importance. Nous sommes à la porte de la rue, je voudrais avoir l'honneur de vous faire compagnie plus longtemps, mais monseigneur part dans une demi-heure pour l'abbaye de Chelles, et, comme il a quelques ordres à me donner avant son départ, je me vois, à mon grand regret, forcé de vous quitter.

— Tout le regret est pour moi, monsieur, dit gracieusement Buvat, et en répondant par une profonde inclination au léger salut du jeune homme qui, lorsque Buvat releva la tête avait déjà disparu.

Cette disparition laissa Buvat parfaitement libre de ses mouvements, il en profita en s'acheminant vers la place des Victoires, et de la place des Victoires vers la rue du Temps-Perdu, dont il tournait l'angle juste au moment où d'Harmental passait son épée au travers du corps de Roquefinette. C'était en ce moment encore que la pauvre Bathilde, qui était loin de se douter de ce qui se passait chez son voisin, avait aperçu son tuteur et s'était précipitée à sa rencontre dans l'escalier, où Buvat et elle s'étaient joints entre le second et le troisième étage.

— Oh! petit père, cher petit père! s'écria Bathilde tout en montant l'escalier au bras de Buvat et en l'arrêtant pour l'embrasser à chaque marche. D'où venez-vous donc? que vous est-il arrivé et comment se fait-il que depuis lundi nous ne vous ayons pas vu? Dans quelle inquiétude vous nous avez mises, mon Dieu! Nanette et moi; mais il faut qu'il soit arrivé des événements incroyables?

— Ah oui! bien incroyables, dit Buvat.

— Ah! mon Dieu! contez-moi cela, petit père. D'où venez-vous, d'abord?

— Du Palais-Royal.

— Comment, du Palais-Royal? Et chez qui étiez-vous, au Palais-Royal?

— Chez le régent.

— Vous, chez le régent! Et que faisiez-vous chez le régent?

— J'étais prisonnier.

— Prisonnier! vous!

— Prisonnier d'État.

— Et pourquoi? Vous, prisonnier!

— Parce que j'ai sauvé la France.

— Oh! mon Dieu! mon Dieu! petit père, est-ce que vous seriez devenu fou? s'écria Bathilde avec effroi.

— Non, mais il y aurait eu de quoi le devenir si je n'avais pas eu la tête solide.

— Mais, je vous en prie, expliquez-vous.

— Imagine-toi qu'il y avait une conspiration contre le régent.

— Oh! mon Dieu!

— Et que j'en étais.

— Vous!

— Oui, moi; sans en être, c'est-à-dire. Tu sais bien, ce prince Listhnay?

— Après?

— Un faux prince, mon enfant, un faux prince!

— Mais ces copies que vous faisiez pour lui?...

— Des manifestes, des proclamations, des actes incendiaires; une révolte générale, la Bretagne... la Normandie... les états généraux... le roi d'Espagne... Et c'est moi qui ai découvert tout cela.

— Vous! s'écria Bathilde épouvantée.

— Oui, moi, que monseigneur le régent vient d'appeler le sauveur de la France; moi à qui il va payer mes arriérés!

— Mon père, mon père, dit Bathilde, vous avez parlé des conspirateurs; savez-vous les noms de ces conspirateurs?

— D'abord M. le duc du Maine; comprends-tu ce misérable bâtard qui conspire contre un homme comme monseigneur le régent! Puis un comte de Laval, un marquis de Pompadour, un baron de Valef, le prince de Cellamare, l'abbé Brigaud, ce malheureux abbé Brigaud. Imagine-toi que j'ai copié la liste...

— Mon père, dit Bathilde haletante de crainte, mon père, parmi tous ces noms-là, n'avez-vous pas lu le nom... le nom... du... chevalier... Raoul d'Harmental...

— Ah! je crois bien, s'écria Buvat, le chevalier Raoul d'Harmental! c'est le chef de la conjuration; mais le régent les connaît tous. Ce soir ils seront tous arrêtés, et demain pendus, écartelés, roués vifs.

— Oh! malheureux! malheureux que vous êtes! s'écria Bathilde en se tordant les bras, vous avez tué l'homme que j'aime. Mais je vous le jure par ma mère, monsieur, s'il meurt, je mourrai.

Et songeant qu'elle aurait peut-être encore le temps de prévenir Raoul du danger qui le menaçait, Bathilde, laissant Buvat atterré, s'élança vers la porte de la chambre, descendit l'escalier comme si elle eût eu des ailes, traversa la rue en deux bonds, monta l'escalier presque sans toucher les marches, et; haletante, épuisée, mourante, vint heurter la porte de d'Harmental, qui, mal fermée par le chevalier, céda au premier effort de Bathilde, et en s'ouvrant lui laissa voir le cadavre du capitaine, étendu sur le carreau et nageant dans une mare de sang.

Cette vue était si loin d'être celle à laquelle s'attendait Bathilde, que, sans songer qu'elle allait peut-être achever de compromettre son amant, elle se précipita vers la porte en appelant du secours; mais, en arrivant sur le palier, soit que les forces lui manquassent, soit que son pied eût glissé dans le sang, elle tomba à la renverse en poussant un cri terrible.

A ce cri les voisins accoururent et trouvèrent Bathilde évanouie; sa tête avait porté sur l'angle de la porte, et elle s'y était fait une grave blessure.

On descendit Bathilde chez madame Denis, qui s'empressa de lui offrir l'hospitalité.

Quant au capitaine Roquefinette, comme il avait déchiré l'adresse de la lettre qu'il avait dans sa poche pour allumer sa pipe, et qu'il ne possédait sur lui aucun autre papier qui indiquât son nom ou son domicile, on transporta son corps à la Morgue, où trois jours après il fut reconnu par la Normande.

Le cadavre du capitaine nageait dans une mare de sang. — Page 116.

XIX

DIEU DISPOSE.

Cependant d'Harmental, comme nous l'avons vu, était parti au galop, sentant bien qu'il n'y avait pas un instant à perdre pour faire face aux changements qu'allait amener, dans l'entreprise hasardeuse dont il s'était chargé, la mort du capitaine Roquefinette. En conséquence, et dans l'espoir de reconnaître, à un signe quelconque, les individus qui devaient jouer le rôle de comparses dans ce grand drame, il avait suivi les boulevards jusqu'à la Porte-Saint-Martin, et arrivé là, tournant à gauche, il s'était trouvé en un instant au milieu du Marché-aux-Chevaux : c'était là, on se le rappelle, que les douze ou quinze faux-sauniers enrôlés par Roquefinette attendaient les ordres de leur capitaine.

Mais, comme l'avait dit le pauvre défunt, aucun signe particulier ne pouvait désigner à l'œil étranger ces hommes mystérieux, vêtus qu'ils étaient comme les autres et se connaissant entre eux à peine. D'Harmental chercha donc vainement : tous les visages lui étaient inconnus; vendeurs et acheteurs lui paraissaient si parfaitement indifférents à toute autre idée qu'à celle des marchés qu'ils étaient en train de conclure, que deux ou trois fois, après s'être approché de personnages qu'il avait cru reconnaître pour de faux paysans, il s'éloigna sans même leur adresser la parole, tant la probabilité était grande que, sur cinq ou six cents individus qui se trouvaient là, le chevalier commettrait quelque erreur, qui non-seulement pourrait être inutile, mais qui encore pouvait devenir dangereuse. La situation était désolante : d'Harmental incontestablement avait là sous la main tous les moyens d'exécution nécessaires à l'heureux accomplissement du complot, mais il avait, en tuant le capitaine, brisé lui-même le fil conducteur, et, l'anneau intermédiaire rompu, toute la chaîne était brisée. D'Harmental se mordait les lèvres jusqu'au sang, se déchirait la poitrine, allait et venait d'un bout à l'autre du marché, espérant toujours que quelque circonstance imprévue le tirerait d'embarras; mais le temps s'écoulait, le marché conservait sa même physionomie, personne n'était venu lui parler, et les deux paysans, auxquels il avait, en désespoir de cause, adressé quelques questions ambiguës, avaient, à ces questions, ouvert des yeux et une bouche si naïvement étonnés, que d'Harmental avait interrompu à l'instant même la conversation commencée, convaincu qu'il était d'avoir touché à faux.

Sur ces entrefaites, cinq heures sonnèrent.

C'était vers les huit ou neuf heures du soir que le régent devait revenir de Chelles. Il n'y avait donc pas de temps à perdre, d'autant plus que cette embuscade était le va-tout des conjurés, qui s'attendaient bien à être arrêtés d'un moment à l'autre, et qui jouaient la seule chance qui leur restait sur le dernier coup de dé. D'Harmental ne se dissimulait aucune des difficultés de la situation : il avait réclamé pour lui l'honneur de l'entreprise, c'était donc sur lui que pesait toute la responsabilité, et cette responsabilité était terrible. D'un autre côté, il se trouvait pris dans une de ces situations où le courage ne peut rien, où la volonté humaine se brise devant une impossibilité et où la seule chance qui reste est d'avouer son impuissance et de solliciter le secours de ceux qui en attendaient de vous.

D'Harmental était homme de résolution, son parti fut bientôt pris; il fit dans le marché, qu'il parcourait en tous sens depuis une heure et demie un dernier tour, afin de voir si enfin quelque conjuré ne se trahissait pas comme lui par son impatience; mais, voyant que tous les visages restaient dans leur impassible nullité, il mit son cheval au galop, longea les boulevards, gagna le faubourg Saint-Antoine, descendit à la maison n° 15, enfila l'escalier, grimpa au cinquième étage, ouvrit la porte d'une petite chambre, et se trouva en face de madame du Maine, du comte de Laval, de Pompadour et de Valef, de Malezieux et de Brigaud.

Tous jetèrent un cri de surprise en l'apercevant.

D'Harmental raconta tout : les prétentions de Roquefinette, la discussion qui s'en était suivie et le duel qui l'avait terminée. Il ouvrit son habit, montra sa chemise pleine de sang; puis il passa à l'espérance qu'il avait eue de reconnaître les faux-sauniers et de se mettre à leur tête à la place du capitaine; il dit ses espérances déçues, ses investigations inutiles au milieu du Marché-aux-Chevaux, et finit par faire un appel à Laval, à Pompadour et à Valef, qui répondirent aussitôt en disant qu'ils étaient prêts à suivre le chevalier au bout du monde, et à lui obéir en tout ce qu'il ordonnerait.

Rien n'était donc perdu encore : quatre hommes résolus et agissant pour leur compte pouvaient parfaitement remplacer douze ou quinze vagabonds soudoyés, qui n'étaient mus par aucun autre intérêt que celui de gagner une vingtaine de louis par tête. Les chevaux étaient prêts dans l'écurie, chacun était venu armé; d'Avranches n'était point encore parti, ce qui renforçait la petite troupe d'un homme dévoué. On envoya chercher des masques de velours noir, pour cacher le plus longtemps possible au régent la figure de ses ravisseurs; on laissa près de madame du Maine Malezieux qui, par son âge, et Brigaud qui, par sa profession, devaient naturellement être mis en dehors d'une pareille expédition; on se donna rendez-vous à Saint-Mandé, et l'on partit chacun isolément, afin de ne point donner de soupçons. Une heure après, les cinq conjurés étaient réunis et s'embusquaient sur la route de Chelles, entre Vincennes et Nogent-sur-Marne. Six heures et demie sonnaient à l'horloge du château.

D'Avranches s'était informé. Le régent était passé vers les trois heures et demie; il n'avait ni suite ni gardes; il était dans une voiture à quatre chevaux, menés par deux jockeys à la Daumont, et précédé par un seul coureur. Il n'y avait donc aucune résistance à craindre; on arrêtait le prince; on le dirigeait sur Charenton, dont le maître de poste, comme nous l'avons dit, était à la dévotion de madame du Maine; on le faisait entrer dans la cour, dont la porte se refermait sur lui; on le forçait à monter dans une voiture de voyage, qui attendait tout attelée et postillon en selle. D'Harmental et Valef se plaçaient près de lui; on repartait au galop; on traversait la Marne à Alfort, la Seine à Villeneuve-Saint-Georges; on gagnait Grand-Vaux, et à Montlhéry on se trouvait sur la route d'Espagne. Si à l'un ou l'autre des relais le régent voulait appeler, d'Harmental et Valef le menaçaient, et s'il appelait malgré les menaces, le fameux passe-port était là pour prouver que celui qui réclamait assistance n'était pas le prince, mais un fou qui se croyait le régent, et que l'on reconduisait à sa famille, qui habitait Saragosse. Bref, tout cela était un peu hasardeux, il est vrai ; mais, comme on le sait, ce sont ces sortes d'entreprises qui, d'ordinaire, réussissent d'autant mieux, que ceux contre lesquels elles sont dirigées n'ont garde de les prévoir.

Sept heures et huit heures sonnèrent successivement. D'Harmental et ses compagnons voyaient avec plaisir la nuit s'approcher et devenir de plus en plus épaisse. Deux ou trois voitures, soit en poste, soit attelées de chevaux de maîtres, avaient déjà donné quelques fausses alertes, mais avaient eu en même temps pour résultat de les aguerrir à l'attaque véritable. A huit heures et demie la nuit était tout à fait obscure, et l'espèce de crainte bien naturelle que les conjurés avaient d'abord ressentie commençait à se changer en impatience.

A neuf heures, on crut entendre quelque bruit. d'Avranches se coucha à plat ventre et distingua plus clairement le roulement d'une voiture. Au même moment, à un millier de pas de distance, à peu près à l'angle de la route, on vit poindre une lueur pareille à une étoile : les conjurés tressaillirent. C'était évidemment le coureur et sa torche. Bientôt il n'y eut plus de doute ; on aperçut la voiture et ses deux lanternes. D'Harmental, Pompadour, Valef et Laval échangèrent une dernière poignée de main, se couvrirent le visage de leur masque, et chacun prit le poste qui lui était assigné.

Cependant la voiture s'avançait rapidement : c'était bien celle du duc d'Orléans. A la lueur de la torche qu'il portait, on voyait l'habit rouge du coureur, devançant les chevaux de vingt-cinq pas à peu près. La route était silencieuse et déserte ; du reste, tout semblait d'accord avec les conjurés. D'Harmental jeta un dernier coup d'œil à ses compagnons ; il vit d'Avranches au milieu de la route contrefaisant l'homme ivre ; Laval et Pompadour de chaque côté du pavé, et en face de lui Valef qui regardait si ses pistolets jouaient bien dans leurs fontes. Quant au coureur, aux deux jockeys et au prince, il était évident qu'ils étaient tous dans la sécurité la plus parfaite et qu'ils venaient se livrer d'eux-mêmes à ceux qui les attendaient.

La voiture avançait toujours : déjà le coureur avait dépassé d'Harmental et Valef. Tout à coup il alla se heurter contre d'Avranches, qui, se redressant, sauta à la bride de son cheval, lui arracha la torche des mains et l'éteignit. A cette vue, les jockeys voulurent faire tourner la voiture, mais il était trop tard ; Pompadour et Laval s'étaient élancés et les tenaient en respect le pistolet à la main, tandis que d'Harmental et Valef se présentaient à chaque portière, éteignaient les lanternes, et signifiaient au prince qu'on n'en voulait point à sa vie s'il ne faisait aucune résistance, mais que si, au contraire,

il se défendait ou appelait, on était décidé à recourir aux dernières extrémités.

Contre l'attente de d'Harmental et de Valef, qui connaissaient le courage du régent, le prince se contenta de dire : « C'est bien, messieurs, ne me faites pas de mal, j'irai partout où vous voudrez. »

D'Harmental et Valef jetèrent alors les yeux sur la grande route : ils virent Pompadour et d'Avranches qui emmenaient dans l'épaisseur du bois le coureur, les deux jockeys, ainsi que le cheval du coureur et les deux chevaux de la voiture, qu'ils avaient dételés. Le chevalier sauta aussitôt à bas de son cheval, enfourcha celui que montait le premier postillon ; Laval et Valef se placèrent à chaque portière ; la voiture repartit au galop, se jeta dans la première route qu'elle trouva à sa gauche, enfila une contre-allée, et commença de rouler sans bruit et sans lumière dans la direction de Charenton. Toutes les mesures avaient été si bien prises, que l'enlèvement n'avait pas été plus de cinq minutes à s'accomplir, qu'aucune résistance n'avait été faite, que pas un cri n'avait été poussé. Décidément cette fois la fortune était pour les conjurés.

Mais, arrivé au bout de l'allée, d'Harmental trouva un premier obstacle : la barrière, soit hasard, soit préméditation, était fermée : force fut donc de rebrousser chemin pour en prendre un autre. Le chevalier fit tourner les chevaux, revint sur ses pas, prit une autre allée latérale, et la course, un instant ralentie, recommença avec une nouvelle vélocité.

La nouvelle allée que suivait le chevalier conduisant à un carrefour, une des routes de ce carrefour conduisait droit à Charenton. Il n'y avait donc pas de temps à perdre, puisqu'en tout cas il fallait absolument traverser ce carrefour. Un instant il crut voir dans l'ombre s'agiter des hommes devant lui, mais cette espèce de vision disparut comme un brouillard, et la voiture continua son chemin sans empêchement. En approchant du carrefour, d'Harmental crut encore entendre le hennissement d'un cheval et une espèce de froissement de fer comme feraient des sabres que l'on tirerait du fourreau ; mais, soit qu'il crût que c'était le passage du vent dans les feuilles, soit qu'il pensât que c'était quelque autre bruit auquel il ne devait point s'arrêter, il continua son chemin avec la même vitesse, le même silence et au milieu de la même obscurité.

Mais, en arrivant au carrefour, d'Harmental vit une chose étrange : c'était une espèce de muraille fermant les routes qui venaient y aboutir : il était évident qu'il se passait là quelque chose de nouveau. D'Harmental arrêta aussitôt la voiture et voulut reprendre le chemin d'où il venait ; mais une muraille pareille s'était refermée sur lui ; au même instant il entendit la voix de Valef et de Laval qui criaient : « Nous sommes cernés, sauve qui peut ! » Et tous deux, quittant aussitôt la portière et faisant sauter le fossé à leurs chevaux, se lancèrent dans la forêt

A la lueur de la torche qu'il portait, on voyait l'habit rouge du coureur. — PAGE 119.

et disparurent au milieu de la futaie. Mais il était impossible à d'Harmental, qui montait un cheval attelé, de suivre ses deux compagnons. Ne pouvant donc éviter cette muraille vivante qu'il commençait à reconnaître pour être un cordon de mousquetaires gris, le chevalier essaya de la renverser, enfonça les éperons dans le vèntre de son cheval et s'avança, tête baissée et un pistolet de chaque main, vers la route la plus proche de lui, sans s'inquiéter si c'était celle qu'il devait suivre; mais à peine avait-il fait dix pas, qu'une balle de mousqueton cassa la tête à son porteur, qui s'abattit, le renversant du coup et lui engageant la jambe sous lui.

Aussitôt huit ou dix cavaliers mettant pied à terre s'élancèrent sur d'Harmental, qui tira un de ses pistolets au hasard, approchant l'autre de sa tête pour se faire sauter la cervelle; mais il n'en eut pas le temps : deux mousquetaires lui saisirent le bras, quatre autres le tirèrent de dessous le cheval. On fit descendre de la voiture le prétendu prince, qui n'était autre qu'un valet déguisé, on y fit entrer d'Harmental, deux officiers se placèrent près de lui, on attela un autre cheval à la place de celui qui avait été tué : la voiture se remit en mouvement, reprit une nouvelle direction, escortée par un escadron de mousquetaires. Un quart d'heure après elle

M. de Launay.

roulait sur un pont-levis, une lourde porte grinçait, sur ses gonds, et d'Harmental passait sous un guichet sombre et voûté, de l'autre côté duquel l'attendait un officier en uniforme de colonel.

C'était M. de Launay, gouverneur de la Bastille.

Maintenant, si nos lecteurs désirent savoir comment le complot avait été déjoué, qu'ils se rappellent la conversation de Dubois et de la Fillon. La commère du premier ministre, on s'en souvient, soupçonnait le capitaine Roquefinette d'être mêlé à quelque trame illicite, elle était venue le dénoncer, à la condition qu'il aurait la vie sauve. Quelques jours

après elle avait vu d'Harmental entrer chez elle, l'avait reconnu pour le jeune seigneur qui avait déjà eu une conférence avec le capitaine, était montée derrière lui, et, d'une chambre voisine, à l'aide d'un trou pratiqué dans la boiserie, elle avait tout entendu.

Or, ce qu'elle avait entendu, c'était le projet d'enlever le régent à son retour de Chelles. Dubois avait été prévenu le soir même, et afin de prendre les coupables sur le fait, il avait fait endosser un habit du régent à M. Bourguignon, et avait enveloppé le bois de Vincennes d'un cordon de mousquetaires gris, de chevau-légers et de dragons. On vient de voir quel avait été le résultat de sa ruse. Le chef du complot avait été pris en flagrant délit, et comme le premier ministre savait le nom de tous les autres conjurés, il était probable qu'il leur restait peu de chance d'échapper au vaste filet dans lequel à cette heure il les tenait tous enveloppés.

XX

LA MÉMOIRE D'UN PREMIER MINISTRE.

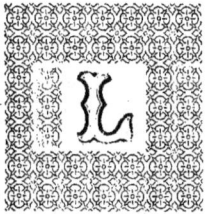

Lorsque Bathilde rouvrit les yeux, elle se trouva couchée dans la chambre de mademoiselle Émilie ; Mirza était étendue sur le pied de son lit, les deux sœurs étaient de chaque côté de son chevet, et Buvat, écrasé de douleur, se tenait assis dans un coin, la tête inclinée sur sa poitrine et ses mains posées sur ses genoux.

D'abord toutes ses pensées furent confuses, et son premier sentiment fut celui de la douleur physique ; elle porta la main à sa tête, la blessure était derrière la tempe. Un médecin qu'on avait appelé avait posé le premier appareil, en prévenant qu'on eût à le rappeler si la fièvre se déclarait.

Étonnée de se trouver, au sortir d'un sommeil qui lui avait paru si lourd et si douloureux, couchée dans une maison étrangère, la jeune fille arrêta un regard interrogateur sur chacun des personnages qui se trouvaient là ; mais Athénaïs et Émilie détournèrent les yeux, Buvat poussa un gémissement sourd, Mirza seule allongea sa petite tête pour solliciter une caresse. Malheureusement pour la câline petite bête, les souvenirs commençaient à revenir à Bathilde, le voile qui avait passé entre sa mémoire et les événements s'éclaircissait peu à peu, bientôt elle commença à rattacher les uns aux autres les fils brisés qui pouvaient l'aider à suivre de nouveau la route du passé : elle se rappela le retour de Buvat, ce qu'il lui avait raconté de la conspiration, le danger qui était résulté pour d'Harmental de la révélation qu'il avait faite. Elle se souvint alors de l'espoir qu'elle avait conçu d'arriver à temps pour le sauver, de la rapidité avec laquelle elle avait traversé la rue et monté l'escalier enfin, son entrée dans la chambre de Raoul lui revint en mémoire, et, jetant un nouveau cri de terreur, comme si elle se trouvait une seconde fois en face du cadavre du capitaine :

— Et lui, s'écria-t elle, et lui, qu'est-il devenu ?

Nul ne répondit, car aucune des trois personnes qui se trouvaient là ne savait que répondre : seulement Buvat, suffoqué par les larmes, se leva et s'achemina vers la porte. Bathilde comprit tout ce qu'il y avait de douleurs et de remords dans cette sortie muette. D'un regard elle arrêta Buvat. Puis, étendant ses deux bras vers lui :

— Petit père, demanda-t-elle, n'aimez-vous plus votre pauvre Bathilde ?

— Moi, ne plus t'aimer ! mon enfant chérie ! s'écria Buvat en tombant à genoux au pied du lit et en baisant les pieds de Bathilde à travers les couvertures ; moi, ne plus t'aimer, mon Dieu ! c'est bien plutôt toi qui ne m'aimeras plus maintenant et tu auras raison, car je suis un misérable ! J'aurais dû deviner que ce jeune homme t'aimait, et tout risquer, tout souffrir plutôt que de... Mais tu ne m'avais rien dit, tu n'as pas eu de confiance en moi, et, que veux-tu, moi, avec les meilleures intentions du monde, je ne fais que des sottises. Oh ! malheureux, malheureux que je suis ! s'écria Buvat en sanglotant, comment me pardonneras-tu jamais, et, si tu ne me pardonnes pas, comment vivrai-je ?

— Petit père, s'écria Bathilde, petit père, tâchez seulement de savoir ce qu'il est devenu, je vous en supplie.

— Eh bien, mon enfant, eh bien, je vais m'informer. N'est-ce pas que tu me pardonneras si je t'apporte de bonnes nouvelles ? Et... si elles sont mauvaises... n'est-ce pas que tu me détesteras davantage encore, et ce sera trop juste, mais n'est-ce pas que tu ne mourras point ?

— Allez, allez, dit Bathilde en jetant ses bras autour du cou de Buvat et en lui donnant un baiser dans lequel quinze ans de reconnaissance luttaient avec un jour de douleur, allez, mes jours sont entre les mains de Dieu ; c'est lui qui décidera si je dois vivre ou mourir.

Buvat ne comprit dans tout cela que le baiser

qu'il venait de recevoir ; il lui sembla que si Bathilde lui en voulait beaucoup, elle ne l'embrasserait pas, et, à demi consolé, il prit sa canne et son chapeau, s'informa à madame Denis du costume du chevalier, et se mit en quête de la route qu'il avait prise.

Ce n'était pas chose facile, surtout pour un investigateur aussi naïf que l'était Buvat, que de suivre la piste de Raoul : il apprit bien d'une voisine qu'on l'avait vu sauter sur un cheval gris qui était resté une demi-heure à peu près attaché au contrevent, et qu'il avait tourné par la rue du Gros-Chenet. Un épicier de sa connaissance, qui demeurait au coin de la rue des Jeûneurs, se rappela bien avoir vu passer, au grand galop d'un cheval pareil à celui que l'on désignait, un cavalier dont le signalement se rapportait à merveille avec celui donné par Buvat ; enfin une fruitière qui tenait boutique au coin du boulevard jurait bien ses grands dieux qu'elle avait remarqué celui dont on lui demandait des nouvelles, et qu'il avait disparu à la descente de la porte Saint-Denis ; mais au delà de ces trois renseignements, toutes les données devenaient vagues, incertaines, insaisissables ; de sorte qu'après deux heures de recherches Buvat rentra chez madame Denis sans avoir autre chose à apprendre à Bathilde que, quelque part que fût allé d'Harmental, il y était allé par le boulevard Bonne-Nouvelle.

Buvat retrouva sa pupille plus agitée ; pendant son absence le mal avait fait des progrès, et la crise prévue par le docteur se préparait. Bathilde avait les yeux ardents, le teint animé, les paroles brèves. Madame Denis venait d'envoyer chercher le médecin.

La pauvre femme n'était pas sans inquiétude elle-même ; depuis longtemps elle se doutait que l'abbé Brigaud était mêlé à quelque machination, et ce qu'elle venait d'apprendre, que d'Harmental n'était point un étudiant, mais un beau colonel, la confirmait dans ses conjectures, puisque c'était Brigaud qui avait conduit d'Harmental chez elle. Cette parité dans la situation n'avait pas peu contribué à attendrir son âme, excellente d'ailleurs, en faveur de Bathilde. Elle écouta donc avec avidité le peu de renseignements que Buvat rapportait à la malade, et comme ils étaient loin d'être assez positifs pour la calmer, elle lui promit, si, de son côté, elle apprenait quelque chose, de la tenir au courant.

Sur ces entrefaites le médecin arriva. Quelque puissance qu'il eût sur lui-même, il fut facile de voir qu'il trouvait l'état de Bathilde gravement empiré. Il pratiqua une saignée abondante, ordonna des boissons rafraîchissantes, et recommanda de faire veiller quelqu'un au chevet de la malade. Mesdemoiselles Émilie et Athénaïs, qui, à part leurs petits ridicules, étaient au fond d'excellentes filles, déclarèrent alors que ce soin les regardait et qu'elles passeraient la nuit près de Bathilde chacune à son tour. Émilie, en sa qualité d'aînée, réclama la pre-

mière veillée, qui lui fut accordée sans conteste. Quant à Buvat, comme à cause des soins qu'il fallait rendre à Bathilde, il ne pouvait rester dans la chambre, et que d'ailleurs ses soupirs étouffés et ses gémissements sourds n'étaient bons qu'à inquiéter la malade, on l'invita à remonter chez lui, ce qu'il ne consentit à faire que lorsque Bathilde elle-même l'en eut supplié.

La saignée avait un peu calmé Bathilde ; elle paraissait donc éprouver du mieux : madame Denis avait quitté la chambre, mademoiselle Athénaïs était rentrée chez elle ; M. Boniface, après être revenu de la Morgue, où il avait été faire une visite au capitaine Roquefinette, était remonté à son cinquième ; Émilie veillait au coin de la cheminée, lisant un petit livre qu'elle avait tiré de sa poche, lorsqu'on frappa à la porte deux coups assez pressés et assez forts pour dénoter une certaine agitation dans celui qui réclamait son introduction. Bathilde tressaillit et se leva sur son coude ; Émilie fourra son livre dans sa poche, et, ayant entendu le mouvement de la malade, accourut à son lit ; puis il y eut un moment de silence, pendant lequel on entendit ouvrir et fermer deux ou trois portes ; enfin une voix se fit entendre, et, avant même qu'Émilie eût dit : « Ce n'est pas la voix de M. Raoul, c'est celle de l'abbé Brigaud, » Bathilde était retombée sur son oreiller.

Un instant après, madame Denis entr'ouvrit la porte, et d'une voix altérée appela Émilie. Émilie sortit et laissa Bathilde seule.

Tout à coup Bathilde tressaillit. L'abbé était dans une chambre attenante à la sienne, et il lui avait semblé entendre prononcer le nom de Raoul. En même temps elle s'était rappelé avoir plusieurs fois vu l'abbé chez d'Harmental ; elle savait que l'abbé était des plus familiers de madame du Maine : elle pensa donc que l'abbé pouvait apporter des nouvelles. Son premier mouvement fut de descendre en bas du lit, de passer une robe et d'aller demander des nouvelles ; mais elle pensa que si ces nouvelles étaient mauvaises, on ne les lui dirait pas, et que mieux valait tâcher d'entendre la conversation, qui paraissait des plus animées. En conséquence, elle appuya son oreille contre la boiserie, et, comme si toute sa vie était passée dans un seul sens, elle écouta ardemment ce qui se disait.

Brigaud rendait compte à madame Denis de ce qui s'était passé. Valef était accouru faubourg Saint-Antoine, n° 15, pour prévenir madame du Maine que tout avait échoué. Madame du Maine avait aussitôt rendu aux conjurés leur parole, invitant Malezieux et Brigaud à fuir chacun de son côté. Quant à elle, elle s'était retirée à l'Arsenal. Brigaud venait donc faire ses adieux à madame Denis ; quittait Paris et allait tâcher de gagner l'Espagne, déguisé en colporteur.

Au milieu de son récit, interrompu par les excla-

mations de la pauvre madame Denis et de mesdemoiselles Émilie et Athénaïs, il avait semblé à
l'abbé, au moment où il avait raconté la catastrophe de d'Harmental, entendre pousser un cri dans
la chambre voisine ; mais, comme personne n'avait
fait attention à ce cri, comme il ignorait que Bathilde fût là, il n'avait point attaché d'autre importance à ce bruit, sur la nature duquel il avait cru
se tromper ; d'ailleurs Boniface, appelé à son tour,
était entré juste dans ce moment-là, et comme
l'abbé avait un faible tout particulier pour Boniface, son apparition avait dirigé les sentiments de
Brigaud vers des impressions toutes personnelles.

Cependant ce n'était pas l'heure des longs adieux,
Brigaud désirait que le jour le trouvât le plus loin
possible de Paris. Il prit donc congé de toute la famille Denis, n'emmenant avec lui que Boniface, qui
avait déclaré qu'il voulait conduire son ami Brigaud
jusqu'à la barrière.

Comme ils ouvraient la porte qui donnait sur
l'escalier, ils entendirent la voix du concierge, qui
semblait s'opposer au passage de quelqu'un ils; descendirent aussitôt pour s'informer de la cause de la
discussion. Bathilde, les cheveux épars, les pieds
nus, enveloppée dans une grande robe blanche,
était debout sur l'escalier, essayant de sortir malgré
les efforts du concierge. La pauvre enfant avait tout
entendu, sa fièvre s'était changée en délire, elle
voulait rejoindre Raoul, elle voulait le revoir, elle
voulait mourir avec lui. Les trois femmes la prirent
dans leurs bras. Un instant elle se débattit, articu-
lant des mots sans suite, les joues brûlées par la fièvre, tandis que d'un autre côté elle grelottait de tous
ses membres et que ses dents se froissaient. Mais
bientôt ses forces s'épuisèrent, elle renversa sa tête
en arrière, murmura encore le nom de Raoul et s'é-
vanouit une seconde fois.

On envoya chercher de nouveau le médecin. Ce
qu'il avait craint arrivait, une fièvre cérébrale venait de se déclarer. En ce moment on frappa à la
porte : c'était Buvat, que Brigaud et Boniface avaient
trouvé errant comme une âme en peine devant la
maison, et qui, ne pouvant résister à son inquiétude,
venait demander à rester dans un coin quelconque de
l'appartement, où l'on voudrait, pourvu que d'heure
en heure il eût des nouvelles de Bathilde. La pauvre famille était trop affectée elle-même pour ne
pas comprendre la douleur des autres. Madame Denis fit signe à Buvat de s'asseoir dans un coin, et se
retira dans sa chambre avec Athénaïs, laissant de
nouveau Émilie pour garder la malade. Vers le point
du jour, Boniface rentra ; il avait accompagné Brigaud jusqu'à la barrière d'Enfer, où l'abbé l'avait
quitté, espérant, grâce au bon cheval sur lequel il
était monté et au déguisement dont il était revêtu,
gagner la frontière d'Espagne.

Le délire de Bathilde continuait : toute la nuit elle
avait parlé de Raoul. Plusieurs fois elle avait pro-

noncé le nom de Buvat, et toujours en l'accusant
d'avoir tué son amant. A chaque fois le pauvre écrivain, sans oser se défendre, sans oser répondre,
sans oser se plaindre, avait silencieusement fondu
en larmes, cherchant dans son esprit à réparer le
mal qu'il avait fait ; enfin, le jour venu, il parut s'ê-
tre arrêté à une résolution énergique. Il s'approcha
du lit, baisa la main fiévreuse de Bathilde, qui le
regarda sans le reconnaître, et sortit.

Buvat venait en effet de prendre un parti extrême : c'était celui d'aller trouver Dubois, de lui tout
dire, et de lui demander pour toute récompense, au
lieu de son rappel d'appointements, au lieu de son
avancement à la Bibliothèque, la grâce de d'Harmental. C'était bien le moins qu'on pût accorder à
l'homme que le régent lui-même avait appelé le
sauveur de la France. Buvat ne doutait donc point
qu'il ne revînt bientôt avec cette bonne nouvelle,
et que cette bonne nouvelle ne rendît la santé à
Bathilde.

En conséquence, Buvat remonta chez lui pour
réparer le désordre de sa toilette, qui se ressentait
fort des événements de la veille et des émotions de
la nuit ; d'ailleurs il n'osait point se présenter trop
matin chez le premier ministre, de peur de le déranger. Sa toilette achevée, comme il n'était encore
que neuf heures, il entra un instant dans la chambre de Bathilde ; elle était telle que la jeune fille
l'avait laissée la veille. Buvat s'assit sur la chaise
qu'elle avait quittée, toucha les objets qu'elle touchait de préférence, baisa les pieds du crucifix
qu'elle baisait tous les soirs ; on eût dit un amant
qui revoyait les lieux abandonnés par sa maîtresse.

Dix heures sonnèrent à la petite pendule : c'é-
tait l'heure à laquelle Buvat, depuis plusieurs jours,
se rendait au Palais-Royal. La crainte d'être importun fit donc place à l'espoir d'être reçu comme
il l'avait toujours été. Buvat prit donc sa canne et
son chapeau, monta chez madame Denis pour savoir comment allait Bathilde depuis qu'il l'avait
quittée. Elle ne cessait d'appeler Raoul, et le médecin la saignait pour la troisième fois. Buvat poussa
un profond soupir, leva ses gros yeux au ciel,
comme pour le prendre à témoin qu'il allait faire
tout ce qu'il pourrait pour apporter un prompt soulagement aux douleurs de sa pupille, et s'achemina
vers le Palais-Royal.

Le moment était mal choisi : Dubois, qui depuis
cinq ou six jours avait été constamment sur pied,
souffrait horriblement de la maladie dont quelques
mois après il devait mourir ; d'ailleurs il était de
fort mauvaise humeur de ce que d'Harmental seul
eût été pris, et il venait d'ordonner à Leblanc et à
d'Argenson de mener le procès avec la plus grande
activité, lorsque son valet de chambre, qui avait
l'habitude de voir arriver tous les matins le digne
copiste, annonça M. Buvat.

— Qu'est-ce que M. Buvat? demanda Dubois.

Bathilde était debout sur l'escalier, essayant de sortir malgré les efforts du concierge. — PAGE 134.

— C'est moi, monseigneur, dit le pauvre écrivain en se hasardant à se glisser entre le valet de chambre et la porte, en inclinant sa bonne tête devant le premier ministre.

— Qui, vous? demanda Dubois comme s'il ne l'eût jamais vu.

— Comment, monseigneur, demanda Buvat étonné, ne me reconnaissez-vous point? Je viens vous faire mes compliments sur la découverte de la conspiration.

— J'ai assez de compliments comme cela; merci des vôtres, monsieur Buvat, dit Dubois d'un ton sec.

— Mais, monseigneur, je viens aussi vous demander une grâce.

— Une grâce! Et à quel titre?

— Mais, dit Buvat en balbutiant, mais, monseigneur, souvenez vous donc que vous m'avez promis une récompense.

— Une récompense! à toi, double drôle!

— Comment, monseigneur, vous ne vous rappelez point, reprit Buvat de plus en plus effrayé, que vous m'avez dit vous-même ici, dans ce cabinet, que j'avais ma fortune au bout des doigts?

— Eh bien, aujourd'hui, dit Dubois, tu as ta vie

dans tes jambes; car si tu ne décampes pas au plus vite...

— Mais monseigneur...

— Ah! tu raisonnes, drôle! s'écria Dubois en se soulevant d'une main sur le bras de son fauteuil, et en étendant l'autre vers sa crosse d'archevêque. Attends! attends! tu vas voir...

Buvat en avait assez vu : au geste menaçant du premier ministre, il comprit ce qui allait se passer, et tourna les talons. Mais, si vite qu'il s'éloigna, il eut encore le temps d'entendre Dubois qui, avec des juremens horribles, ordonnait au valet de chambre de le faire périr sous le bâton s'il se représentait jamais au Palais-Royal.

Buvat comprit que de ce côté tout était fini et qu'il lui fallait non-seulement renoncer à l'espoir d'être utile à d'Harmental, mais encore qu'il ne serait plus même question de ce payement d'arriéré qu'il avait déjà cru tenir; cet enchaînement de pensées le conduisit tout naturellement à songer que depuis plus de huit jours il n'avait point mis le pied à la Bibliothèque; il était dans le quartier, il résolut de faire une visite à son bureau, ne fût-ce que pour s'excuser auprès du conservateur en lui racontant la cause de son absence; mais là une dernière douleur, plus terrible que les autres, attendait Buvat : en ouvrant la porte de son bureau, il vit son fauteuil occupé; un étranger était à sa place.

Comme depuis quinze ans Buvat n'avait jamais été en retard d'une heure, le conservateur l'avait cru mort et l'avait remplacé. Buvat avait perdu sa place à la Bibliothèque pour avoir sauvé la France.

C'était trop d'événements terribles les uns sur les autres : Buvat rentra à la maison presque aussi malade que Bathilde.

XXI

BONIFACE.

Cependant, comme nous l'avons dit, Dubois pressait le procès de d'Harmental, espérant que ses révélations lui donneraient des armes contre ceux qu'il voulait atteindre; mais d'Harmental se renfermait dans une dénégation absolue à l'égard des autres. Quant à ce qui lui était personnel à lui-même, il avouait tout, disant que la tentative qu'il avait essayée contre le régent était le résultat d'une vengeance particulière, vengeance excitée chez lui par l'injustice qui lui avait été faite lorsqu'on lui avait ôté son régiment. Quant aux hommes qui l'accompagnaient et qui lui avaient prêté main-forte dans cette entreprise, il déclarait que c'étaient deux pauvres diables de faux-sauniers, qui ne savaient pas eux-mêmes quel était le personnage qu'ils escortaient. Tout cela n'était pas fort probable; mais il n'y avait pas moyen cependant de consigner sur les interrogatoires autre chose que les réponses de l'accusé; il en résultait, au grand désappointement de Dubois, que les véritables coupables échappaient à sa vengeance, à l'abri des éternelles dénégations du chevalier, qui avait déclaré n'avoir vu qu'une fois ou deux M. et madame du Maine, et qui affirmait n'avoir jamais été chargé ni par l'un ni par l'autre d'aucune mission politique.

On avait arrêté successivement Laval, Pompadour et Valef, et on les avait conduits à la Bastille; mais comme ils savaient qu'ils pouvaient compter sur le chevalier, et que d'avance le cas dans lequel ils se trouvaient avait été prévu et que chacun était convenu de ce qu'il devait dire, ils s'étaient tous renfermés dans une dénégation absolue, avouant leurs relations avec M. et madame du Maine, mais soutenant que ces relations s'étaient bornées de leur part à celles d'une respectueuse amitié.—Quant à d'Harmental, ils le connaissaient, disaient-ils, pour un homme d'honneur qui avait à se plaindre d'une grande injustice qui lui avait été faite, voilà tout : on le confronta successivement avec le chevalier; mais cette confrontation n'eut d'autre résultat que d'affermir chacun dans son système de défense, en apprenant à chacun que ce système était religieusement suivi par ses compagnons.

Dubois était furieux; il regorgeait de preuves pour l'affaire des états généraux, mais cette affaire avait été coulée à fond par le lit de justice qui avait condamné les lettres de Philippe V et dégradé les princes légitimés de leur rang; chacun les regardait comme assez punis par ce jugement, sans que l'on sévît une seconde fois contre eux pour une même cause. Dubois avait espéré sur les révélations de d'Harmental pour envelopper M. et madame dù Maine dans un nouveau procès, plus grave que le premier, car, cette fois, il était question d'attentat direct, sinon à la vie, du moins à la liberté du régent ; mais l'obstination du chevalier était venue détruire ses espérances. Sa colère s'était donc retournée tout entière contre d'Harmental, et, comme nous l'avons dit, il avait donné l'ordre à Leblanc et à d'Argenson de mener le procès avec la plus grande activité, ordre que ces deux magistrats suivaient avec leur ponctualité accoutumée.

Pendant ce temps, la maladie de Bathilde avait suivi un cours progressif, qui avait mis la pauvre enfant à deux doigts de la mort ; mais enfin la jeunesse et la force avaient triomphé du mal. A l'exaltation du délire avait succédé chez elle un abattement profond, une prostration complète : on eût dit que la fièvre seule la soutenait, et qu'en s'en allant elle avait emmené la vie avec elle.

Cependant chaque jour amenait une amélioration, faible, il est vrai, mais cependant sensible aux yeux des bonnes gens qui environnaient la pauvre malade. Peu à peu elle avait reconnu ceux qui l'entouraient, puis elle leur avait tendu la main, puis elle leur avait adressé la parole. Cependant, au grand étonnement de tout le monde, on avait remarqué que Bathilde n'avait pas prononcé le nom de d'Harmental ; c'était, au reste, un grand soulagement que ce silence pour ceux qui l'entouraient, car, comme ils n'avaient à l'endroit du chevalier que de fort tristes nouvelles à apprendre à Bathilde, ils préféraient, comme on le comprend bien, qu'elle gardât le silence sur ce sujet ; chacun croyait bien, et le médecin tout le premier, que la jeune fille avait complétement oublié ce qui s'était passé, ou que, si elle s'en souvenait, elle confondait la réalité avec les rêves de son délire.

Tout le monde était dans l'erreur, même le médecin. Voici ce qui était arrivé :

Un matin qu'on croyait Bathilde endormie et qu'on l'avait laissée un instant seule, Boniface, qui, malgré la sévérité de sa voisine, conservait toujours un grand fond de tendresse à son égard, avait, comme c'était son habitude tous les matins depuis qu'elle était malade, entr'ouvert la porte et passé la tête pour demander de ses nouvelles : au grognement de Mirza, Bathilde s'était retournée, et, apercevant Boniface, avait aussitôt songé qu'elle saurait probablement de lui ce qu'elle demanderait vainement aux autres, c'est-à-dire ce qu'était devenu d'Harmental ; en conséquence, elle avait, tout en retenant Mirza, tendu sa main pâle et amaigrie à Boniface. Boniface l'avait prise tout en hésitant entre ses grosses mains rouges ; puis, regardant la jeune fille tout en hochant la tête :

— Oh! oui, mademoiselle Bathilde, avait-il dit ; oui, vous avez bien eu raison : vous êtes une de-

moiselle ; et moi, je ne suis qu'un gros paysan. C'était un beau seigneur qu'il vous fallait à vous, et vous ne pouviez pas m'aimer.

— Du moins, comme vous l'entendiez, Boniface, dit Bathilde, mais je puis vous aimer autrement.

— Bien vrai ? mademoiselle Bathilde, bien vrai ? Eh bien, aimez-moi comme vous voudrez, pourvu que vous m'aimiez un peu.

— Je puis vous aimer comme un frère.

— Comme un frère ! Vous aimeriez ce pauvre Boniface comme un frère ! et il pourrait vous aimer comme une sœur, lui ; il pourrait vous prendre de temps en temps la main comme il vous la tient dans ce moment-ci ; il pourrait vous embrasser quelquefois comme il embrasse Mélie et Naïs. Oh! parlez, mademoiselle Bathilde, que faut-il faire pour cela ?

— Mon ami, dit Bathilde...

— Oh! elle m'a appelé son ami, dit Boniface, elle m'a appelé son ami, moi qui ai dit des horreurs d'elle. Tenez, mademoiselle Bathilde, ne m'appelez pas votre ami ; je ne suis pas digne de ce nom-là. Vous ne savez pas ce que j'ai dit : j'ai dit que vous viviez avec un vieux ; mais je n'en croyais rien, mademoiselle Bathilde ; parole d'honneur ; voyez-vous, c'était la colère, c'était la rage. Mademoiselle Bathilde, appelez-moi gueux, appelez-moi scélérat. Tenez, ça me fera moins de peine que de vous entendre m'appeler votre ami. Ah! scélérat de Boniface! ah! gueux de Boniface!

— Mon ami, dit Bathilde, si vous avez dit tout cela, je vous pardonne ; car, aujourd'hui, non-seulement vous pouvez réparer ce tort, mais encore acquérir des droits éternels à ma reconnaissance.

— Et que faut-il faire pour cela ? Voyons, dites. Faut-il passer dans le feu ? faut-il sauter par la fenêtre du deuxième ? faut-il ?... je ne sais pas quoi ; je le ferai ; dites ! n'importe, ça m'est égal. Dites, je vous supplie...

— Non, mon ami, dit Bathilde ; ce que j'ai à vous demander est plus facile à faire que tout cela.

— Dites alors, dites, mademoiselle Bathilde.

— Et cependant, il faut me jurer d'abord que vous le ferez.

— En vérité Dieu, mademoiselle Bathilde.

— Quelque chose qu'on vous dise pour vous en empêcher ?

— Moi, m'empêcher de faire quelque chose que vous me demanderez ? Jamais, au grand jamais !

— Quelle que soit la douleur que j'en doive éprouver ?

— Ah! ça, c'est autre chose, mademoiselle Bathilde ! Non ; si cela doit vous faire de la peine, j'aime mieux qu'on me coupe en quatre !

— Mais si je vous en prie, mon ami, mon frère, dit Bathilde de sa voix la plus persuasive.

— Oh! si vous me parlez comme cela, oh! vous

Mon Dieu ! serait-il mort ? demanda Bathilde en se dressant sur son lit.

allez me faire pleurer comme la fontaine des Inno-
cents. Oh ! tenez, voilà que ça coule.

Et Boniface se mit à sangloter.

— Vous me direz donc tout, mon cher Boniface ?

— Oh ! tout, tout !

— Eh bien ! dites-moi d'abord...

Bathilde s'arrêta.

— Quoi ?

— Vous ne devinez pas, Boniface ?

— Oh ! si fait. Je m'en doute bien, allez ! Vous
voulez savoir ce qu'est devenu M. Raoul, n'est-ce
pas ?

— Oui, oui ! s'écria Bathilde ; oui ; au nom du
ciel ! qu'est-il devenu ?

— Pauvre garçon ! murmura Boniface.

— Mon Dieu ! serait-il mort ? demanda Bathilde
en se dressant sur son lit.

— Non, heureusement non ; mais il est prisonnier.

— Où cela ?

— A la Bastille.

— Je m'en doutais ! répondit Bathilde en re-
tombant sur son lit. A la Bastille ! mon Dieu ! mon
Dieu !

C'est le seul héritage que m'ait laissé ma mère. — Page 131.

— Allons, voilà que vous pleurez à présent, mademoiselle Bathilde, mademoiselle Bathilde !

— Et je suis là ! s'écria Bathilde, là dans ce lit, mourante, enchaînée !

— Oh! ne pleurez donc pas comme ça, mademoiselle Bathilde ; c'est votre pauvre Boniface qui vous en prie.

— Non, non ; je serai forte, j'aurai du courage. Vois, Boniface, je ne pleure plus.

— Elle m'a tutoyé ! s'écria Boniface.

— Mais tu comprends, continua Bathilde avec une exaltation toujours croissante, car la fièvre la reprenait, tu comprends, mon bon ami, il faut que je sache tout, heure par heure, afin que le jour où il mourra je puisse mourir.

— Vous, mourir ! mademoiselle Bathilde, jamais, jamais !

— Je lui ai promis, dit Bathilde, je lui ai juré. Boniface, tu me tiendras au courant de tout, n'est-ce pas?

— Oh! mon Dieu! mon Dieu! que je suis malheureux de vous avoir promis cela !

— Et puis, s'il le faut, au moment... au moment terrible... tu m'aideras... tu me conduiras, n'est-ce pas, Boniface?... Il faut que je le revoie... une fois... une fois encore... fût-ce sur l'échafaud.

Paris. — Imp. de BRY aîné, boulevart Montparnasse, 81

— Tout ce que vous voudrez, tout, tout! s'écria Boniface en tombant à genoux et en cherchant vainement à contenir ses sanglots.

— Tu me le promets?

— Je vous le jure.

— Silence, on vient. Pas un mot : c'est un secret entre nous deux.

— C'est bien, relevez-vous, essuyez vos yeux, faites comme moi : souriez.

Et Bathilde se mit à rire avec une agitation fébrile effrayante à voir. Heureusement c'était Buvat qui entrait. Boniface profita de cette entrée pour sortir.

— Eh bien, comment cela va-t-il? demanda le bonhomme.

— Mieux, petit père, mieux, dit Bathilde. Je sens que la force me revient et que dans quelques jours je pourrai me lever. Mais vous, petit père, pourquoi n'allez-vous pas à votre bureau? — Buvat poussa un gémissement. — C'était bon quand j'étais malade, de ne pas me quitter... Mais, maintenant que je vais mieux, il faut retourner à la Bibliothèque, entendez-vous, petit père?

— Oui, mon enfant, oui, dit Buvat en dévorant ses larmes... Oui, j'y vais.

— Eh bien, vous ne venez pas m'embrasser?

— Si, si... au contraire.

— Allons, voilà que vous pleurez... Mais vous voyez bien que je vais mieux. Voulez-vous donc me faire mourir de chagrin?

— Moi, je pleure? dit Buvat en se tamponnant les yeux avec son mouchoir; moi, je pleure? alors, si je pleure, c'est de joie. Oui, j'y vais, mon enfant, à mon bureau, j'y vais.

Et Buvat, après avoir embrassé Bathilde, remonta chez lui, car il ne voulait pas dire à la pauvre enfant qu'il avait perdu sa place, et la jeune fille se retrouva seule.

Alors elle respira plus librement : maintenant elle était tranquille; Boniface, en sa qualité de clerc d'un procureur au Châtelet, était à même de savoir tout ce qui se passait, et Bathilde était sûre que Boniface lui dirait tout. En effet, à partir du lendemain, elle sut que Raoul avait été interrogé et qu'il avait tout pris sur son compte; puis le jour suivant elle apprit qu'il avait été confronté avec Valef, Laval et Pompadour, mais que cette confrontation n'avait rien amené. Enfin, fidèle à sa promesse, Boniface chaque soir lui apportait les nouvelles de la journée, et chaque soir Bathilde, à ce récit, quelque alarmant qu'il fût, se sentait reprendre de nouvelles forces. Quinze jours se passèrent ainsi. Au bout de quinze jours, Bathilde commençait à se lever et à marcher dans la chambre, à la grande joie de Buvat, de Nanette et de toute la famille Denis.

Un jour, Boniface, contre son habitude, revint à trois heures de chez M⁰ Joullu, et entra dans la chambre de la malade : le pauvre garçon était si pâle et si défait, que Bathilde comprit qu'il apportait quelque terrible nouvelle, et, jetant un cri, se leva tout debout et les yeux fixés sur lui.

— Tout est donc fini? dit-elle.

— Hélas! répondit Boniface, c'est sa faute aussi à cet entêté-là. On lui offrait sa grâce, comprenez-vous, mademoiselle Bathilde, sa grâce s'il voulait, et il n'a voulu rien dire.

— Ainsi, s'écria Bathilde, ainsi, plus d'espoir, il est condamné?

— De ce matin, mademoiselle Bathilde, de ce matin.

— A mort?

Boniface fit un signe de tête.

— Et quand l'exécute-t-on?

— Demain, à huit heures du matin.

— Bien, dit Bathilde.

— Mais il y a peut-être encore de l'espoir, dit Boniface.

— Lequel? demanda Bathilde.

— Si d'ici là il se décidait à dénoncer ses complices.

La jeune fille se mit à rire, mais d'un rire si étrange, que Boniface en frissonna de la tête aux pieds.

— Enfin, dit Boniface, qui sait? Moi, à sa place par exemple, je n'y manquerais pas. Je dirais : « C'est pas moi, parole d'honneur, c'est pas moi; c'est un tel, un tel, et puis encore un tel. »

— Boniface, dit Bathilde, il faut que je sorte.

— Vous, mademoiselle Bathilde! s'écria Boniface effrayé; vous, sortir! mais c'est vous tuer que de sortir!

— Il faut que je sorte, vous dis-je.

— Mais vous ne pouvez pas vous tenir sur vos jambes.

— Vous vous trompez, Boniface, je suis forte, voyez.

Et Bathilde se mit à marcher par la chambre d'un pas ferme et assuré.

— D'ailleurs, reprit Bathilde, vous allez aller me chercher un carrosse de place.

— Mais, mademoiselle Bathilde...

— Boniface, vous avez promis de m'obéir, dit la jeune fille. Jusqu'à cette heure vous m'avez tenu parole : êtes-vous las de votre dévouement?

— Moi, mademoiselle Bathilde, moi, las de mon dévouement pour vous! Que le bon Dieu me punisse si il y a un mot de vrai dans ce que vous me dites là. Vous me demandez un carrosse, je vais en chercher deux.

— Allez, mon ami, dit la jeune fille; allez, mon frère.

— Oh! tenez, mademoiselle Bathilde, avec ces paroles-là, voyez-vous, vous me feriez faire tout ce que vous voudriez. Dans cinq minutes le carrosse sera ici.

Et Boniface sortit en courant.

Bathilde avait une grande robe blanche flottante ; elle la serra avec une ceinture, jeta un mantelet sur ses épaules et s'apprêta à sortir. Comme elle s'avançait vers la porte, madame Denis entra.

— O mon Dieu ! ma chère enfant, s'écria la bonne femme, qu'allez-vous faire ?

— Madame, dit Bathilde, il faut que je sorte.

— Sortir... mais vous êtes folle !

— Vous vous trompez, madame ; j'ai toute ma raison, dit Bathilde en souriant avec tristesse ; seulement peut-être me rendriez-vous insensée en essayant de me retenir.

— Mais, enfin, où allez-vous, ma chère enfant ?

— Ne savez-vous pas qu'il est condamné, madame ?

— O mon Dieu, mon Dieu, qui vous a dit cela ? J'avais tant recommandé à tout le monde de vous cacher cette horrible nouvelle !

— Oui, et demain, n'est-ce pas, vous m'auriez dit qu'il était mort ? Et je vous aurais répondu : « C'est vous qui l'avez tué, car moi j'ai un moyen de le sauver peut-être. »

— Vous, vous, mon enfant, vous avez un moyen de le sauver ?

— J'ai dit, peut-être, madame. Laissez-moi donc tenter ce moyen, car c'est le seul qui me reste.

— Allez, mon enfant, dit madame Denis, dominée par le ton inspiré de Bathilde. Allez, et que Dieu vous conduise.

Et madame Denis se rangea pour laisser passer Bathilde.

Bathilde sortit, descendit l'escalier d'un pas lent mais ferme, traversa la rue, monta ses quatre étages sans se reposer, et ouvrit la porte de sa chambre, où elle n'était pas entrée depuis le jour de la catastrophe. Au bruit qu'elle fit en entrant, Nanette sortit du cabinet et poussa un cri : elle croyait voir le fantôme de sa jeune maîtresse.

— Eh bien, demanda Bathilde d'un ton grave, qu'as-tu donc, ma bonne Nanette ?

— O mon Dieu ! s'écria la pauvre femme toute tremblante, est-ce bien vous, notre demoiselle, ou bien n'est-ce que votre ombre ?

— C'est moi, Nanette, moi-même ; touche-moi plutôt en m'embrassant. Dieu merci, je ne suis pas morte encore.

— Et pourquoi avez-vous quitté la maison des Denis, est-ce qu'ils vous auraient dit quelque chose qui n'était point à dire ?

— Non, ma bonne Nanette, non, mais il faut que je fasse une course nécessaire, indispensable.

— Vous, sortir dans l'état où vous êtes ! jamais, ce serait vous tuer que de le souffrir. Monsieur Buvat, monsieur Buvat, voilà notre demoiselle qui veut sortir, venez donc lui dire que cela ne se peut pas.

Bathilde se retourna vers Buvat, avec l'intention d'employer son ascendant sur lui s'il tentait de l'arrêter ; mais elle lui vit une figure si bouleversée, qu'elle ne douta point qu'il ne sût la fatale nouvelle. De son côté, Buvat en l'apercevant fondit en larmes.

— Mon père, dit Bathilde, ce qui a été fait jusqu'aujourd'hui est l'ouvrage des hommes, mais l'œuvre des hommes est finie, et ce qui reste à faire appartient à Dieu. Mon père, Dieu aura pitié de nous.

— Oh ! s'écria Buvat en tombant sur un fauteuil, c'est moi qui l'ai tué, c'est moi qui l'ai tué, c'est moi qui l'ai tué !

Bathilde alla gravement à lui et l'embrassa au front.

— Mais que vas-tu faire, mon enfant ? demanda Buvat.

— Mon devoir, répondit Bathilde.

Et elle ouvrit une petite armoire qui était dans le prie-Dieu, y prit un portefeuille noir, le déplia et en tira une lettre.

— Oh ! tu as raison, tu as raison, mon enfant, s'écria Buvat ; j'avais oublié cette lettre.

— Je m'en souviens, moi, dit Bathilde en baisant la lettre et la mettant sur son cœur ; car c'est le seul héritage que m'a laissé ma mère.

En ce moment on entendit le bruit du carrosse qui s'arrêtait à la porte.

— Adieu, mon père, adieu ! Nanette, dit Bathilde, priez Dieu tous deux que je réussisse.

Et Bathilde s'éloigna avec cette gravité solennelle qui faisait d'elle, pour ceux qui la voyaient en ce moment, quelque chose de pareil à une sainte.

A la porte elle trouva Boniface, qui l'attendait avec le carrosse.

— Irai-je avec vous, mademoiselle Bathilde ? demanda Boniface.

— Non, mon ami, dit Bathilde en lui tendant la main, non, pas ce soir ; demain, peut-être...

Et elle monta dans le carrosse.

— Où faut-il vous mener, notre belle demoiselle ? demanda le cocher.

— A l'Arsenal, répondit Bathilde.

XXII

LES TROIS VISITES.

rrivée à l'Arsenal, Bathilde fit demander mademoiselle de Launay, qui, sur sa prière, la conduisit aussitôt à madame du Maine.

— Ah ! c'est vous, mon enfant, dit la duchesse d'une voix distraite et d'un air agité. C'est bien de se rappeler ses amis lorsqu'ils sont dans le malheur.

— Hélas ! madame, répondit Bathilde, je viens près de Votre Altesse Royale pour lui parler d'un plus malheureux qu'elle encore. Sans doute, Votre Altesse Royale a perdu quelques-uns de ses titres, quelques-unes de ses dignités; mais là s'arrêtera la vengeance, car nul n'osera attenter à la vie ou même à la liberté du fils de Louis XIV, ou de la petite-fille du grand Condé.

— A la vie, non, dit la duchesse du Maine, non; mais à la liberté, je n'en répondrais pas. Comprenez-vous cet imbécile d'abbé Brigaud qui se fait arrêter en colporteur, il y a trois jours, à Orléans, et qui, sur de fausses révélations qu'on lui présente comme venant de moi, avoue tout, et nous compromet affreusement; de sorte que je ne serais pas étonnée que cette nuit on nous arrêtât.

— Celui pour lequel je viens implorer votre pitié, madame, dit Bathilde, n'a rien révélé, lui, et est condamné à mort, pour, au contraire, avoir gardé le silence.

— Ah ! ma chère enfant, s'écria la duchesse, vous voulez parler de ce pauvre d'Harmental : oui, je le connais, c'est un gentilhomme, celui-là. Vous le connaissez donc ?

— Hélas ! dit mademoiselle de Launay, non-seulement Bathilde le connaît, mais elle l'aime.

— Pauvre enfant! mon Dieu, mais que faire? Moi, vous comprenez bien, je ne puis rien, je n'ai aucun crédit. Tenter une démarche en sa faveur, c'est lui ôter son dernier espoir, s'il lui en reste un.

— Je le sais bien, madame, dit Bathilde; aussi je ne viens demander à Votre Altesse qu'une chose : c'est par quelqu'un de ses amis, par quelqu'une de ses connaissances, au moyen de ses anciennes relations, c'est de m'introduire auprès de monseigneur le régent. Le reste me regarde.

— Mais, mon enfant, savez-vous ce que vous me demandez là? dit la duchesse ; savez-vous que le régent ne respecte rien? Savez-vous que vous êtes belle comme un ange, et que votre pâleur même vous va à ravir? savez-vous...

— Madame, dit Bathilde avec une dignité suprême, je sais que mon père lui a sauvé la vie et est mort à son service.

— Ah ! ceci, c'est autre chose, dit la duchesse. Attendez ; voyons, comment faire? Oui, c'est cela. De Launay, appelle Malezieux.

Mademoiselle de Launay obéit, et un instant après le fidèle chancelier entra.

— Malezieux, dit la duchesse, voilà une enfant que vous allez conduire à la duchesse de Berry, à qui vous la recommanderez de ma part. Il faut qu'elle voie le régent, et cela sur l'heure, vous entendez? Il s'agit de la vie d'un homme. Et, tenez, de celle de ce cher d'Harmental, que je donnerais moi-même tant de choses pour sauver.

— J'y vais, madame, dit Malezieux.

— Vous le voyez, mon enfant, dit la duchesse, je fais tout ce que puis faire; si je puis vous être utile à autre chose, si pour séduire un geôlier, si pour préparer sa fuite vous avez besoin d'argent, je n'en ai pas beaucoup, mais il me reste quelques diamants, et ils ne pourraient jamais être mieux employés qu'à sauver la vie d'un si brave gentilhomme. Allons, ne perdez pas de temps, embrassez-moi et allez trouver ma nièce ; vous savez que c'est la favorite de son père.

— Oh! madame, dit Bathilde, je sais que vous êtes un ange, et, si je réussis, je vous devrai plus que ma vie.

— Pauvre petite! dit la duchesse en regardant Bathilde s'éloigner; puis, lorsqu'elle eut disparu : Allons, de Launay, continua madame du Maine, qui effectivement s'attendait à être arrêtée d'un moment à l'autre, reprenons nos malles.

Pendant ce temps, Bathilde, accompagnée de Malezieux, était remontée dans sa voiture, et avait pris le chemin du Luxembourg, où, vingt minutes après, elle était arrivée.

Grâce au patronage de Malezieux, Bathilde entra sans difficulté ; on la fit passer dans un petit boudoir où on la pria d'attendre, tandis que le chancelier, introduit auprès de Son Altesse Royale, la préviendrait de la grâce qu'on avait à lui demander. Male-

Riom. — Page 134.

zieux s'acquitta de la commission avec tout le zèle qu'il portait aux choses recommandées par madame du Maine, et Bathilde n'avait pas attendu dix minutes qu'elle le vit rentrer avec la duchesse de Berry.

La duchesse avait un cœur excellent; aussi avait-elle été vivement touchée du récit que lui avait fait Malezieux; si bien que, lorsqu'elle parut, il n'y avait pas à se tromper sur l'intérêt que lui inspirait d'avance la jeune fille qui venait solliciter sa protection. Bathilde s'aperçut de ces dispositions bienveillantes, et vint à elle les mains jointes. La duchesse lui prit les mains. Bathilde voulut tomber à ses pieds, mais la duchesse la retint, et l'embrassant au front:

— Ma pauvre enfant, lui dit-elle, que n'êtes-vous venue il y a huit jours?

— Et pourquoi il y a huit jours plutôt que maintenant, madame? demanda Bathilde avec anxiété.

— Parce qu'il y a huit jours je n'eusse cédé à personne le plaisir de vous conduire près de mon père, tandis qu'aujourd'hui c'est impossible.

— Impossible! O mon Dieu! et pourquoi cela? s'écria Bathilde.

— Mais vous ignorez donc que je suis en disgrâce complète depuis avant-hier, ma pauvre enfant? Hélas! toute princesse que je suis, j'ai été femme comme vous, comme vous j'ai eu le malheur d'aimer. Or, nous autres filles de race royale, vous le savez, notre cœur n'est point à nous, c'est une espèce de pierre qui fait partie du trésor de la couronne, et c'est un crime d'en disposer sans l'autorisation du roi ou de son premier ministre. J'ai disposé de mon cœur, et je n'ai rien à dire, car on me l'a pardonné; mais j'ai disposé de ma main, et on m'a punie. Depuis trois jours mon amant est mon époux; voyez l'étrange chose! on m'a fait un crime d'une action dont en toute autre condition on m'eût louée. Mon père lui-même s'est laissé gagner à la colère générale, et depuis trois jours, c'est-à-dire depuis le moment où je devais pouvoir me présenter devant lui sans rougir, sa présence m'est interdite. Hier on m'a ôté ma garde: ce matin, je me suis présentée au Palais-Royal, on m'a refusé la porte.

— Hélas! hélas! dit Bathilde, je suis bien malheureuse, car je n'avais d'espoir qu'en vous, madame; et je ne connais personne qui puisse m'introduire près de monseigneur le régent! Et c'est demain, madame, demain à huit heures, qu'on tue celui que j'aime comme vous aimez M. de Riom! O mon Dieu! mon Dieu! ayez pitié de moi, madame, car, si vous ne me prenez en pitié, je suis perdue, je suis condamnée!

— Mon Dieu! Riom, venez donc à notre aide, dit la duchesse en se retournant vers son mari, qui entrait en ce moment, et en lui tendant la main; voilà une pauvre enfant qui a besoin de voir mon père à l'instant, sans retard; sa vie dépend de cette entrevue: que dis-je? plus que sa vie! la vie de l'homme qu'elle aime! Comment faire? voyons. Le neveu de Lauzun ne doit jamais être embarrassé, ce me semble. Riom, trouvez-nous un moyen, et, s'il est possible, eh bien! je vous aimerai encore davantage.

— J'en ai bien un... dit Riom en souriant.

— Oh! monsieur, s'écria Bathilde, oh! dites-le-moi, et je vous serai éternellement reconnaissante.

— Voyons, dites, ajouta la duchesse de Berry d'une voix presque aussi pressante que l'était celle de Bathilde.

— Mais c'est qu'il compromet singulièrement votre sœur.

— Laquelle?

— Mademoiselle de Valois.

— Aglaé? comment cela?

— Oui, ne savez-vous pas qu'il y a de par le monde une espèce de sorcier qui a le privilége de s'introduire auprès d'elle le jour comme la nuit, sans qu'on sache par où, ni comment?

— Richelieu! C'est vrai, s'écria la duchesse de Berry; Richelieu peut nous tirer d'affaire. Mais...

— Mais... achevez, madame, je vous supplie! Mais il ne voudra pas, peut-être.

— J'en ai peur, répondit la duchesse.

— Oh! je le prierai tant, qu'il aura pitié de moi, s'écria Bathilde. D'ailleurs, vous me donnerez un mot pour lui, n'est ce pas? Votre Altesse aura cette bonté, et il n'osera refuser ce que lui demandera Votre Altesse.

— Faisons mieux que cela, dit la duchesse. Riom, faites appeler madame de Mouchy; priez-la de conduire elle-même mademoiselle chez le duc. Madame de Mouchy est ma première dame d'honneur, mon enfant, continua la duchesse tandis que Riom accomplissait l'ordre qu'il venait de recevoir, et on assure que M. de Richelieu lui doit quelque reconnaissance. Vous voyez donc que je ne puis vous choisir une meilleure introductrice.

— Oh! merci, madame, s'écria Bathilde en baisant les mains de la duchesse, merci! Oui, vous avez raison, tout espoir n'est pas encore perdu. Et vous dites que M. le duc de Richelieu a un moyen de s'introduire au Palais-Royal?

— Un instant, entendons-nous: je ne le dis pas, on le dit.

— Oh! mon Dieu! dit Bathilde, pourvu que nous le trouvions chez lui!

— Ceci, par exemple, ce sera une chance. Mais oui. Quelle heure est-il? Huit heures à peine? Oui, il soupe probablement en ville et rentrera pour faire sa toilette. Je dirai à madame de Mouchy de l'attendre avec vous. N'est-ce pas, charmante? continua la duchesse en apercevant sa dame d'honneur et en la saluant du nom d'amitié qu'elle avait l'habitude de lui donner, n'est-ce pas que tu attendras le duc jusqu'à ce qu'il rentre?

— Je ferai tout ce qu'ordonnera Votre Altesse, dit madame de Mouchy.

— Eh bien! je t'ordonne, entends-tu? je t'ordonne d'obtenir du duc de Richelieu qu'il introduise mademoiselle près du régent, et je t'autorise à user, pour le décider, de toute l'autorité que tu peux avoir sur son esprit.

— Madame la duchesse va bien loin, dit en souriant madame de Mouchy.

— Va, va, dit la duchesse, fais ce que je te dis; je prends tout sur mon compte. Et vous, mon enfant, bon courage! suivez madame, et, si vous entendez dire sur votre chemin par trop de mal de cette pauvre duchesse de Berry, à qui on en veut tant, parce qu'elle a reçu un jour les ambassadeurs sur un trône élevé de trois marches, et qu'elle a traversé un autre jour tout Paris, escortée de quatre trompettes, dites à ceux qui crieront anathème sur moi que je suis une bonne femme au fond; que, malgré toutes les excommunications, j'espère qu'il me sera remis beaucoup, parce que j'ai beaucoup aimé; n'est-ce pas, Riom?

— Oh! madame, s'écria Bathilde, je ne sais si l'on dit du bien ou du mal de vous, mais je sais que je voudrais baiser la trace de vos pas, tant vous me semblez bonne et grande!

— Allez, mon enfant, allez. Si vous manquiez M. de Richelieu, il est probable que vous ne sauriez où le trouver, et que vous attendriez inutilement qu'il rentrât.

— Puisque Son Altesse le permet, venez donc vite, madame, dit Bathilde en entraînant madame de Mouchy, car, en ce moment, chaque minute a pour moi la valeur d'une année.

Un quart d'heure après, Bathilde et madame de Mouchy étaient à l'hôtel de Richelieu. Contre toute attente, le duc était chez lui. Madame de Mouchy se fit annoncer. Elle fut introduite aussitôt ; et elle entra suivie de Bathilde. Les deux femmes trouvèrent M. de Richelieu occupé avec Raffé, son secrétaire, à brûler une foule de lettres inutiles et à en mettre quelques autres à part.

— Eh ! bon Dieu ! madame, dit le duc en apercevant madame de Mouchy et en venant à elle le sourire sur les lèvres, quel bon vent vous amène, et à quel événement dois-je cette bonne fortune de vous recevoir chez moi à huit heures et demie du soir ?

— Au désir de vous faire faire une belle action, duc.

— Ah ! vraiment ! en ce cas pressez-vous, madame.

— Est-ce que vous quittez Paris ce soir, par hasard ?

— Non, mais je pars demain matin pour la Bastille.

— Quelle est cette plaisanterie ?

— Je vous prie de croire, madame, que je ne plaisante jamais quand il s'agit de quitter mon hôtel, où je suis très-bien, pour celui du roi, où je suis très-mal. Je le connais, c'est la troisième fois que j'y retourne.

— Mais qui peut faire croire que vous serez arrêté demain ?

— J'ai été prévenu.

— Par une personne sûre ?

— Jugez-en.

Et le duc présenta une lettre à madame de Mouchy, qui la prit et qui lut :

« Innocent ou coupable, il ne vous reste que le temps de prendre la fuite. Demain, vous serez arrêté ; le régent vient de dire tout haut devant moi qu'il tenait enfin le duc de Richelieu. »

— Croyez-vous que la personne soit en position d'être bien informée ?

— Oui, car je crois reconnaître l'écriture.

— Vous voyez donc bien que j'avais raison de vous dire de vous presser. Maintenant, si c'est une chose qui puisse se faire dans l'espace d'une nuit, parlez ; je suis à vos ordres.

— Une heure suffira.

— Dites donc alors. Vous savez, madame, que je n'ai rien à vous refuser.

— Eh bien, dit madame de Mouchy, voici la chose en deux mots. Comptiez-vous aller remercier ce soir la personne qui vous a donné cet avis ?

— Peut-être, dit en riant le duc.

— Eh bien, il faut que vous lui présentiez mademoiselle.

— Mademoiselle, dit le duc étonné en se retournant vers Bathilde, qui jusque-là s'était tenue en arrière et cachée à demi dans l'obscurité. Et quelle est mademoiselle ?

— Une pauvre jeune fille qui aime le chevalier d'Harmental, qu'on doit exécuter demain comme vous savez, et qui veut demander sa grâce au régent.

— Vous aimez le chevalier d'Harmental, mademoiselle ? dit le duc de Richelieu, s'adressant à Bathilde.

— Oh ! monsieur le duc, balbutia Bathilde en rougissant.

— Ne vous cachez pas, mademoiselle ; c'est un noble jeune homme, et je donnerais dix ans de ma vie pour le sauver moi-même. Et croyez-vous au moins avoir quelque moyen d'intéresser le régent en sa faveur.

— Je le crois, monsieur le duc.

— Eh bien ! soit. Cela me portera bonheur ; madame, continua le duc en s'adressant à madame de Mouchy, retournez vers Son Altesse Royale, mettez mes humbles hommages à ses pieds, et dites-lui de ma part que mademoiselle verra le régent dans une heure.

— Oh ! monsieur le duc ! s'écria Bathilde.

— Décidément, mon cher Richelieu, dit madame de Mouchy, je commence à croire, comme on le dit, que vous avez fait un pacte avec le diable pour passer par le trou des serrures, et je suis moins inquiète maintenant, je l'avoue, de vous voir partir pour la Bastille.

— En tout cas, dit le duc, vous savez, madame, que la charité ordonne de visiter les prisonniers. Si, par hasard, il vous restait quelque souvenir du pauvre Armand...

— Silence, duc ; soyez discret, et l'on verra ce que l'on peut faire pour vous. En attendant, vous me promettez que mademoiselle verra le régent ?

— C'est chose convenue.

— En ce cas, adieu, duc, et que la Bastille vous soit légère !

— Est-ce bien adieu que vous me dites ?

— Au revoir.

— A la bonne heure !

Et le duc, ayant baisé la main de madame de Mouchy, la conduisit vers la porte ; puis, revenant vers Bathilde :

— Mademoiselle, lui dit-il, ce que je vais faire pour vous, je ne le ferais pour personne. Le secret que je vais confier à vos yeux, c'est la réputation, c'est l'honneur d'une princesse du sang ; mais l'occasion est grave et mérite qu'on lui sacrifie quelques convenances. Jurez-moi donc que vous ne direz jamais, excepté à une seule personne, car je sais qu'il est des personnes pour lesquelles on n'a point de secrets, jurez-moi donc que vous ne direz jamais ce que vous allez voir, et que nul ne saura, excepté *lui*, de quelle façon vous êtes entrée chez le régent.

Et le duc, ayant offert son bras à Bathilde, descendit avec elle.

— Oh! monsieur le duc, je vous le jure, par tout ce que j'ai de plus sacré au monde, par le souvenir de ma mère !

— Cela suffit, mademoiselle, dit le duc en tirant le cordon d'une sonnette.

Un valet de chambre entra.

— Lafosse, dit le duc, fais mettre les chevaux bais à la voiture sans armoiries.

— Monsieur le duc, dit Bathilde, si vous ne voulez pas perdre de temps, j'ai un carrosse de louage en bas.

— Eh bien ! cela vaut encore mieux. Mademoiselle, je suis à vos ordres.

— Irai-je avec monsieur le duc ? demanda le valet de chambre.

— Non, c'est inutile, reste avec Raffé, et aide-le à mettre de l'ordre dans tous ces papiers. Il y en a plusieurs qu'il est parfaitement inutile que Dubois voie.

Et le duc, ayant offert son bras à Bathilde, descendit avec elle, la fit monter dans la voiture, et, après avoir ordonné au cocher de s'arrêter au coin de la rue Saint-Honoré et de la rue de Richelieu, se plaça à son côté, aussi insoucieux que s'il n'eût pas su que ce sort auquel il allait essayer de soustraire le chevalier l'attendait lui-même peut-être dans quinze jours.

Bathilde tira sa lettre de sa poitrine, et l'étendit vers le régent. — PAGE 139.

XXIII

L'ARMOIRE AUX CONFITURES.

L a voiture s'arrêta à l'endroit indiqué; le cocher vint ouvrir la portière, et le duc descendit et aida Bathilde à descendre; puis, tirant une clef de sa poche; il ouvrit la porte de l'allée de la maison qui faisait l'angle de la rue de Richelieu et de la rue Saint-Honoré, et qui porte aujourd'hui le n° 218.

— Je vous demande pardon, mademoiselle, dit le duc en offrant le bras à la jeune fille, de vous conduire par des escaliers si mal éclairés; mais je tiens beaucoup à ne pas être reconnu si par hasard on me rencontrait dans ce quartier-ci. Au reste, nous n'avons pas haut à monter : il ne s'agit que d'atteindre le premier étage.

En effet, après avoir monté une vingtaine de marches, le duc s'arrêta, tira une seconde clef de sa poche, ouvrit la porte du palier avec le même mystère qu'il avait ouvert celle de la rue, et, étant entré dans l'antichambre et y ayant pris une bougie, il revint l'allumer à la lanterne qui brûlait dans l'escalier.

— Encore une fois pardon, mademoiselle, dit le duc; mais ici j'ai l'habitude de me servir moi-même, et vous allez comprendre tout à l'heure pourquoi, dans cet appartement, j'ai pris le parti de me passer de laquais.

Peu importait à Bathilde que le duc de Richelieu eût ou n'eût pas de domestique : elle entra donc dans l'antichambre sans lui répondre. Et le duc referma la porte à double tour derrière elle.

— Maintenant, suivez-moi, dit le duc; et il marcha devant la jeune fille, l'éclairant avec la bougie qu'il tenait à la main.

Ils traversèrent ainsi une salle à manger et un salon; enfin ils entrèrent dans une chambre à coucher, et le duc s'arrêta.

— Mademoiselle, dit Richelieu en posant la bougie sur la cheminée, j'ai votre parole que rien de ce que vous allez voir ne sera jamais révélé.

— Je vous l'ai déjà donnée, monsieur le duc, et je vous la renouvelle. Oh! je serais trop ingrate si j'y manquais.

— Eh bien donc, soyez en tiers dans notre secret : c'est celui de l'amour, nous le mettons sous la sauvegarde de l'amour.

Et le duc de Richelieu, faisant glisser un panneau de la boiserie, découvrit une ouverture pratiquée dans la muraille au delà de l'épaisseur de laquelle se trouvait le fond d'une armoire, et il y frappa doucement trois coups. Au bout d'un instant on entendit tourner la clef dans la serrure, puis on vit briller une lumière entre les planches; puis une douce voix demanda : « Est-ce vous? » Puis enfin, sur la réponse affirmative du duc, trois de ces planches se détachèrent doucement, ouvrirent une communication facile d'une chambre à l'autre, et le duc de Richelieu et Bathilde se trouvèrent en face de mademoiselle de Valois, qui jeta un cri en voyant son amant accompagné d'une femme.

— Ne craignez rien, chère Aglaé, dit le duc en passant de la chambre où il était dans la chambre voisine, et en saisissant la main de mademoiselle de Valois, tandis que Bathilde demeurait immobile à sa place, n'osant faire un pas de plus en avant que sa présence fût expliquée. Vous me remercierez vous-même tout à l'heure d'avoir trahi le secret de notre bienheureuse armoire.

— Mais, monsieur le duc, m'expliquerez-vous?... demanda mademoiselle de Valois en faisant une pause après ces paroles interrogatives et en regardant toujours Bathilde avec inquiétude.

— A l'instant même, ma belle princesse. Vous m'avez quelquefois entendu parler du chevalier d'Harmental, n'est-ce pas?

— Avant-hier encore, duc, vous me disiez qu'il n'aurait qu'un mot à prononcer pour sauver sa vie, en vous compromettant tous; mais que ce mot, il ne le dirait pas.

— Eh bien! il ne l'a pas dit; et il est condamné à mort; on l'exécute demain. Cette jeune fille l'aime; et sa grâce dépend du régent. Comprenez-vous maintenant?

— Oh! oui, oui, dit mademoiselle de Valois.

— Venez, mademoiselle, dit le duc de Richelieu à Bathilde en l'attirant par la main. Puis, se retournant vers la princesse : — Elle ne savait comment arriver jusqu'à votre père, ma chère Aglaé; elle s'est adressée à moi, juste au moment où je venais de recevoir votre lettre. J'avais à vous remercier du bon avis que vous me donniez, et, comme je connais votre cœur, j'ai pensé que le remercîment auquel vous seriez le plus sensible serait de vous offrir l'occasion de sauver la vie à un homme au silence duquel vous devez probablement la mienne.

— Et vous avez eu raison, mon cher duc. Soyez la bienvenue, mademoiselle. Maintenant, que désirez-vous? que puis-je faire pour vous?

— Je désire voir monseigneur le régent, dit Bathilde, et Votre Altesse peut me conduire près de lui.

— M'attendrez-vous, duc? demanda mademoiselle de Valois avec inquiétude.

— Pouvez-vous en douter?

— Alors, rentrez dans l'armoire aux confitures, de peur que quelqu'un, en entrant ici, ne vous surprenne. Je conduis mademoiselle près de mon père, et je reviens.

— Je vous attends, dit le duc en suivant les instructions que lui donnait la princesse et en rentrant dans l'armoire.

Mademoiselle de Valois échangea quelques paroles à voix basse avec son amant, referma l'armoire, mit la clef dans sa poche, et tendant la main à Bathilde :

— Mademoiselle, dit-elle, toutes les femmes qui aiment sont sœurs. Armand et vous avez bien fait de compter sur moi. Venez.

Bathilde baisa la main que lui tendait mademoiselle de Valois, et la suivit.

Les deux femmes traversèrent tous les appartements qui font face à la place du Palais-Royal, et, tournant à gauche, s'engagèrent dans ceux qui longent la rue de Valois. C'était dans cette partie que se trouvait la chambre à coucher du régent.

— Nous sommes arrivées, dit mademoiselle de Valois en s'arrêtant devant une porte et en regardant Bathilde, qui, à cette nouvelle, chancela et pâlit; car toute cette force morale, qui l'avait soutenue depuis trois ou quatre heures, était prête à disparaître, juste au moment où elle allait en avoir le plus de besoin.

— O mon Dieu! mon Dieu! je n'oserai jamais! s'écria Bathilde.

— Voyons, mademoiselle, du courage, mon père est bon ; entrez, tombez à ses pieds : Dieu et son cœur feront le reste.

A ces mots, voyant que la jeune fille hésitait encore, elle ouvrit la porte, poussa Bathilde dans la chambre, et referma la porte derrière elle. Elle courut ensuite de son pas le plus léger rejoindre le duc de Richelieu, laissant la jeune fille plaider sa cause, tête à tête avec le régent.

A cette action imprévue, Bathilde poussa un léger cri, et le régent, qui se promenait de long en large la tête inclinée, la releva et se retourna.

Bathilde, incapable de faire un pas de plus, tomba sur ses deux genoux, tira sa lettre de sa poitrine et l'étendit vers le régent.

Le régent avait la vue mauvaise ; il ne comprit pas bien ce qui se passait, et s'avança vers cette femme qui lui apparaissait dans l'ombre comme une forme blanche et indécise. Bientôt, dans cette forme inconnue d'abord, il reconnut une femme, et dans cette femme une jeune fille belle et suppliante. Quant à la pauvre enfant, elle voulait en vain articuler une prière ; la voix lui manquait complétement, et bientôt, la force lui manquant comme la voix, elle se renversa en arrière, et serait tombée sur le tapis si le régent ne l'eût retenue dans ses bras.

— Mon Dieu, mademoiselle, dit le régent, chez lequel les signes d'une douleur profonde produisaient leur effet ordinaire ; mon Dieu ! qu'avez-vous donc, et que puis-je faire pour vous ? Venez, venez sur ce fauteuil, je vous en prie !

— Non, monseigneur, non, murmura Bathilde, non, c'est à vos pieds que je dois être, car je viens vous demander une grâce.

— Une grâce ! et laquelle ?

— Voyez d'abord qui je suis, monseigneur, dit Bathilde, et ensuite peut-être oserai-je parler. Et elle tendit la lettre, sur laquelle reposait son seul espoir, au duc d'Orléans.

Le régent prit la lettre, regardant tour à tour le papier et la jeune fille, et, s'approchant d'une bougie qui brûlait sur la cheminée, reconnut sa propre écriture, reporta de nouveau ses yeux sur la jeune fille et lut ce qui suit :

« Madame, votre mari est mort pour la France « et pour moi : ni la France ni moi ne pouvons vous « rendre votre mari ; mais souvenez-vous que, si ja- « mais vous aviez besoin de quelque chose, nous « sommes tous les deux vos débiteurs.

« Votre affectionné.
« PHILIPPE D'ORLÉANS. »

— Je reconnais parfaitement cette lettre pour être de moi, mademoiselle, dit le régent ; mais, à la honte de ma mémoire, je vous en demande pardon, je ne me rappelle plus à qui elle a été écrite.

— Voyez l'adresse, monseigneur, dit Bathilde, un

peu rassurée par l'expression de parfaite bienveillance peinte sur le visage du duc.

— Clarice du Rocher ! s'écria le régent..... Oui, en effet, je me rappelle maintenant. J'ai écrit cette lettre d'Espagne, après la mort d'Albert, qui a été tué à la bataille d'Almanza ; j'ai écrit cette lettre à sa veuve. Comment cette lettre se trouve-t-elle entre vos mains, mademoiselle ?

— Hélas ! monseigneur, je suis la fille d'Albert et de Clarice.

— Vous, mademoiselle ! s'écria le régent, vous ! Et qu'est devenue votre mère ?

— Elle est morte, monseigneur.

— Depuis longtemps ?

— Depuis près de quatorze ans.

— Mais heureuse, sans doute, et sans avoir besoin de rien ?

— Au désespoir, monseigneur, et manquant de tout.

— Mais comment ne s'est-elle pas adressée à moi ?

— Votre Altesse était encore en Espagne.

— Oh ! mon Dieu ! que me dites-vous là ? Continuez, mademoiselle, car vous ne pouvez vous imaginer combien ce que vous me dites m'intéresse ! Pauvre Clarice, pauvre Albert ! Ils s'aimaient tant, je me le rappelle ! Elle n'aura pas pu lui survivre. Savez-vous que votre père m'avait sauvé la vie à Nerwinde, mademoiselle, savez-vous cela ?

— Oui, monseigneur, je le savais, et voilà ce qui m'a donné le courage de me présenter devant vous.

— Mais vous, pauvre enfant, vous, pauvre orpheline, qu'êtes-vous devenue alors ?

— Moi, monseigneur, moi, j'ai été recueillie par un ami de notre famille, par un pauvre écrivain nommé Jean Buvat.

— Jean Buvat ! s'écria le régent ; mais attendez donc ! je connais ce nom-là, moi. Jean Buvat ! mais c'est ce pauvre diable de copiste qui a découvert toute la conspiration et qui m'a fait il y a quelques jours ses réclamations en personne ; une place à la Bibliothèque, n'est-ce pas ? un arriéré dû ?

— C'est cela même, monseigneur.

— Mademoiselle, reprit le régent, il paraît que tout ce qui vous entoure est destiné à me sauver. Me voilà deux fois votre débiteur. Vous m'avez dit que vous aviez une grâce à me demander ; parlez donc hardiment, je vous écoute.

— O mon Dieu ! dit Bathilde, donnez-moi la force !

— C'est donc une chose bien importante et bien difficile que celle que vous souhaitez ?

— Monseigneur, dit Bathilde, c'est la vie d'un homme qui a mérité la mort.

— S'agirait-il du chevalier d'Harmental ? demanda le régent.

— Hélas ! monseigneur, c'est Votre Altesse qui l'a dit.

Le front du régent devint pensif, tandis que Bathilde, en voyant l'impression produite par cette de-

mande, sentait son cœur se serrer et ses genoux fai-
blir.

— Est-il votre parent? votre allié? votre ami?

— Il est ma vie, il est mon âme, monseigneur :
je l'aime!

— Mais savez-vous, si je fais grâce à lui, qu'il faut
que je fasse grâce à tout le monde, et qu'il y a dans
tout cela de plus grands coupables encore que lui?

— Grâce de la vie seulement, monseigneur! qu'il
ne meure pas, c'est tout ce que je vous demande.

— Mais, si je commue sa peine en une prison perpétuelle, vous ne le verrez plus.

Bathilde se sentit prête à mourir, et, étendant la
main, se soutint au dossier d'un fauteuil.

— Que deviendrez-vous alors? continua le régent.

— Moi, dit Bathilde, j'entrerai dans un couvent,
où je prierai, pendant le reste de ma vie, pour vous,
monseigneur, et pour lui.

— Cela ne se peut pas, dit le régent.

— Pourquoi donc, monseigneur?

— Parce que, aujourd'hui même, il y a une heure,
on m'a demandé votre main et que je l'ai promise.

— Ma main, monseigneur? vous avez promis ma
main? et à qui donc, mon Dieu!

— Lisez, dit le régent en prenant une lettre sur
son bureau et en la présentant tout ouverte à la
jeune fille.

— Raoul! s'écria Bathilde; l'écriture de Raoul!
Oh! mon Dieu! qu'est-ce que cela veut dire?

— Lisez, reprit le régent.

Et Bathilde, d'une voix altérée, lut la lettre suivante :

« Monseigneur,

« J'ai mérité la mort, je le sais, et ne viens point
« vous demander la vie. Je suis prêt à mourir au jour
« fixé, à l'heure dite; mais il dépend de Votre Altesse
« de me rendre cette mort plus douce, et je viens la
« supplier à genoux de m'accorder cette faveur.

« J'aime une jeune fille que j'eusse épousée si
« j'eusse vécu. Permettez qu'elle soit ma femme
« quand je vais mourir. Au moment où je la quitte
« pour toujours, où je la laisse seule et isolée au mi-
« lieu du monde, que j'aie au moins la consolation
« de lui laisser pour sauvegarde mon nom et ma for-

« tune. En sortant de l'église, monseigneur, je mar-
« cherai à l'échafaud.

« C'est mon dernier vœu, c'est mon seul désir;
« ne refusez pas la prière d'un mourant.

« RAOUL D'HARMENTAL. »

— Oh! monseigneur, monseigneur, dit Bathilde
en éclatant en sanglots, vous voyez, tandis que je
pensais à lui, il pensait à moi! N'ai-je pas raison de
l'aimer, quand il m'aime tant?

— Oui, dit le régent, et je lui accorde sa demande : elle est juste. Puisse cette grâce, comme il le
dit, adoucir ses derniers moments!

— Monseigneur, monseigneur, s'écria la jeune
fille, est-ce tout ce que vous lui accordez?

— Vous voyez, dit le régent, que lui-même se
rend justice et ne demande pas autre chose.

— Oh! c'est bien cruel! c'est bien affreux! Le
revoir pour le perdre à l'instant même! Monseigneur, monseigneur, sa vie! je vous en supplie, et
que je ne le revoie jamais! j'aime mieux cela.

— Mademoiselle, dit le régent d'un ton qui ne
permettait pas de réplique et en écrivant quelques
lignes sur un papier qu'il cacheta de son sceau,
voici une lettre pour M. de Launay, le gouverneur
de la Bastille, elle contient mes instructions à l'égard
du condamné. Mon capitaine des gardes va monter
en voiture avec vous et veillera de ma part à ce que
ces instructions soient suivies.

— Oh! sa vie, monseigneur, sa vie! au nom du
ciel, je vous en supplie à genoux!

Le régent sonna; un valet de chambre ouvrit la
porte.

— Appelez M. le marquis de La Fare, dit le régent.

— Oh! monseigneur, vous êtes bien cruel! dit Bathilde en se relevant. Alors, permettez-moi donc de
mourir avec lui. Du moins nous ne serons pas séparés, même sur l'échafaud. Du moins nous ne nous
quitterons pas, même dans la tombe.

— Monsieur de La Fare, dit le régent, accompa-
gnez mademoiselle à la Bastille. Voici une lettre
pour M. de Launay; vous en prendrez connaissance
avec lui, et vous veillerez à ce que les ordres qu'elle
renferme soient exécutés de point en point.

Puis, sans écouter le dernier cri de désespoir de
Bathilde, le duc d'Orléans ouvrit la porte d'un cabinet et disparut.

Elle pencha sa tête sur l'épaule de Raoul. — Page 142.

XXIV

LE MARIAGE IN EXTREMIS.

a Fare entraîna la jeune fille presque mourante et la fit monter dans une des voitures tout attelées qui attendaient toujours dans la cour du Palais-Royal. Cette voiture partit aussitôt au galop, prenant par la rue de Cléry et par les boulevards le chemin de la Bastille. Pendant toute la route, Bathilde ne dit pas un mot : elle était muette, froide et inanimée comme une statue. Ses yeux étaient fixes et sans larmes : seulement, en arrivant en face de la forteresse, elle tressaillit ; il lui semblait avoir vu s'élever dans l'ombre, à la place même où avait été exécuté le chevalier de Rohan, quelque chose comme un échafaud. Un peu plus loin la sentinelle cria : Qui vive ! Puis on entendit la voiture rouler sur le pont-levis.

Les herses se levèrent, la porte s'ouvrit, et le carrosse s'arrêta à la porte de l'escalier qui conduisait chez le gouverneur.

Un valet de pied sans livrée vint ouvrir la portière, et La Fare aida Bathilde à descendre. A peine si elle pouvait se soutenir; toute sa force morale s'était évanouie du moment où l'espoir l'avait quittée. La Fare et le valet de pied furent presque obligés de la porter au premier étage. M. de Launay soupait. On fit entrer Bathilde dans un salon, tandis qu'on introduisait immédiatement La Fare près du gouverneur.

Dix minutes à peu près s'écoulèrent pendant lesquelles Bathilde demeura anéantie sur le fauteuil où elle s'était laissée tomber en entrant. La pauvre enfant n'avait qu'une idée, c'était celle de cette séparation éternelle qui l'attendait; la pauvre enfant ne voyait qu'une chose, c'était son amant montant sur l'échafaud.

Au bout de dix minutes, La Fare rentra avec le gouverneur. Bathilde leva machinalement la tête et les regarda d'un œil égaré. La Fare alors s'approcha d'elle, et lui offrant le bras :

— Mademoiselle, dit-il, l'église est préparée et le prêtre vous y attend.

Bathilde, sans répondre, se leva pâle et glacée; puis, comme elle sentit que les jambes lui manquaient, elle s'appuya sur le bras qui lui était offert. M. de Launay marchait le premier, éclairé par deux hommes qui portaient des torches.

Au moment où Bathilde entrait par une des portes latérales, elle aperçut, entrant par l'autre porte, le chevalier d'Harmental, accompagné de son côté par Valef et par Pompadour. C'étaient les témoins de l'époux, comme M. de Launay et La Fare étaient les témoins de l'épouse. Chaque porte était gardée par deux gardes françaises, l'arme au bras et immobiles comme des statues.

Les deux amants s'avancèrent au-devant l'un de l'autre, Bathilde pâle et mourante, Raoul calme et souriant. Arrivés en face de l'autel, le chevalier prit la main de la jeune fille et la conduisit à deux siéges qui étaient préparés; et là tous deux tombèrent à genoux sans s'être dit une seule parole.

L'autel était éclairé par quatre cierges seulement, qui jetaient dans cette chapelle, déjà naturellement sombre et si peuplée encore de sombres souvenirs, une lueur funèbre qui donnait à la cérémonie quelque chose d'un office mortuaire. Le prêtre commença la messe. C'était un beau vieillard à cheveux blancs, dont la figure mélancolique indiquait que ses fonctions journalières laissaient de profondes traces dans son âme. En effet, il était chapelain de la Bastille depuis vingt-cinq ans, et depuis vingt-cinq ans il avait entendu de bien tristes confessions et vu de bien lamentables spectacles.

Au moment de bénir les époux, il leur adressa quelques paroles selon l'habitude consacrée; mais, au lieu de parler à l'époux de ses devoirs de mari, à l'épouse de ses devoirs de mère; au lieu d'ouvrir devant eux l'avenir de la vie, il leur parla de la paix du ciel, de la miséricorde divine et de la résurrection éternelle. Bathilde se sentait suffoquer. Raoul vit qu'elle allait éclater en sanglots, il lui prit la main et la regarda avec un si triste et si profonde résignation, que la pauvre enfant fit un dernier effort, étouffant ses larmes, qu'elle sentait retomber une à une sur son cœur. Au moment de la bénédiction, elle pencha sa tête sur l'épaule de Raoul. Le prêtre crut qu'elle s'évanouissait et s'arrêta.

— Achevez, achevez, mon père, murmura Bathilde.

Et le prêtre prononça les paroles sacramentelles, auxquelles tous deux répondirent par un *oui* dans lequel semblaient s'être réunies toutes les forces de leur âme.

La cérémonie terminée, d'Harmental demanda à M. de Launay s'il lui était permis de demeurer avec sa femme pendant le peu d'heures qu'il lui restait à vivre. M. de Launay répondit qu'il n'y voyait pas d'inconvénient, et qu'on allait le reconduire à sa chambre. Alors Raoul embrassa Valef et Pompadour, les remercia d'avoir bien voulu servir de témoins à son funèbre mariage, serra la main à La Fare, rendit grâces à M. de Launay des bontés qu'il avait eues pour lui pendant son séjour à la Bastille, et, jetant son bras autour de la taille de Bathilde, qui, à chaque instant, menaçait de tomber de toute sa hauteur sur les dalles de l'église, l'entraîna vers la porte par laquelle il était entré. Là ils retrouvèrent les deux hommes armés de torches, qui les précédèrent et les conduisirent jusqu'à la porte de la chambre de d'Harmental. Un guichetier attendait, qui ouvrit cette porte. Raoul et Bathilde entrèrent, puis la porte se referma, et les deux époux se trouvèrent seuls.

Alors Bathilde, qui jusque-là avait contenu ses larmes, ne put résister plus longtemps à sa douleur; un cri déchirant s'échappa de sa poitrine, et elle tomba, en se tordant les bras et en éclatant en sanglots, sur un fauteuil où sans doute, pendant ses trois semaines de captivité, d'Harmental avait bien souvent pensé à elle. Raoul se jeta à ses genoux et voulut la consoler; mais lui-même était trop ému de cette douleur si profonde pour trouver autre chose que des larmes à mêler aux larmes de Bathilde. Ce cœur de fer se fendit à son tour, et Bathilde sentit à la fois sur ses lèvres les pleurs et les baisers de son amant.

Ils étaient depuis une demi-heure à peine ensemble, qu'ils entendirent des pas qui s'approchaient de la porte, et qu'une clef tourna dans la serrure. Bathilde tressaillit et serra convulsivement d'Harmental contre son cœur. Raoul comprit quelle crainte affreuse venait de lui traverser l'esprit et la rassura.

Ce ne pouvait être encore celui qu'elle craignait de voir, puisque l'exécution était fixée pour huit heures du matin, et que onze heures venaient de sonner. En effet, ce fut M. de Launay qui parut.

— Monsieur le chevalier, dit le gouverneur, ayez la bonté de me suivre.

— Seul? demanda d'Harmental en serrant à son tour Bathilde entre ses bras.

— Non, avec madame, reprit le gouverneur.

— Oh! ensemble, ensemble! entends-tu, Raoul? s'écria Bathilde. Oh! où l'on voudra, pourvu que ce soit ensemble! Nous voici, monsieur, nous voici!

Raoul serra une dernière fois Bathilde dans ses bras, lui donna un dernier baiser au front, et, rappelant tout son orgueil, il suivit M. de Launay avec un visage sur lequel il ne restait plus la moindre trace de l'émotion terrible qu'il venait d'éprouver.

Tous trois suivirent pendant quelque temps des corridors éclairés seulement par quelques lanternes rares, puis ils descendirent un escalier en spirale et se trouvèrent à la porte d'une tour. Cette porte donnait sur un préau entouré de hautes murailles et qui servait de promenade aux prisonniers qui n'étaient point au secret. Dans cette cour était une voiture attelée de deux chevaux, sur l'un desquels était un postillon, et l'on voyait reluire dans l'ombre les cuirasses d'une douzaine de mousquetaires.

Une même lueur d'espoir traversa en même temps le cœur des deux amants. Bathilde avait demandé au régent de commuer la mort de Raoul en une prison perpétuelle. Peut-être le régent lui avait-il accordé cette grâce. Cette voiture, tout attelée pour conduire sans doute le condamné dans quelque prison d'État, ce peloton de mousquetaires destinés sans doute à les escorter, tout cela donnait à cette supposition un caractère de réalité. Tous deux se regardèrent en même temps, et en même temps levèrent les yeux au ciel pour remercier Dieu du bonheur inespéré qu'il leur accordait. Pendant ce temps, M. de Launay avait fait signe à la voiture de s'approcher; le postillon avait obéi, la portière s'était ouverte, et le gouverneur, la tête découverte, tendait la main à Bathilde pour l'aider à monter. Bathilde hésita un instant, se retournant avec inquiétude pour voir si l'on n'entraînait pas Raoul d'un autre côté; mais elle vit que Raoul s'apprêtait à la suivre, et elle monta sans résistance. Un instant après, Raoul était près d'elle. Aussitôt la portière se referma sur eux; la voiture s'ébranla, l'escorte piétina aux portières. On passa sous le guichet, puis sous le pont-levis, et enfin on se retrouva hors de la Bastille.

Les deux époux se jetèrent dans les bras l'un de l'autre; il n'y avait plus de doute, le régent faisait à d'Harmental grâce de la vie, et, de plus, c'était

évident, il consentait à ne point le séparer de Bathilde. Or, c'était ce que Bathilde et d'Harmental n'eussent jamais osé rêver. Cette vie de réclusion, supplice pour tout autre, était pour eux une existence de délices, un paradis d'amour: ils se verraient sans cesse, et ne se quitteraient jamais! Qu'auraient-ils pu désirer de plus, même lorsque, maîtres de leur sort, ils rêvaient un même avenir? Une seule idée triste traversa en même temps leur esprit, et tous deux, avec cette spontanéité du cœur qui ne se rencontre que dans les gens qui s'aiment, prononcèrent le nom de Buvat.

En ce moment, la voiture s'arrêta. Dans une semblable circonstance tout était pour les pauvres amants un sujet de crainte. Tous deux tremblèrent d'avoir trop espéré et tressaillirent de terreur. Presque aussitôt la portière s'ouvrit: c'était le postillon.

— Que veux-tu? lui demanda d'Harmental.

— Dame! notre maître, dit le postillon, je voudrais savoir où il faudrait vous conduire, moi.

— Comment! où il faut me conduire! s'écria d'Harmental. N'as-tu pas d'ordres?

— J'ai l'ordre de vous mener dans le bois de Vincennes, entre le château et Nogent-sur-Marne, et nous y voilà!

— Et notre escorte? demanda le chevalier, qu'est-elle devenue?

— Votre escorte? elle nous a laissés à la barrière.

— Oh! mon Dieu, mon Dieu! s'écria d'Harmental, tandis que Bathilde, haletante d'espoir, joignait les mains en silence, oh! mon Dieu! est-ce possible! Et le chevalier sauta en bas de la voiture, regarda avidement autour de lui, tendit les bras à Bathilde, qui s'élança à son tour; puis tous deux jetèrent ensemble un cri de joie et de reconnaissance.

Ils étaient libres comme l'air qu'ils respiraient!

Seulement le régent avait donné l'ordre de conduire le chevalier juste à l'endroit où ce dernier avait enlevé Bourguignon, croyant l'enlever lui-même.

C'était la seule vengeance que se fût réservée Philippe le Débonnaire.

Quatre ans après cet événement, Buvat, réintégré dans sa place et payé de son arriéré, avait la satisfaction de mettre la plume à la main d'un beau garçon de trois ans: C'était le fils de Raoul et de Bathilde.

Les deux premiers noms qu'écrivit l'enfant furent ceux d'Albert du Rocher et de Clarice Gray.

Le troisième fut celui de *Philippe d'Orléans*, régent de France.

Puis tous deux jetèrent ensemble un cri de joie et de reconnaissance — PAGE 143.

POST-SCRIPTUM.

Peut-être quelques personnes ont-elles pris assez d'intérêt aux personnages qui
jouent un rôle secondaire
dans l'histoire que nous
venons de leur raconter
pour désirer savoir ce qu'ils
devinrent après la catastro-
phe qui perdit les conjurés et sauva le régent. Nous
allons les satisfaire en deux mots.

Le duc et la duchesse du Maine, dont on voulait
briser à tout jamais les complots à venir, furent arrêtés, le duc à Sceaux, et la duchesse dans une petite maison qu'elle avait rue Saint-Honoré. Le duc
fut conduit au château de Dourlens, et la duchesse
à celui de Dijon, d'où elle fut transférée à la cita-
delle de Châlons. Tous deux en sortirent au bout de
quelques mois, désarmant le régent, l'un par une
dénégation absolue, l'autre par un aveu complet.
Mademoiselle de Launay fut conduite à la Bastille,

La Bastille.

où sa captivité, comme on peut le voir dans les Mémoires qu'elle a laissés, fut fort adoucie par ses amours avec le chevalier de Mesnil, et plus d'une fois après sa sortie il lui arriva, en pleurant l'infidélité de son cher prisonnier, de dire, comme Ninon ou Sophie Arnould, je ne sais plus laquelle : « Oh! le bon temps où nous étions si malheureuses! »

Richelieu fut arrêté, comme l'en avait prévenu mademoiselle de Valois, le lendemain même du jour où il avait introduit Bathilde chez le régent, mais sa captivité fut un nouveau triomphe pour lui. Le bruit s'étant répandu que le beau prisonnier avait obtenu la permission de se promener sur la terrasse de la Bastille, la rue Saint-Antoine s'encombra des voitures les plus élégantes de Paris et devint en moins de vingt-quatre heures la promenade à la mode. Aussi le régent, qui avait, disait-il, entre les mains assez de preuves contre M. de Richelieu pour lui faire couper quatre têtes, s'il les avait eues, ne voulut-il pas risquer de se dépopulariser à tout jamais dans l'esprit du beau sexe en le retenant plus longtemps en prison. Après une captivité de trois mois, Richelieu sortit plus brillant et plus à la mode que jamais. Seulement il trouva l'armoire aux confitures murée, et la pauvre mademoiselle de Valois devenue duchesse de Modène.

L'abbé Brigaud, arrêté, comme nous l'avons dit, à Orléans, fut retenu quelque temps dans les prisons de cette ville, au grand désespoir de la bonne madame Denis, de mesdemoiselles Émilie et Athénaïs, et de M. Boniface. Mais, un beau matin, au moment où la famille allait se mettre à table pour le déjeuner, on vit entrer l'abbé Brigaud, aussi calme et aussi régulier que d'habitude. On lui fit grande fête et on lui demanda une foule de détails; mais, avec sa prudence habituelle, il renvoya les curieux à ses déclarations juridiques, disant que cette affaire lui avait déjà donné tant de contrariétés, qu'on l'obligerait fort en ne lui en parlant jamais. Or, comme l'abbé Brigaud avait, ainsi qu'on l'a vu, des droits tout à fait autocratiques dans la maison de madame Denis, son désir fut religieusement respecté, et à partir de ce jour il ne fut pas plus question de cette affaire, rue du Temps-Perdu, n° 5, que si elle n'avait jamais existé.

Quelques jours après lui, Pompadour, Valef, Laval et Malezieux, sortirent de prison à leur tour, et recommencèrent à faire leur cour à madame du Maine, comme si de rien n'était.

Quant au cardinal de Polignac, il n'avait pas même été arrêté : il avait été exilé simplement à son abbaye d'Anchin.

Lagrange-Chancel, l'auteur des *Philippiques*, fut appelé au Palais-Royal. Il y trouva le régent qui l'attendait.

— Monsieur, lui demanda le prince, est-ce que vous pensez de moi tout ce que vous avez dit?

— Oui, Monseigneur, lui répondit Lagrange-Chancel.

— Eh bien! c'est fort heureux pour vous, monsieur, reprit le régent; car, si vous aviez écrit de pareilles infamies contre votre conscience, je vous aurais fait pendre.

Et le régent se contenta de l'envoyer aux îles Sainte-Marguerite, où il ne resta que trois ou quatre mois. Les ennemis du régent ayant répandu le bruit que le prince l'y avait fait empoisonner, le prince ne trouva de meilleur moyen de démentir cette nouvelle calomnie que celui d'ouvrir les portes de sa prison au prétendu mort, qui en sortit plus gonflé de haine et de fiel que jamais.

Cette dernière preuve de clémence parut à Dubois si hors de saison, qu'il courut chez le régent pour lui faire une scène; mais, pour toute réponse à ses récriminations, le prince se contenta de lui chanter le refrain de la chanson que Saint-Simon avait faite sur lui :

> Je suis débonnaire, moi,
> Je suis débonnaire;

ce qui mit Dubois dans une si grande colère, que le régent, pour se réconcilier avec lui, fut obligé de le faire nommer cardinal.

Cette nomination inspira à la Fillon une telle fierté, qu'elle déclara ne vouloir plus, dorénavant, recevoir chez elle que des gens qui auraient fait leurs preuves de 1399.

Au reste, sa maison avait, dans cette catastrophe, perdu une de ses pensionnaires les plus illustres. Trois jours après la mort du capitaine Roquefinette, la Normande était entrée aux Filles-Repenties.

FIN.

TABLE DES MATIÈRES

DE LA DEUXIÈME PARTIE.

centered decoration

www.ingramcontent.com/pod-product-compliance
Lightning Source LLC
Chambersburg PA
CBHW072121090426
42739CB00012B/3030